國際旅遊與區域發展學術論叢系列 01
總策畫：國際旅遊與區域發展學會
總主編：李堅

老街不再老？
符號學視角：
歷史街區旅遊空間生產研究

董之文 ——著

空間 × 符號

巨流圖書公司印行

國家圖書館出版品預行編目（CIP）資料

老街不再老？符號學視角：歷史街區旅遊空間生產研究 / 董之文著. -- 初版. -- 高雄市：巨流圖書股份有限公司，2024.12
面；　　公分
ISBN 978-957-732-727-7 (平裝)
1.CST: 老街 2.CST: 都市計畫 3.CST: 空間設計 4.CST: 旅遊業管理 5.CST: 澳門
545.14　　113019429

本書承澳門基金會資助出版

老街不再老？　符號學視角：歷史街區旅遊空間生產研究

國際旅遊與區域發展學術論叢系列 01

總　策　畫	國際旅遊與區域發展學會
主　　編	李璽
作　　者	董之文
發　行　人	楊曉華
編　　輯	李麗娟
封面設計	薛東榮

共同出版　巨流圖書股份有限公司
　　　　　802019高雄市苓雅區五福一路57號2樓之2
　　　　　電話：07-2265267
　　　　　購書專線：07-2265267轉236
　　　　　E-mail：order@liwen.com.tw
　　　　　LINE ID：@sxs1780d
　　　　　線上購書：https://www.chuliu.com.tw/
　　　　　臺北分公司
　　　　　100003臺北市中正區重慶南路一段57號10樓之12
　　　　　電話：02-29222396

　　　　　國際旅遊與區域發展學會
　　　　　澳門宋玉生廣場335-341號獲多利中心4樓M
　　　　　電話：+853-28509075
　　　　　E-mail：aitrd2018@gmail.com
　　　　　網址：http://www.aitrd.org.mo/

法律顧問　林廷隆律師
　　　　　電話：02-29658212

刷　　次　初版一刷・2024年12月
定　　價　450元
Ｉ Ｓ Ｂ Ｎ　978-957-732-727-7（平裝）

版權所有，翻印必究

本書如有破損、缺頁或倒裝，請寄回更換

自序

　　隨著旅遊業的蓬勃發展，澳門的社會、經濟與文化發生了翻天覆地的變化。對比二十年前，澳門氹仔舊城區從昔日寧靜樸素的小漁村變成一個熱鬧非凡、斑駁陸離的旅遊勝地。走在今天的氹仔舊城區，五顏六色的葡式小房子櫛比鱗次，一切都那麼光彩奪目！但那些林林總總的店鋪與商品似曾相識，好像之前在哪個城市的歷史文化街區見過。這正是當今旅遊街區的一個廣受非議的現象－商業化與雷同化。

　　作者近二十年遊歷了中國與歐洲多個城市的古鎮、古村及歷史街區等旅遊目的地，瀏覽之餘常常思考它們在旅遊開發過程中的優劣得失。一方面是享受人在旅途探奧索隱的樂趣，另一方面也是職業習慣與研究興趣所致。深覺歷史街區的旅遊開發不僅是經濟領域的問題，而且事關社會發展與文化傳承，於是萌發了對歷史街區旅遊地空間生產進行研究之意。

　　關於歷史街區空間的研究方興未艾，城市規劃及建築學者偏向地理學的微觀視角，致力於如何挖掘歷史文化符號，以設計手法及技術手段再現歷史街區的空間形象，往往忽視對空間生產的社會學研究而略顯主觀與武斷。旅遊學者則以宏觀或中觀的視覺對歷史街區旅遊現象、旅遊者或旅遊企業進行研究，涉及社會學、人類學及符號學等範疇。近年來在地理學的「文化轉向」與社會學的「空間轉向」理論背景下，Lefebvre 的空間生產理論是學者喜歡套用的空間分析工具，該理論對空間生產的動力機制解釋力確實卓有成效。然而作者經過對近十年文獻的回顧，發覺有些研究對 Lefebvre 的（社會）空間概念應用

十分隨意，單是對空間實踐、空間表徵與表徵空間的理解便五花八門，代之以制度空間、文化空間、歷史空間、社會空間、物質空間、精神空間等不一而足，似乎有點望文生義而張冠李戴，分而論之而不得要領。另一方面，國內對 Lefebvre 理論的應用研究多傾向對空間生產的宏觀敘事而忽視其微觀建構，略有流於表面的泛泛而談之嫌。場域理論的權力概念也常被用作解析空間生產的理論工具，但對於歷史街區旅遊空間生產而言，並不是所有現象都能以社會學的衝突理論能解釋的，不是什麼事情都充滿著階級鬥爭與不可調和的利益衝突。例如常常被忽視的空間生產者：商家及遊客之間的關係只是短暫的商業消費互動，遊客的旅遊活動只是身處異地的日常生活，而社會符號互動論是能夠解釋城市街角發生的社會現象的理論，對完整地研究歷史街區空間生產來說是不可或缺的方法論。

故此，為了盡可能多角度地研究歷史街區旅遊開發，作者嘗試結合空間生產理論和符號學理論對旅遊空間生產做跨學科的探索。本書主要是以質化與量化方法，對相關歷史街區案例進行研究，探索旅遊空間生產的影響因素及生產機制，建構歷史街區旅遊空間生產的符號學研究模型，以揭示在市場自主開發模式下，歷史街區出現的空間形態「混雜化」、空間功能「同質化」與空間活動「單一化」等問題的深層原因。同時，研究結果具有一定的理論及實踐貢獻，為澳門氹仔舊城區活化及其他地區的旅遊開發提供有益的建議。

本書的重點是尋找空間生產理論與符號學理論的耦合點，打通這兩個宏觀理論與微觀理論的任督二脈，建構出歷史街區旅遊空間生產的符號學研究理論框架。案例的研究結果發現，文化意義自始至終是歷史街區旅遊空間生產中的關鍵因素，空間生產實質上是空間意義的符號過程與空間權力的博弈過程。另一個重點是在旅遊語域中探索表

徵空間的概念內涵及生產機理，同時揭示遊客在空間生產中的作用。在對景觀空間生產及空間互動的微觀研究中，作者運用了建築學、旅遊學、社會學與符號學等相關知識進行跨學科分析，務求能微觀地解析歷史街區的旅遊空間生產。

作者堅持社會科學研究的學術原則與嚴謹態度，同時也適當加入一些個性化的表達方式，以減少閱讀研究報告的索然寡味。本書自初稿至完稿跨越六年之久，除了受到新冠疫情影響外，耽擱的原因有二：一是相關理論的耦合研究頗具挑戰性，需要時間深思熟慮；二是希望考察更多的歷史街區改造案例，以使本研究更具客觀性。總而言之，來處不易也，得以成書亦歸功於眾人之鼎力相助。

澳門城市大學國旅學院執行副院長李璽教授非常關心本書的寫作，時常鼓勵又提綱挈領；柳嘉信教授在本書撰寫及出版過程中提供了很多有益的建議；阮敏琪博士參與了撰寫關於歷史街區策略與開發模式的內容。華南理工大學郭謙教授與東莞的李貫東建築師提供下壩坊開發的相關資料；唐其萱、蔡金雄同學協助調查澳門氹仔舊城區商業佈局。

感謝澳門基金會提供的出版資助，感謝以上朋友及所有的受訪者，感謝家人們多年的理解與包容，你們的支持才令作者得以完成此書。

空間生產理論與符號學理論博大精深，歷史街區改造與開發策略千變萬化，這些領域的研究非常有意義及極富挑戰性。澳門氹仔舊城區的空間生產研究還有待深入，不積跬步，無以至千里；不積小流，無以成江海。本書亦有拋磚引玉之意，作者希望藉此書與各位讀者朋友一道去探索其中的奧妙！

董之文
2024 年 8 月 20 日於澳門

目次

自序 i

第一章 前言：老街何以不再老？ 1
一、老街商業化：澳門氹仔舊城區的思考 1
二、歷史街區改造模式與案例選擇 9
三、老街旅遊開發：研究案例選擇 25

第二章 老街不老的相關理論解構 43
一、符號學與符號互動論：老街文化旅遊符號 44
二、空間生產與場域理論：老街旅遊空間生產 53

第三章 解構老街空間：空間意義、空間權力與旅遊空間生產 ... 71
一、老街的空間意義 71
二、老街的空間權力 83
三、老街旅遊空間生產的符號學解構：意義表徵與權力
　　實踐 93
四、老街旅遊空間生產的實證研究設計 116

第四章 老街旅遊空間表徵：空間意義差異與話語權失衡 139
一、老街旅遊空間表徵的實證分析 139
二、老街空間意義的構建：原生空間—文化空間—旅遊

空間 149
二、老街旅遊空間表徵的生產機制與話語權 174

第五章 老街旅遊空間實踐：空間意義形塑與空間權力博弈 195
一、老街旅遊空間實踐的實證分析 195
二、生產實踐建構景觀空間的文本意義 212
三、旅遊實踐建構互動空間的文本意義 241

第六章 老街遊客表徵空間：旅遊空間體驗與空間意象建構 259
一、老街表徵空間的實證分析 259
二、老街遊客與表徵空間生產 271
三、表徵空間生產的模型構建 287
四、表徵空間對生產實踐影響 310

第七章 發現與貢獻：文化意義的符號空間生產 319
一、空間符號意義與市場因素促進旅遊空間的生產 319
二、空間權力博弈影響旅遊空間表徵的意圖意義 321
三、空間實踐形塑空間表徵與建構文本意義 322
四、老街遊客表徵空間的解釋意義影響空間再生產 326
五、旅遊空間生產符號學研究模型與貢獻 329

第八章 終章：對澳門氹仔舊城區的芻議 337
一、老和新的槓桿：氹仔歷史街區空間文化的建構 338
二、商業和文化的角力：氹仔歷史街區空間生產的調控 349
三、讓老街歷久彌新：對氹仔歷史街區研究遠望 358

參考文獻 361

第一章
前言：老街何以不再老？

一、老街商業化：澳門氹仔舊城區的思考

漫步於氹仔舊城區一帶，在歐式建築的豔麗色彩中穿行，體會樸素而古典的葡韻風情⋯⋯不少老房子的外牆還有知名塗鴉藝人的作品，令人沉醉於這裏難得的藝術之美。（旅遊大 V 彈指間行攝 2020-10-02）

「氹仔舊城區也是吃貨的天堂。這裏的美食包羅萬象，包括傳統餅店、街頭小食攤以及中國菜、葡國菜和地道的西班牙菜等。繁華熱鬧的官也街林立著一家家小館子，你可以品嘗杏仁餅和花生糖。」（新京報 2020-04-03）

只要你在網路平台上打出「氹仔舊城區」的關鍵字，就會出現遊客對氹仔舊城區旅遊類似的經典描述：藝術拍照打卡、美食小吃、葡萄牙式與南歐風格等，這就是眾多遊客對氹仔舊區的旅遊印象。

澳門氹仔舊城區的前世今生，正如 2021 年澳門特區旅遊局官網上這段文字所言：「氹仔舊城區，以前是一個十分寧靜的村落，隨著比鄰的路氹城迅速發展，現在已經變得熱鬧起來，在這裏可以欣賞充滿南歐風情的建築，品嘗馳名食肆的特色美食，能在官也街為親朋好友

挑選手信。」概括性地總結了在澳門旅遊快速發展的背景下，氹仔舊城區從一個村落式的居住區變成旅遊目的地。

氹仔舊城區所處的城市區位與周邊地段的發展加速了其商業化的進程。氹仔舊城區位於澳門中部，連接澳門半島、氹仔中心區與路氹城。路氹金光大道娛樂城從 2007 年開始陸續建設成為澳門一個主要的旅遊區，從而逐漸將遊客帶往氹仔官也街乃至整個氹仔舊城區。尤其政府建設的自動步行帶與過街天橋等行人系統，將氹仔舊城區與路氹娛樂城更加方便地連接在一起，使氹仔舊城區成為路氹旅遊區的一部分，到訪的遊客驟增（圖 1-1）。

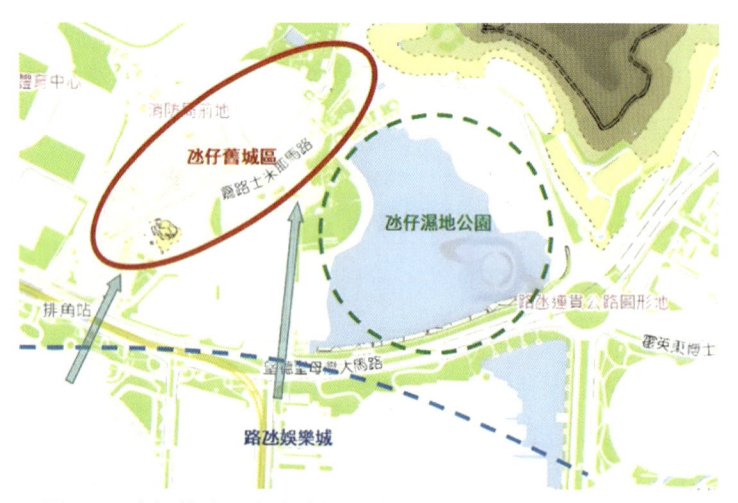

↑圖 1-1　氹仔舊城區與路氹娛樂城關係圖。
資料來源：作者整理。

川流不息的遊客帶來商機，氹仔舊城區湧現出越來越多的商店和餐廳，出現了文化遺產旅遊地過度商業化的狀況：本地居民外遷現象嚴重，外地經商人口超過本地居民；面向遊客服務的商鋪數量和密度

過大，商品或服務同質化嚴重；現代化的景觀、商品和服務過多，與遺產地文脈不夠一致。遺產地本來面貌被人為改變，某些歷史文化意境和意象不復存在；街區絕大部分的建築被開發為商鋪，或用於餐飲，或變身為先鋒概念的咖啡館，或售賣地方美食，或出售真假難辨、性價比極低的地方紀念品，歷史文化的陳列、展示和創造區域較少。

「施督憲正街和告利雅施利華街，而下方則是著名的官也街……昔日曾是葡人聚集之地，如今已成為當地最為有名的美食街，彷彿置身於歐陸風情小鎮。」（不旅不婷 2021-03-19）氹仔歷史上是葡人聚集之地？這種錯誤認知不是個別現象，有不少遊客面對當今的現狀，對氹仔舊城區歷史文化產生類似的錯覺與誤解。其實相當長的歷史時期內，絕大多數的氹仔居民是本地土生土長的華人，而葡國人則寥寥無幾。這正是旅遊景區過度商業化而產生的符號意義解釋現象：在旅遊景區中，過度商業化可能導致原生人文景區的破壞，影響景區的真實形象。例如，為了迎合主題與吸引遊客，改變景區的人文景觀特別是建築造型與外觀，設置大量的商業消費文化符號，這些符號作為視覺的第一層次掩蓋原生空間的底色，遊客在觀賞中被眼前新設置的建築符號、環境藝術與商業氛圍所蒙蔽。

2002年賭權開放後，作者在2004-2024年二十年間對氹仔舊城區持續考察，目睹了它在空間產業與功能、空間景觀與形態方面發生的巨大變遷。

（一）空間功能：綜合社區向旅遊區蛻變，傳統產業被餐飲業代替

氹仔自南宋起屬於香山縣，傳統產業是以農業為主，屬於撒稼打

漁、漁農共存的海濱型及小島型生產模式。到 19 世紀末期，氹仔至少有商鋪船廠 200 多戶，有魚行、魚塘、魚欄、船運、典當、海鹽等行業。漁業是氹仔最早的產業之一，除了漁船停泊的棚屋以及碼頭外，還有船廠、製造纜繩等簡易加工作坊。為數不少的魚欄、海產品加工場等建築形成了氹仔舊城區西面排角的產業功能區，東面則是多間炮竹廠的集中地。兩者之間的施督憲正街與告利雅施利華街、包括官也街形成的區域，主要是氹仔居民的住宅區以及服務社區的商業區。這裏居住著氹仔絕大多數的居民，他們在這裏工作、生活、社交與休憩，數十年來過著平靜休閒的生活。如圖 1-2：

▲圖 1-2　20 世紀 60 年代氹仔空間產業與功能示意圖。
資料來源：參考黎鴻健（2016）相關資料，作者整理及繪製。

澳氹大橋通車後，便利的交通使澳門與氹仔經濟一體化，氹仔一些傳統產業受到衝擊而從此式微，同時也帶來少量遊客，休閒度假開

始成為小島主要的商業活動。最大的改變始於 2002 年的賭權開放，路氹大規模建設娛樂場對氹仔舊城區的空間生產造成極大的影響，再加上中國政府的內地遊客「自由行」政策，推進澳門旅遊業幾何級的增長，越來越多的遊客湧進氹仔舊城區觀光旅遊。

隨着澳門被定位為「世界休閒旅遊中心」，氹仔舊城區亦面臨着發展機遇和挑戰，政府期望透過對氹仔舊城區的優化計劃，達到提升舊城整體吸引力、優化舊城區居住和營商環境、加強與新城區和路氹城互動聯繫、整合區內休閒旅遊資源的目的。政府對氹仔舊城區的重視與旅遊業興旺促進了物業活躍的交易活動，有些原居民紛紛出租或出售自有物業以獲取經濟回報，同時眾多流連於街頭巷尾的遊客也打破了居住區的安靜，越來越多的居民搬離了氹仔舊城區。不少原來略顯敗落的舊房子被推倒重建，巷內有些住宅破牆開門改造成為店鋪，居住區逐漸變成了旅遊步行商業區。如圖 1-3：

↑圖 1-3　改變住宅功能或利用窗戶作為銷售用途。
資料來源：作者拍攝整理。

現在該區的商業種類主要是餐飲業，在內地熱門的網路平台以「氹仔舊城區」為關鍵詞搜索所得的結果顯示，前 110 條貼文中，以美食（包括餐廳、咖啡及小吃）為主題的有 71 條，佔 65%；以城市景觀為主題的有 21 條，其他類別（導遊、活動等）有 28 條。作者在 2024 年 6-7 月份對氹仔舊城區進行了商業佈局的田野調查（統計結果分析詳見本書第八章「終章：對澳門氹仔舊城區的芻議」），得出其業態分佈圖，發現餐飲類店鋪佔 70%，與網路上搜索的統計結果十分接近，說明氹仔舊城區不但已經商業化，而且商業業種日趨單一化的情況非常嚴重。

（二）空間景觀：嶺南漁村風貌日漸式微，葡國小鎮氛圍與日俱增

19 世紀中期前，氹仔島的原住民是華人，建築是單層或兩層高的民居，磚牆紅瓦小坡頂，窄小的門窗，典型的廣東農村或閩南漁村的民居風格，當時並沒有太多的葡國式建築物。1847 年 9 月葡萄牙人正式佔領氹仔，才修建砲台及簡陋木結構兵房。真正屬於歐式或葡式的建築始於 1885 年落成的嘉模聖母教堂，1916 年後建成的氹仔舊街市（嘉模墟）。到了 1921 年，臨時海島市政局大樓、後背灣軍營、高級官員官邸（代表性的土生葡人住宅，即現在的「龍環葡韻住宅式博物館」）等少量葡萄牙風格的建築才落成。

1920 年代，氹仔舊城區建設已定型，大多數建築為華人居民所建，建築風格多為一到二層的嶺南村落式民居。其間夾雜著少量中西結合的嶺南風格建築，在屋簷、腰線等構造出現歐式線腳。例如在 2006 年被發展商拆卸的廣興泰炮竹廠寫字樓（1920 年建），傳統中式磚

↑圖 1-4　1920 年氹仔建築群。
資料來源：翻拍自黎鴻健（2020）。

　　木結構瓦頂建築，西式的彩色玻璃門窗，女兒牆有歐式卷雕花造型。總體而言，鮮有真正的葡國或歐洲建築（圖 1-4）。

　　至 1970 年代左右，氹仔景觀幾乎數十年沒變。氹仔舊城區整體呈現的是葡式建築點綴，大量的廣東民居與少數嶺南建築混合的漁村小墟鎮風貌，這才是氹仔歷史街區人文景觀的原真性，是我們對氹仔的歷史文化記憶。

　　2003 年後，澳門旅遊業發展與消費文化盛行的背景下，越來越多的舊改或新建的建築變成了葡國風格或現代風格，以迎合遊客對昔日殖民地景觀的刻板印象，滿足遊客的獵奇心理。氹仔舊城區的建築外觀出現以下幾種變化（圖 1-5）：

↑圖 1-5　氹仔舊城區的葡國與現代建築風格。
資料來源：作者拍攝整理。

  1.建築立面符號拼貼：將大部分的中式建築，甚至僅存的少量嶺南農村式坡屋頂單層住宅的外牆塗成葡國果綠色、粉紅色與黃色；窗戶加上葡國式的百葉窗，窗楣上安裝歐式的遮陽棚。
  2.建築造型風格異化：在原有倒塌房屋的空地或者拆卸舊房屋後興建新建築，建築基本呈現兩種風格，完全照搬葡萄牙建築風格、南歐建築風格或者現代主義風格的建築。
  這些改造或新建的建築徹底改變了氹仔舊城區的風貌與形象，街區空間氛圍日益網紅化與娛樂化，失去昔日的樸實無華，多了當代的譁眾取寵，這種變化正在繼續且愈演愈烈。長此以往，氹仔舊城區的風貌將會出現什麼樣的結果呢？即便我們可以接受它的商業化，當旅遊功能只有餐飲小吃時，這種單調的旅遊活動是否阻礙歷史街區旅遊業可持續發展呢？這些問題值得我們去深思及對歷史街區旅遊空間生

產進行研究。

二、歷史街區改造模式與案例選擇

（一）老街改造沿革：策略與模式

1.歷史街區概念

　　歷史街區概念源於 1933 年《雅典憲章》提到的 Historic Areas，內涵為「受保護的古建築所處的場地」。1964 年《威尼斯憲章》提出的 Historic Monument 的概念不僅是單棟建築，還包括能夠見證「一種獨特文明、重要發展或重要歷史事件的城市或鄉村環境」。1976 年通過的《有關歷史區域（Historic Areas）保護及其當代角色建議》簡稱《奈羅畢建議文》（Nairobi Recommendation），是直接以歷史區域為名的國際文獻。1987 年由國際古跡遺址理事會在華盛頓通過的《保護歷史城鎮與城區憲章》（又稱《華盛頓憲章》）提出「歷史城區」（historic urban areas）城市範圍內中觀層面的重要概念，並將其定義為：「不論大小，包括城市、鎮、歷史中心區和居住區，也包括其自然和人造的環境……它們不僅可以作為歷史的見證，而且體現了城鎮傳統文化的價值。」同時，還列舉了歷史街區中應該保護的內容：地段和街道的格局和空間形式；建築物和綠化、曠地的空間關係；歷史性建築的內外面貌，包括體量、形式、建築風格、材料、建築裝飾等地段與周圍環境的關係，包括與自然和人工環境的關係；地段的歷史功能和作用。

　　其他國家及地區例如日本、德國、英國的相關法例在定義歷史街區的概念時，其內涵都涉及：建築物與周圍環境共同形成歷史聚落，

通常是過去地方政治、經濟、產業的中心，具有特殊文化風格或歷史特色，保存區（conservation areas）可能是以一條街、一個或數個街道，甚至是整個老城核心區為範圍。

中國 1985 年提出的「歷史性傳統街區」，對文物古跡比較集中，或能較完整地體現出某一歷史時期傳統風貌和民族地方特色的街區等予以保護，核定公佈為地方各級「歷史文化保護區」。1994 年發佈的《歷史文化名城保護規劃編制要求》正式提出「歷史街區」概念，繼而在學術界廣受採用。2002 年 10 月《中華人民共和國文物保護法》正式界定「歷史文化街區」時，實際使用「歷史文化街區、村鎮」的稱呼方式，涵蓋城市和村鎮兩種類型。它們往往是城市和村鎮的老中心區，是文物古跡、歷史建築較集中，或歷史風貌較完整的區域。2008 年 7 月 1 日起施行的《歷史文化名城名鎮名村保護條例》，將村鎮從「歷史文化街區、村鎮」的稱呼方式中分離出來。特別是在城市化中還保留著整體鄉村，這些「城中村」從城市區位及功能上實際已經成為城市街區單元的歷史街區。

本書採用廣義的歷史街區（Historic Urban District）概念，參考阮儀三與林林（2006）的定義，歷史街區是指城鎮中保留遺存較為豐富，比較真實的反映一定歷史時期傳統風貌或民族地方特色，存有較多文物古跡、近現代史跡和歷史建築，並具有一定規模的地區。

2.歷史街區改造歷程與沿革

歷史街區文化遺產保護最早源自 20 世紀初期的西方國家，二次大戰後的城市重建出現大量的拆除及綜合性開發，人們一直忽視對舊城區的保護。20 世紀 60 到 70 年代，對歷史街區的重要性得到普遍重視。歷史街區的利用與保護大體分為三個階段，第一次歷史保護運動

的基本策略是保護單體建築、構築物和其他遺跡，這些早期的保護策略的作用相當有限，因為被保護建築周邊的隨意開發對歷史建築造成了破壞。20世紀70年代的經濟衰退，客觀上阻止了拆除和再開發計畫的實施，第二次歷史保存（preservation）思潮或更保護（conservation）運動的重點轉移到歷史建築群、城市景觀與環境。保護範圍擴大到了地區與區域，而且不再局限於單體建築或構築物的優劣，使得更多普通歷史建築得以被保護。這個時期忽視了歷史街區的有效利用與增加經濟活力。第三次保護思潮著重制定更有針對性的、特別的和地方化的保護政策，通過提高管理水平、促進投資和推動地方經濟發展方面，促進了歷史街區的保護、改善與振興（Heath, Oc & Tiesdell, 2013）。

中國對歷史文物保護始於20世紀30年代。1929年中國營造學社成立，開始系統地運用現代科學方法研究中國古代建築，對不可移動文物保護工作為邁向其科學化、系統化，打下了堅實的理論與實踐基礎。1930年6月國民政府頒佈了《古物保存法》，1932年設立「中央古物保管委員會」，並制定了《中央古物保管委員會組織條例》，開始國家對文物實施保護與管理的歷史。從20世紀50到80年代，中國仍是注重以文物保護為中心內容的單一體系，對於城市保護的認識僅僅是限於其中的文物或遺址的範圍，對古城自身的價值認識不足，沒有形成制度和實際行動。隨著1982年首批24個中國國家歷史文化名城的公佈，歷史文化遺產保護也進入了第二個重要發展階段，1986年首次提出了「歷史文化保護區」的概念，重心轉向歷史文化保護區的多層次體系。1996年屯溪會議明確指出「歷史街區的保護已成為保護歷史文化遺產的重要一環」。

中國國內的舊城大量性改造發生於文革結束後，絕大多數改造出

現在大中城市，因此，分析研究幾個代表性的城市更新歷程對總結中國舊城改造的發展具有里程碑的意義。蘇海威、胡章與李榮（2018）對北京和深圳的研究整理出兩個城市改造更新的歷史階段，分為三個階段：1978 到 2003 年跨越 90 年代的面對城市功能重構與物質設施重建的巨大需求的持續擴張階段；2004 到 2008 年的漸進探索階段；2008 到 2018 年的多元發展階段。作者認為以上階段劃分與政府政策、宏觀經濟環境等因素缺乏內在的聯繫，反而覺得胡航軍與張京祥（2022）基於南京市老城南改造歷程的四階段劃分更有說服力，基本與中國舊城改造歷程相吻合。從城市更新動力、物質空間改造、文化遺產保護與利用與社會空間效應等視角，將中國國內自改革開放以來的更新改造總體劃分為四個階段：

（1）第一階段（1978-1990）：政府一元主導的解困性拆除重建

時值文革結束，百廢待興，尤其是住房緊缺問題迫在眉睫。政府進行不可持續的財政投入，通過「拆一建多」的方式實現就地安置和住宅擴容，同時致力於清拆舊城區擴寬街道。由於文化遺產保護尚未提上議程，大量歷史街區被拆除重建。

（2）第二階段（1992-2000）：增長聯盟推動的現代化空間重構

1992 年的標誌性政治事件是鄧小平南巡，開啟了中國新一輪的開放改革。經濟快速發展推動了土地改革、功能置換所釋放的土地價值，房地產投資方興未艾，發生廣泛性的舊區拆遷現象，居民就地與異地安置並存；城市空間商業化。在舊城改造過程中，政府與開發商比較強勢，居民的意願被壓抑，改建地區出現紳士化與貧困化的雙重效應。與此同時，很多歷史街區被持續破壞。

（3）第三階段（2000-2015）：城市擴張進程中的文旅街區開發

踏進新禧年，隨著中國加入 WTO 以及申辦 2008 年奧運會，經濟進入快速發展的軌道。城市化以及城市擴張的熱潮中，地方政府越來越依賴土地財政。另外，旅遊業開始蓬勃發展，文旅營銷為城市帶來經濟效益，歷史文化成為打造地方品牌的重要資源，很多城市具有豐富歷史文化內涵的歷史街區被改造為熱門的旅遊景區。這個時期比較著名的案例有「自上而下」的上海新天地、以及在佛山、重慶等地複製的「天地系列」，成都寬窄巷子、南宋御街等改造項目。甚至有些普通的舊區通過拆舊建新營造傳統格局，這些失真式重建湧現了遍佈全國的質量粗劣的「假古董」，很多這樣的「保護式更新」的歷史街區改造，僅僅截取或誇大了部分的地域文化符號。這些活化後的歷史街區進一步的紳士化，有些甚至令該地的文化歷史的形象荒腔走板。同時，在原居民遷出式的歷史街區改造過程中，居民形成反增長聯盟，引發一些社會關注的抗爭事件。這個時期，也出現了少量例如上海田子坊、廣東東莞下壩坊等歷史文化街區「自下而上」的改造模式，廣為學界關注與研究。

（4）第四階段（2015 至今）：多元主體協同參與的漸進式微更新

十年前，由於中國國內外形勢及投資環境發生變化，加上 2020 年開始的三年疫情打擊，經濟恢復乏力而發展遲緩，政府負擔巨大的財政壓力。政府與民間的固定資產投資縮減，城市改造出現小規模、漸進式的微更新，對歷史街區的改造與開發利用更加重視原真性。改造模式更多地採用政府、資本、原居民與社會團體參與的合作方式，聽取居民建議與尊重居民訴求。歷史街

區內的人口合理雙向流動，部分項目開始贏得良好的社會口碑。比較成功的案例有廣州恩寧路永慶坊歷史文化街區。

（二）歷史街區保護策略與改造模式

1.保護法例與策略

　　許多國家十分重視從製訂法例與實施措施方面強化管理歷史街區的改造利用。法國於1962年制定了具體的《歷史街區保護法令》，規定將為「歷史保護區」制訂的保護和繼續使用的規劃，納入城市規劃的嚴格管理中，保護區內的建築物不得隨意拆除，維修和改建要經過「國家建築師」的指導，正當的修整可以得到國家的資助，並享受若干減免稅收的優惠。

　　英國在1967年頒佈的《城市文明》中提出了保護「有特殊建築藝術和歷史特徵」的地區，如建築群體、戶外空間、街道形式以及古樹等。該法令要求城市規劃部門在制定保護規劃以後，任何個人和部門不能任意拆除保護區內的建築，區內新建改建專案要事先報送詳細方案，其設計風格要符合該地區的風貌特點。法令還規定不鼓勵在這類地區搞各種形式的再開發。

　　日本在1966年頒佈的《古都保存法》，則強調要保護古都文物古跡周圍的環境以及文物連片地區的整體環境，1975年修訂的《文化財保存法》又增加了保護「傳統建築群」的內容。該法律規定，「傳統建築集中與周圍環境一體形成了歷史風貌的地區」應定為「傳統建築群保護地區」，首先由地方城市規劃部門確定保護範圍，制定地方一級的保護條例，然後再由國家選擇一部分價值較高者作為「重要的傳統建築群保護地區」。城市規劃部門要做出相應的保護規劃，確定保

護對象，列出保護的詳細清單，包括構成整體歷史風貌的各種要素；制定保護整修的計畫，對傳統建築進行原樣修整，對非傳統建築進行改建或整修，對有些嚴重影響風貌的建築要改造或拆除重建。

中國隨著《中華人民共和國文物保護法》的修訂與《歷史文化名城保護規劃規範》的編制，「歷史街區」作為遺產保護三級體系中承啟名城與文保單位的中間環節，逐步走上制度化。「歷史街區」為不可移動文物範疇，具體規定為「保存文物特別豐富並且具有重大歷史價值或者革命意義的城鎮、街道、村莊、並由省、自治區、直轄市政府核定公佈為歷史文化街區、村鎮，並報國務院備案」(《中華人民共和國文物保護法》第十四條)。「歷史街區」制度化後，其概念也進一步被闡明為「經省、自治區、直轄市政府核定公佈的保存文物特別豐富、歷史建築集中成片、能夠較完整和真實地體現傳統格局和歷史風貌，並具有一定規模的區域」。另外，明確了歷史文化街區的有保護標準及保護方法。歷史文化街區重點在保護外觀的整體風貌，不但要保護構成歷史風貌的文物古跡、歷史建築，還要保存構成整體風貌的所有要素，如道路、街巷、院牆、小橋、溪流、駁岸乃至古樹等。除此之外，其成片地區居住的居民，是活態的文化遺產，有其特有的社區文化，應該保護非物質形態的內容，保存文化多樣性。

2.澳門歷史文化遺產保護策略

澳門文化遺產保護始於 20 世紀 50 年代。受到二戰後歐洲文物保護熱潮的影響，1953 年澳督史伯泰任命一個專門委員會，以便確定現有的建築文物和調查文物狀況。1960 年，澳督馬濟時任命了新的工作組，主要負責「研究和提出適當的措施以保護和重視具歷史和藝術價值的文物」。這兩次文化遺產保護關注的主要是建築單體，如炮台、教

堂、府邸等。

澳門第一次公佈全面的文物保護法令是1976年第34/76/M法令，列明89處文物保護名單，同時成立文物保護委員會。1984年，澳門政府推出了第56/84/M號法令，將澳門的建築文物分為「紀念物」、「建築群」及「地點」三個類別共84項，詳細規定每一類文物的保護方法及設立保護區。1992年，澳門政府在文物保護對象中增加了一個新類別：具有建築藝術價值的建築物，要求對一些在建築藝術上有特殊意義的單體建築進行保護，重新調整了受保護的文物名單，新的清單中包含了許多各具特色的居住建築，如鄭家大屋及盧家大屋等。

2005年澳門歷史城區申遺成功大大推進了立法進程，2013年正式出台《文化遺產保護法》法律，作為澳門地區文化遺產保護的基本法，內容包括一般規定、文化遺產委員會、被評定的不動產、澳門歷史城區、被評定的動產、考古遺產、非物質文化遺產、獎勵、優惠和支持、處罰制度、最後及過渡規定。《文化遺產保護法》一方面汲取了國際公約及世界通例的精神，一方面又特別針對本地區的實際情形而作出適度調整，由此而使該法體現出以下四個特點：首先是更新保護理念，豐富了原有的文化遺產概念；其次是突出保護中心，確保「澳門歷史城區」得到全面而有效的保護；然後擴大保護範圍，涉及具歷史文化價值的動產、非物質文化遺產、考古遺產及古樹名木等的保護；最後集聚保護合力，明晰政府、居民、被評定的財產所有人的權利與義務，明確文化遺產保護的獎勵、優惠及支持和處罰機制（吳清揚，2018）。

在以上法律框架下，為了能使澳門歷史街區文化遺產得到更精準的保護，第4/2024號行政法規《「澳門歷史城區」保護及管理計劃》於2024年1月15日公佈。法規主要透過制定合適的措施及方法，對

「澳門歷史城區」做出更全面和系統性的保護和管理，包括訂定 11 處「景觀視廊」、19 條「風貌街道」以及 24 處「城市肌理」，並提出相關的指導原則；因應不同建築物的文化價值，訂定「建築限制條件」；針對組成「澳門歷史城區」的 22 處歷史建築物訂定「建築修復準則」；為維護和延續「澳門歷史城區」的價值，訂定「遺產影響評估」和「可持續性」的保護及管理措施；此外，法規亦對「澳門歷史城區」的日常使用管理，以及城區範圍內的市政設備、綠化、交通等 11 個方面提出相應管控措施。

　　至於氹仔的歷史文化遺產保護，尚未發現有專門的法例。在 1992 年 83/92M 法令中可見，氹仔舊城區的告利雅施利華街的西段，市政廳周圍以及龍環葡韻周圍被列為保護區域。在 2022 年澳門政府公佈的《澳門特別行政區城市總體規劃（2020-2040）》中規定，維持氹仔舊城區的葡萄牙及中國風格建築相融的城市風貌；主要土地用途為旅遊娛樂區及公用設施區。反而在 2009 年頒布的政府的建築法規第 0/DSSOPT/2009 號行政指引《有關樓宇高度及地段可建造性之規範》對氹仔市區有特別規定（圖 1-6）。

↑圖 1-6　氹仔舊城區的建造規定範圍。
資料來源：《有關樓宇高度及地段可建造性之規範》。

圖 1-6 所標示的區域是氹仔市區都市重整計劃所涉及的範圍。在上述的都市重整計劃和有關的規章完成編制和通過之前，應恰當地採用有預防性質的一系列限制措施，以達至持續有效地審批在計劃範圍內所有現存的建築申請。確保在上述研究的初步階段已提出的所有發展建議的可行性。除了遵守現行的一般規章及工務局所公佈的規定外，亦必須就載於範圍訂定以下的規定：最大可接受的樓宇高度（至屋簷）：11.2 米。強制採用中式瓦鋪砌的坡屋頂，其傾斜角為 22 度；同時，允許鋪砌中式大階磚的平台，但其總面積不能超過建築佔地面積的 25%；屋簷至樓宇最高點的垂直高度不得超過 2.5 米；限制材料的使用：立面採用粉刷牆身和著色的木或金屬門窗。不遵守這些限制者將導致其所提交的建議方案，需接受是否適當融入氹仔市區的都市環境的分析及審查。

從以上條例看出，澳門政府對於氹仔舊城保護區的建築景觀控制比較寬鬆，並沒有對單體建築立面與風格設計做更為詳細的要求或指引。

3.歷史街區改造與發展模式

國內學者大多將歷史街區的發展模式分為「自上而下」與「自下而上」兩種模式，但因概念上的含糊而出現各種表述，又或者歷史街區改造確實出現很多似是而非的的模式，這種簡單的、非黑即白的二元法劃分，難以歸納所有的案例，因此又出現了第三種所謂「上下結合」、「供需雙相對接」的模式。王建國（2001）認為「自上而下」是按人為力作用的設計方法，是依照某一階層甚至個人的意願和理想模式來設計和建設城鎮的方法。這裏強調的是城市先有計劃，然後實施的建設方法，而某一階層可以是政府，也可以是發展商。在舊城改造的領域，「自上而下」式的改造模式通常表現為，政府或團體機構按

照城市發展戰略和社會經濟發展總體規劃，有計劃地拆除衰落街區原有舊建築，並在原有用地上重新建造具有體量大、造型奇特的建築，或有目的地完整保留歷史建築，並以歷史文化保護的名義來促進街區經濟的復甦（曹子健與張凡，2021）。總之，「自上而下」模式的特點就是政府主導型，通常經過統一規劃、管理、建設、運營，具有易操作的特點。這種模式出現了一系列突出的問題：過於注重物質改造，大規模推倒重來式的更新忽視城市歷史文脈；過於注重經濟效益，社會經濟網路受到破壞；拆遷補償及分配不公，激發社會矛盾。「自下而上」是「自下」為主發動的舊城改造，指在市場導向改革中出現的以民間力量或社區組織發動，並得到政府認可和支持的自下而上的舊城更新過程（楊虹與劉傳江，2000）。近年來，這種模式似乎廣受好評：自下而上，居民與小商業者意志的強烈表達，蘊含了驅動城市更新的內在動力，廣泛體現在社區微更新中（曹子健與張凡，2021）。儘管「自下而上」式改造是在政府提供基本政策的框架下，但居民積極性被激發，意見更為一致，矛盾也更容易解決。這種根據居民實際的維修改善和生活「現代化」提出改造需求，合情合理，但若採用方法不當，如隨意改變外觀、拆牆打洞等，不僅會造成安全隱患，而且會對歷史街區建築風貌造成破壞（王建國，2001）。而且在實際改造中，自下而上模式的動力來源於市場與居民，利益博弈參與方較複雜，需要多方面協調，同時受到投資規模等限制（蘇海威、胡章與李榮，2018），且中國國內居民公民意識薄弱，公共事務參與主動性及熱情不足，這種模式沒有政府的支持難以實施。於是，出現了一種互相合作，或互相妥協的「上下結合」模式、「供需雙相對接」的模式。但也有學者認為這只是「自下而上」式城市更新決策機制中的不同角色和互動而已（程慧與賴亞妮，2021）。

日本城市更新概念中，與「自下而上」的模式相接近的模式是「內生型社區更新」。起源於 20 世紀 60 年代，是針對高速發展背景下傳統城市開發模式對社區生活、文化環境的破壞而興起的。日本建築學會將其定義為：「以地方現存資源為基礎，通過多主體的聯合、協作，漸進地改善周邊居住環境，以實現社區活力和魅力的提高及生活品質提升而進行的一系列活動」。體制由「市民」和「政府」共同建立。但市民個體能力有限，因此需通過結成一些市民組織來傳達市民的意見，並協助進行各類社區更新項目的落實，這樣的組織被稱為「社區更新組織」。而市民主體的社區更新組織，與政府在專業知識和資訊上存在一定的差距，因此需要有一個或若干個掌握專業知識的「社區更新支援組織」在技術和資訊上，給予社區更新組織以技術支援，以促成市民和政府之間盡可能對等地溝通和協商（高沂琛與李王鳴，2017）。從這個意義上來說，與上述「上下結合」、「供需雙相對接」的模式也相當接近。基於此，作者主張可以按「自上而下」或「自下而上」兩種模式來對舊城改造的模式進行分類。

　　總之，「自上而下」模式是政府主導或政府和市場主體共同主導的城市更新機制（張帆與葛岩，2019）。「自下而上」模式是社會公眾主導或社會公眾和市場主體共同主導，政府作為管治的角色（陳晨，2022）。我們知道每個舊區改造項目必然有眾多的利益相關者參與其中，要判斷是否屬於「自上而下」或「自下而上」模式，關鍵在於各個利益或行為相關者在歷史街區改造活動中，誰在起著「主導」作用。為了更準確定義兩種模式概念，需要明確主導與參與的內涵。

　　作者認為在歷史街區改造活動中，利益相關者主要有三種行為：主導、參與及協助。主導，意指能夠發起或啟動項目且對項目具有決策權，這種權力來自於政治權力、資本權力或物業權力；參與，具有

影響項目發起及決策權力者在項目行為的作用；協助，則是僅僅基於職責、業務或義務的原因在項目中進行的相關行為，例如項目的策劃、規劃、設計、行政審批、工程管理、施工及物業營運或管理等。又據中文的傳統含義及《漢典》的解釋，「上」意味著上級、尊長或社會的最高層，如上戶（富家巨室）、上廳（官署）、上憲（上司；上級官員）、上上乘（等級最高的）、上位（高位，顯達的職位）等，用以指稱政府、開發商或投資商是適合的。相對而言，「下」則是稱謂百姓、群眾。故此，根據主要利益相關者在改造活動中所起的作用為標準，得出歷史街區改造模式，如表1-1。

表1-1　利益相關者與歷史街區改造模式的關係

參與＼主導	政府		企業		業主	
政府	自上而下	業主全遷：鼓樓東西街	自上而下	業主全遷：上海新天地、蘇州桐芳巷、成都太古里	自下而上	業主全遷：下墻坊
				業主可留：杭州小河直街、北京前門東區		業主可留：田子坊、西安順城巷南段
企業	自上而下	業主全遷：寬窄巷子，南宋御街、前門大街、三坊七巷			自下而上	業主可留：深圳後亭村、英國硬幣街
		業主可留：永慶坊				業主全遷：部分舊改項目
業主	自上而下	業主可留：北京大珊欄、蘇州平江路、杭州梅家塢、佛山疊滘	自上而下	業主全遷：部分房地產項目		

資料來源：作者根據相關資料製作。

4.澳門歷史街區改造模式

　　港澳地區的歷史街區改造模式與內地有所不同，由於港澳地區屬於小政府大社會的資本主義制度，舊城區物業多屬於私有性，因而舊區改造的模式大多數屬於「自下而上」。港澳居民頗具公民意識及公民權力，對於政府或開發商而言，舊改的成本非常大，這也可以解釋港澳城市很多區域那麼「舊」的原因了。

　　雖然大多數情況下澳門舊街區的開發利用屬於「自下而上」的市場自主模式，但近年為了提高澳門旅遊承載力，澳門政府提出吸引遊客進入市內其他舊街區，出現了一些「自上而下」的歷史街區活化模式的例子。例如，2023年9月開始的活化社區文化旅遊「福隆新街步行區計畫」，這個計劃由政府主導，博彩企業「永利渡假村（澳門）股份有限公司」承擔，居民及社團共同參與。澳門文化局向文化發展諮詢委員會提出活化計劃，隨後向社會公佈，政府聽取了福隆新街街坊、商戶及市民的意見。調查結果顯示，政府透過街坊會收集區內居民意見後，有九成五住戶和商戶對計畫持不反對意見，當中近八成贊成計畫，僅有五人表明反對，認為絕大部分意見都同意計畫。隨後文化局連同市政署、交通事務局、土地工務局、治安警察局、消防局等部門，與永利公司組成工作團隊進行籌備實施，陸續進行了街區美化、交通安排，以及應急預案等工作，並持續關注福隆新街建築物的維護保養情況，與坊會、業權人、管理者和商戶保持溝通，支援符合條件的建築物外牆修復和翻新工作。因此，整個計畫都落實得很順利（富權，2023）。

在本次歷史街區活化過程中，企業充分發揮自身資源與商業經驗等優勢，在步行區注入藝文表演和活動、休閒餐飲、美化裝飾、藝術打卡裝置等元素，特設「回到福隆」藝術劇場、「中西共融」藝術快閃等活動，並於日間及夜間設有市集，雲集多個本澳文創品牌

▲圖1-7　澳門福隆新街步行區計畫。
資料來源：澳門永利官方微博。

進駐，輪流展銷澳門文創產品、手工藝品等，為區內營造具活力、文藝氛圍的文旅體驗，吸引了不少遊客，帶動片區內其他中小企的經營與發展（圖1-7）。

　　澳門除了上述個別「自上而下」的舊區活化案例外，大多數的城市改造案例都屬於「自下而上」的模式。其中最明顯的例子便是氹仔舊城區的活化與改造，這種改變源自於二十年前澳門旅遊業的發展以及周邊娛樂區的輻射與影響。正如上節分析所慮，按照「自下而上」的模式發展下去，氹仔舊城區城市景觀會出現什麼樣的情景？作為一個熱門的旅遊景區，能否保持其旅遊吸引力？能否持續給予遊客獨特和良好的旅遊體驗？雖然我們無法「穿越未來」，但「以史為鏡可以知興衰」。因而，本書希望通過對其他相似度高且有可比性的、已經開發多年且經歷了多個變化週期，而且至今經營相對穩定的歷史街區案例進行研究，了解這類歷史街區改造模式的內在因素及動力機製，為氹仔舊城區未來發展提供一些參考。

三、老街旅遊開發：研究案例選擇

　　氹仔舊城區由於物權私有制的原因，歷史上的建設發展屬於微改造，屬於「自下而上」的模式，與其相似的案例在城市傳統商業區甚多，作者選擇分別處於大中城市、比較著名的案例，以下以上海田子坊、東莞下壩坊做為比較。

（一）案例比較與選擇

1.上海田子坊

　　田子坊位於上海市盧灣區，該區域占地約為 7.2 公頃，南面泰康路，為法租界於 1914 年第三次擴張後修築而成，該區域原為工業廠房與居民住宅的過渡地區，主要由工廠及上海傳統的里弄住宅兩部分構成。工廠區占地 1 萬多平方米，住宅區占地 3 萬多平方米，後者即是本文涉及的田子坊里弄地區。直至 20 世紀 90 年代末，該區域始終保持著原有的里弄風貌以及工業、商業、居住混合的使用狀態。但由於建築老化、生活空間環境條件每況愈下，很多住戶逐漸搬離，留在原地生活的僅剩下老年人以及外來租客（彭健航與胡曉鳴，2014）。

　　1998 年著名畫家陳逸飛在田子坊閒置廠房設立工作室，吸引眾多藝術家進入該區，於是舊廠房和部分民居通過轉讓置換變成畫廊、陶藝館、攝影棚等各類藝術工作室。田子坊地區的藝術氛圍得以形成。最初入駐田子坊的商家獲得了商業成功，隨之產生的示範效應讓田子坊吸引了更多商業資本的目光。2005 年，商家的競相進駐將田子坊城

市更新進程帶到一個新階段。另一方面，商業的需求競爭帶動房屋租金快速上漲，同時，商業的大量進駐也帶來了私密性、安全性等問題。這些因素促使更多原住民和藝術家外遷或維權，原住民和外來力量與田子坊相關的各利益團體，為爭取各自的利益進行不斷的博弈，在這一過程中實現了田子坊自下而上舊城更新。在管委會成立前，更新運作的資本基本來自原住民或集資建設，城市建設資金在更新前期很少投入，2008年管委會宣告成立，分三期共投資1000萬元對田子坊進行改造。社區政府在更新中發揮著決定業態方向、協調外部關係、調用社區財力等作用（黃江、徐志剛與胡曉鳴，2011）。

田子坊發展二十餘年，有街道的物業管理機構進行各方面的管理與維護，環境衛生乾淨整潔。街區業態經過多次淘汰替換，作者於2024年再次考察發現餐飲類的店鋪大為減少，販賣工藝品和紀念品的店鋪有所增加（圖1-8）。

▲圖1-8 田子坊2024年境況。
資料來源：作者拍攝整理。

2. 東莞下壩坊

下壩坊屬東莞市萬江區壩頭社區，位於萬江、南城與莞城的交界處，社區轄區面積約0.7平方公里，常住人口約1750人。下壩坊立村於明代，是壩頭村的自然村之一，是一個以詹姓為主的宗族聚居村落，詹姓人為明

太祖時期由江西鄱陽縣遷徙而來。現存有明洪武年間「奉旨崇，邑名臣」木金匾、張王爺廟、古渡口、風水塘、土地廟、青麻石旗杆夾、碑刻以及詹氏宗祠、紹廣詹公祠等古建築，下壩坊彙集了壩頭社區的文化精粹，壩頭社區較好地保存了詹氏宗祠、紹廣詹公祠等古建築以及明清時期的嶺南水鄉村落格局，是珠三角地區嶺南水鄉文化保存較為完整的村落之一，被譽為東莞市的「嶺南水鄉文化泛博物館」。

2010年7月，設計師沈文達與下壩居民小組簽署協定，租用壩頭村原大隊部老房子做設計工作室「薔薇之光」，年租金3萬元，合同期5年。「薔薇之光」不久就被東莞文藝青年熱捧，文青們通過網路博客、微博等方式傳播，加上清華大學傳播學院、《鳳凰週刊》等專業機構和高端媒體的關注，於是窯吧、拾柒、矮房子藏吧、菩提灣、DEJAVU咖啡館等陸續進入下壩坊，下壩坊的運河、榕樹、池塘和老舊民居構成了一幅懷舊的嶺南水鄉圖畫，咖啡館、畫廊、陶藝室組合成一道時尚風景，一時間成為東莞白領、文藝青年的文化休閒消費熱點。

令人始料未及的是，租房者越來越多，導致老房子的租金水漲船高，月租猛漲10倍。村政府深感憂慮，曾經跟村民們商量由政府統一將老房子對外出租，但村民們堅持自己放租，政府部門只能做的事情就是履行公共行政的職責：規範街區的管理，以及對公共環境的改善。下壩坊的蛻變始於政府尚未規劃佈局創意產業之時，民間力量憑著市場嗅覺自發地聚到了下壩坊，這是市場因素自然流動的結果，更是一次「自下而上」的舊村改造。自由生長卻在隨後導致了一系列問題的發生：房租飛漲；商家在裝修時違建不斷，嚴重破壞了下壩的景觀；大部分商家同質化經營，凡此種種顯性和隱性的問題導致下壩坊的文化味道正一點點失去。

3.氹仔舊城區

作為一個完整的旅遊景區，氹仔舊市區還包括益隆炮竹廠和嘉路士米耶路與光復街以南，即位於山頂的嘉謨聖母教堂－龍環葡韻等景點，由於這些景點更早的時候已經是政府的文物保護區或已開發地區，至今未受商業化影響。鑒於本書研究的是歷史街區商業化與歷史文化保育議題，故文中所指的氹仔舊城區不包括以上範圍，僅指紅色範圍內的區域，這是本書的研究範圍（圖1-9）。

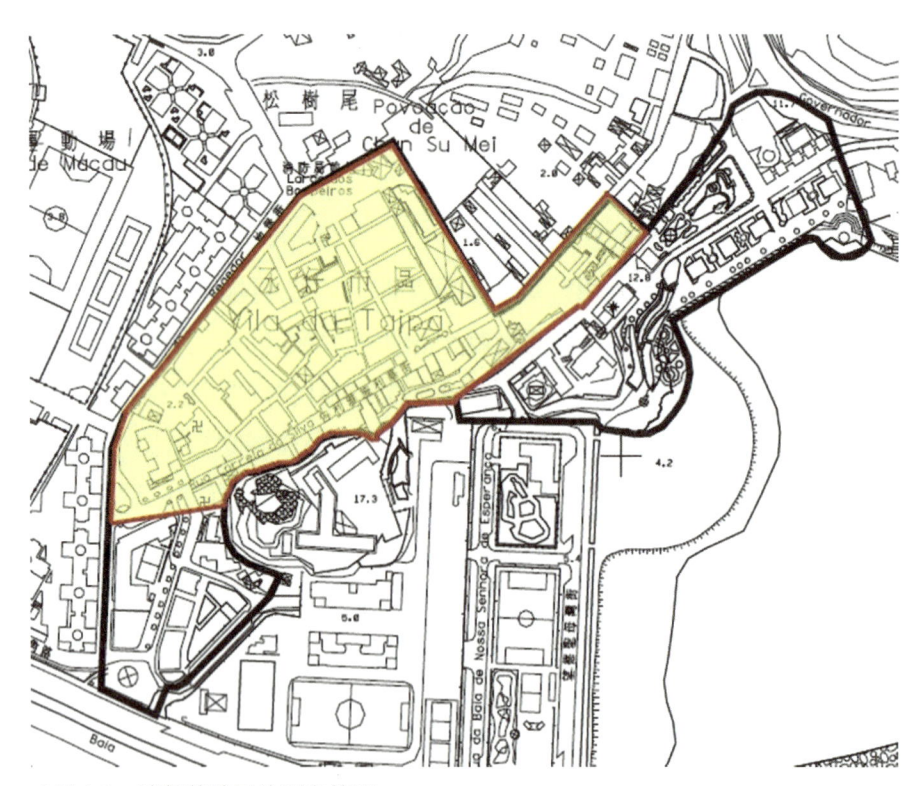

↑圖1-9 氹仔舊城區的研究範圍。
資料來源：作者根據政府資料整理。

被列為「世界文化遺產」的澳門歷史城區位於半島的山脊，那裏是當年葡國人的聚居地，而山腳下的平原與灘塗是華人的居住地。氹仔舊城區也有異曲同工之妙，山下住的是來自廣東或福建的華人居民，即地堡街東南與告利雅施利華街、施督憲正街及其北面的街區。這是具有大量嶺南農村建築遺存的村落空間，也是當今氹仔舊城區商業化最嚴重、旅遊空間生產最為活躍的歷史街區。

我們從案例歷史沿革、基地規模、社區空間歷史與當代城市功能、街區商業業態等等因素做對比，如表1-2。

表1-2 研究案例條件對比

	氹仔舊城區	東莞下壩坊	上海田子坊
舊區開發規模	4萬平方米	4萬平方米	3萬多平方米
社區歷史功能	居住與少量商鋪、作坊。漁村與農村農田環境。	居住型村落。河湧與農村田地包圍的環境。	居住區與少量工廠，位於城市中心區。
街區開發模式	自下而上	自下而上	自下而上
	業主主導	業主主導	業主主導，政府參與，社團協助。
街區發展路徑	業主出租物業，商業業態由市場調節。公共環境維護由政府管理。	業主出租物業，商業業態由市場調節。公共環境維護由村委會政府管理。	業主出租物業，商業業態、公共環境維護由管理公司營運協調。
社區現在功能	商業街、美食街、旅遊景區	商業街、酒吧街、休憩景區	商業街、旅遊景區
街區商業業態	餐飲、禮品、旅遊紀念品	餐飲、酒吧、工藝品	餐飲、商店、文創品、禮品

資料來源：作者研究整理。

注：氹仔舊市區約7公頃，東莞下壩坊行政區約70公頃，上海田子坊約7公頃。上表是指行政區內用作旅遊空間的舊區區域。

依上文所述，氹仔舊城區在這二十年間已經發生重大變化，且現在處於急速變化當中，我們不能武斷地對氹仔舊城區未來將會變成何種狀況而下結論，也不能主觀地評判它日後的好或差、適當與否。因而，最好的辦法是通過對已有的歷史街區案例發展結果進行分析研究，以之為氹仔舊城區未來改造發展作參考。

上海田子坊與東莞下壩坊開發至今已經歷多個完整發展週期，能夠從過程到結果進行全貌分析研究，根據表 1-2 所示各個維度，尤其「社區歷史功能、舊區開發規模、街區開發模式、街區發展路徑、街區商業業態」方面的相似性作為選擇因素，氹仔舊城區與下壩坊更加具有可比性。作者曾經在 2015-2017 年間對下壩坊歷史街區進行過全面的研究，後期仍持續跟蹤與思考它的發展，並於 2023-2024 年間進行回訪。綜合考慮這些因素，故選取東莞下壩坊作為本書的重點研究案例。

（二）研究背景、內容與目的

1.研究背景與動機

（1）研究的現實背景

歷史街區是城市歷史和文化的主要載體，具有濃郁的歷史文化氛圍，營造出特有的場所感和認同感，是城市文化旅遊吸引物的組成部分。為了振興城市歷史街區，許多城市正在努力開闢新的城市功能。其中一項重要的新功能就是旅遊以及與之相關的各種文化活動，旅遊或以文化為先導的振興策略鼓勵將城市中的歷史遺產用於旅遊業的發展。這樣的發展常常意味著地區的經濟結構，需要部分或大規模地多元化或重構，利用一個地區的

歷史特徵、周圍環境和場所感，旅遊業常通過導入新的功能來克服街區的形象過時（Heath, Oc & Tiesdell, 2013）。

　　中國也對近二十年城鎮化中的大拆大建的開發行為進行反思，在可持續發展的觀念下，提倡歷史城區保存與開發並重的發展理念，將舊城活化作為城市社會、經濟與文化協調發展的引擎。隨著中國國民收入增加及休閒旅遊的興起，歷史街區作為文化旅遊目的地成為舊城活化的一種重要模式。在國內，最常見的開發模式是政府主導開發商開發的生產模式，常常涉及到舊城改造和拆遷等問題。政府、開發商被認為是旅遊地空間的支配者，旅遊目的地「空間表徵」由這些制定者構想和規劃而成。社會大眾、社區居民等屬於「表徵空間」的使用者，處於被支配和消極體驗地位，甚至在一些地方成為權益被動的對象（郭文，2016）。由此而起的諸多社會問題令學者開始推崇「自下而上」的開發模式，類似上海「田子坊」是由居民「自下而上」進行的小規模漸進改造的代表（李佩君，2014），但也導致商業快速擴張產生的極大困擾，其更新模式也帶來新問題。

　　有些歷史街區過度商業化，脫離旅遊地的歷史淵源，景觀形態與當地社會文化相去甚遠，充斥各種現代的、非地域的文化符號，例如麗江大量的小資氛圍裝飾、成都寬窄巷子主導的現代文化符號等等，這些空間符號的混雜化現象引起很多爭議。有人批評歷史街區商業化情況嚴重，對商業化非常抗拒，認為這是破壞了傳統文化的完整性，質疑是否會引起地方認同感的危機，街區開發有悖舊城區保護的原則。例如，寬窄巷子充滿商業氣息，大量經營場所呈現的現代風格、西方文化元素，沖淡了歷史街區的傳統生活氛圍。改造後寬窄巷子街區中的商業業態大部分是高檔

餐館、時尚會所、酒吧、咖啡廳、西餐廳等，只有高消費人群才能去問津，街區紳士化。功能決定形式（Lefebvre, 1992），寬窄巷子的商業設施掛滿風格各異的英文招牌、廣告及網路潮流標語，影響了街區的風貌，減弱或誤導了街區的歷史資訊。以上問題處理不好會導致文化遺產資源的浪費，也對旅遊事業發展和歷史街區文化保護極其不利。

始於 2010 年，東莞下壩坊是以「自下而上」模式開發的旅遊景點，十四年來經歷過從興旺昌盛、蓬勃發展到如今遊客日益減少，重遊率偏低，商家生意日漸式微的過程。整理網路與坊間的評論，遊客反映的問題普遍包括：旅遊景觀與周邊地方比較缺少令人印象深刻的地域文化特色，景區風格及主題雜亂無章；過度商業化，商業同質化經營，消費價格太高；行業無序競爭，酒吧產生噪音污染，街區失去休閒寧靜的特點；旅遊活動單調，缺少多元化活動設施，公共環境髒亂差等，旅遊體驗差。概而論之，以上現象所涉及的是關於景區的景觀文化特色、旅遊功能與活動及景區管理的問題。這些現象已經造成遊客和本地居民的不滿，不僅影響遊客的忠誠度，也影響街區商家的正常經營，店鋪倒閉和轉讓屢見不鮮，使得景區形象在混亂中惡性循環。

（2）研究的理論背景

本研究的內容與社會學研究的社會現象與過程、社會生活與互動、社會系統或結構相關聯，屬於社會學研究的範疇。20 世紀以來社會學產生了多個流派，如衝突和批判學說、功能主義學說、韋伯主義學說和符號互動主義等，都從理論層面為旅遊社會學提供了良好的研究基礎（楊秀菊，2013）。衝突範式揭示多

方主體與目的地之間訴求矛盾和利益「衝突關係」；符號互動主義範式研究各個感知主體對符號意義的解讀，闡釋旅遊對社會空間異化和文化符號變遷的「指向關係」；建構主義範式側重於從刺激和傳播的主體、對象、途徑及建構過程來研究旅遊過程「形塑關係」的社會建構（王婧與吳承照，2014）。衝突和批判學說的代表是馬克思主義理論，常用於宏大闡述與宏觀分析，而韋伯主義學說和符號互動主義則偏重於社會的微觀層面。在當前旅遊業的遺產、體現和影響的社會學研究領域中，更可能從宏觀敘事轉向微觀敘事（孫九霞、王學基與黃秀波，2014）。

　　20 世紀末，西方晚期資本主義社會的後現代轉向以及後現代學術思潮，是文化轉向的觸因，而文化轉向直接觸發了新文化地理學，使文化地理學的研究概念、主題、理論、視域等發生了從地方到空間、景觀到文化、客體到主體，從地到人、現實世界到再現與媒體世界、地圖的使用到照片的使用、線性因果關係到非線性因果關係，從本體論到認識論等等多方面的變化，並對人文地理學其他分支學科以及社會科學的「空間轉向」產生影響（李蕾蕾，2005）。

　　同時，當代社會學理論的發展，社會空間開始進入社會理論的論域，當代社會學家在反思、繼承和發展以往理論的基礎上，洞察到在社會學理論中社會空間的缺失限制了理論的解釋力，他們從不同的層面，進入到社會學理論的空間轉向這一理論演進趨勢。學界開啟的「空間轉向」，依賴於嵌入空間的各種模式，空間演繹為看待和理解城市的新方式（潘澤泉，2009）。Lefebvre 建構了「社會空間」理論，使空間概念脫離物質或抽象的二元對立的傳統觀念，其空間生產理論更成為當前社會研究

的一種新的視角和理論轉向。然而，理論界目前現有引用空間生產理論的旅遊文獻大多將該理論作為背景性指導工具，對具體如何剖析空間結構，形成空間社會性分析範式的研究還較為欠缺，有礙於認知性和運用性研究的推進（郭文，2016）。在旅遊社會學及地理學研究範疇，在經濟、社會轉型的中國情境下，社會學「空間轉向」、地理學「文化轉向」的理論動態對旅遊地理學研究提出了新的要求（黃劍鋒與陸林，2015）。

　　文化符號學方法常見於旅遊研究中，如以 MacCannell 等的旅遊吸引物符號化研究，關注符號化機制及旅遊媒介對目的地符號的建構過程；以 Culler、Urry 等對旅遊符號消費及其背後隱含的權力機制問題的研究，重點關注旅遊消費的象徵性意義和旅遊符號生產和消費過程的不平等問題；以 Heidegger 存在論為依據的存在主義，重點關注旅遊體驗乃至旅遊本身的符號意義（董培海與李偉，2016）。總之，符號不僅有語言文字、影像圖畫，還包含承載意義的各種社會文本，如身體和物體，其意義並非僅憑符碼運轉，而必須置於各種社會制度所支撐的模式化、例行化互動之中解釋（王志弘，2015）。符號學想使用哪些符碼作為解釋社會空間的手段與企圖，必定把空間本身還原為一種信息，把空間棲居還原為一種閱讀。雖然空間生產的過程包括表意過程，但空間中的物與話語只是空間生產過程的線索與註腳（Lefebvre, 1992）。Lefebvre 亦認為，符號世界起到一種致幻的作用，迴避與掩蓋各種問題，把注意力從現實即可能性上移開。不過，Lefebvre 提出了「商品符號學」的思想，還沿襲自法國學者羅蘭・巴特（Roland Barthes）的符號意義分析方法，他指出空間生產是了解製造「象徵符號」意義的歷程。

誠然，符號學著重表面分析而難以深究空間生產中的權力鬥爭實質，其中有一個原因是空間生產理論建基於宏觀視角，而符號學通常用於微觀層面，故有必要搭建客觀與主觀、宏觀與微觀理論的中介。而 Bourdieu（1991）則闡明了文化與社會結構、行動者之間關係的重要論題。文化社會化過程如何將個體和群體安置在競爭性的位置等級中？相對自主、充滿衝突的場域如何將個體和群體捲入對有價值資源的爭奪中？社會鬥爭如何通過符號等級得以折射？行動者如何爭奪、尋求獲取利益的策略？（Swartz, 1997）。故場域理論成為客觀與主觀、宏觀與微觀理論的中介理論視角。

故此，基於文化地理學及社會空間學的理論背景下，作者試圖將符號學與空間生產相關理論結合，藉助場域理論為中介，對歷史街區旅遊空間生產進行研究，從符號學視角揭示旅遊空間生產的影響因素及機制。

2.研究目的與意義

基於研究的核心問題及理論背景，本研究擬達致以下研究目的、理論與實際的意義：

（1）研究目的

①建構歷史街區空間生產的符號學研究框架

在符號學的視角下，闡述歷史街區從敗落廢棄到變成新的消費街區，進而轉化成旅遊景區的過程，社區各利益相關者在空間生產中的互動模式。解釋歷史街區旅遊空間生產的概念、影響因素及其相互關係，探討符號生產與空間生產中空間實踐、表徵空間與空間表徵之間的關係，揭示旅遊空間的生產機

制。最終，建構「自下而上」的市場自主模式的歷史街區旅遊空間生產理論框架。

②揭示歷史街區旅遊空間生產的關鍵性因素

歷史街區除了具有豐富的旅遊吸引物，還伴隨著各種符號生產與消費活動，各利益相關者的互動。在發展初期以及被賦予「歷史文化街區」稱號後，保護與利用的矛盾表現為政府、居民與商家博弈態勢呈現此消彼長。本研究擬解釋歷史街區景觀符號消費本質，並探究歷史街區空間生產背後的政治、經濟與社會因素的影響，以此揭示歷史街區旅遊空間生產的本質與關鍵性因素。

③探索遊客參與旅遊空間生產的過程與機理

Lefebvre 認為表徵空間屬於使用者的體驗空間，而歷史街區的主要使用者就是遊客，因而遊客在旅遊空間生產中的作用不容忽視。本研究於旅遊情境中對遊客表徵空間的內涵以及生產機理進行探索，進而揭示其對空間表徵及空間實踐生產與再生產的影響，同時明確遊客在旅遊空間生產的作用與地位。

（2）研究意義

①對完善旅遊空間生產者研究有補充意義

過往學界運用 Lefebvre 理論對空間生產研究聚焦於衝突的宏觀層面，研究對象針對目的地政府、開發商與居民，研究內容偏重於空間生產的社會影響，反而忽視進行旅遊活動的遊客與商家，兩個主客體對空間生產作用和影響的研究。眾所周知，遊客需求始終是資本的推動力，尤其處於市場自主的開發

模式中，商家是旅遊實踐的直接生產者，旅遊空間的生產過程、結果與兩者息息相關。本文將強調遊客與商家在歷史街區旅遊空間中的地位，著重研究他們對空間生產的作用，填補關於歷史街區空間生產者研究中少涉及的內容，為空間生產理論在旅遊領域的應用研究提供新的視角。

②對旅遊空間進行跨學科研究有啟發意義

以符號學視角對空間的研究，通常著重於空間形態及消費文化生產；符號互動論在旅遊學的應用研究又多致力於探討旅遊空間的遊客與東道主的互動行為，甚少與空間生產相聯繫；空間生產理論則常常運用於對空間生產的利益相關者與社會影響的研究。正如台灣大學教授蔡秀枝認為，把空間理論和符號學理論融合在一起對社會空間進行探討在理論界尚屬少見（蔡秀枝與彭佳，2012）。本研究在歷史街區旅遊這個研究議題中，嘗試將宏觀理論與微觀理論結合起來，以符號學視角對歷史街區空間生產研究的探索，對將來的旅遊空間生產進行跨學科研究有一定的啟發意義。

③對類似歷史街區的旅遊開發實踐有參考意義

隨著城市發展，區位優勢使歷史街區的改造活化與旅遊開發更加興盛，而居民對物權的認知及公眾輿論的作用，使歷史街區空間生產中的矛盾與制約問題凸顯，處理不慎則不利於旅遊空間的開發。儘管空間理論在旅遊學的應用研究很多，但學者對市場自主開發模式的歷史街區旅遊空間生產研究，略顯不足。對歷史街區旅遊空間生產機制的探討，釐清各個生產者的關係及影響因素，可在類似的歷史街區旅遊開發中提供理論依據，採取合理的開發策略，以彌補市場自主生產模式的缺

陷，平衡各利益共同體的利益訴求和保持街區可持續發展，以期達致街區經濟、社會與文化發展的綜合效益。

④對歷史街區的旅遊規劃設計與建設有借鑒意義

空間規劃是空間表徵符號意義賦予及規約空間實踐的手段，是空間進行符號化的關鍵環節。如何將歷史街區的文化意義賦予旅遊空間，使之成為富有吸引力的旅遊地尤其重要。本研究探討歷史街區旅遊實踐，了解生產者在景觀空間實踐中，如何「重構」適宜的互動空間，才能營造良好的旅遊體驗。另外，歷史街區主要的旅遊資源是文化遺產，在歷史街區旅遊規劃與開發中，如何挖掘地域性文化符號以及對傳統文化保護，就顯得更加重要。以上的研究內容與結果對對歷史街區旅遊的規劃、建設與營運，尤其對正在如火如荼般發展的氹仔舊城區的旅遊開發，為澳門建設、文化與旅遊等相關政府部門在進行決策時，具有一定的借鑒及啟發作用。

3.研究內容與流程

（1）研究內容

①歷史街區旅遊空間生產涵義、過程與結果：包括空間表徵、空間實踐與表徵空間的涵義、過程及其結果，以及三元組之間的關係。

②歷史街區遊客表徵空間的生產機理及其影響，包括遊客表徵空間的涵義、內部因素及其之間關係。

③符號學與空間生產理論跨學科的研究方法，包括符號學與空間生產理論的耦合性；符號意義在旅遊空間生產的涵義、生產機制與作用。

④歷史街區旅遊空間生產的符號學研究模型，包括空間表徵、空間實踐與表徵空間研究模型。

（2）研究方法

①文獻分析法

廣泛搜集有關社會學、地理學、符號學、行為學和心理學等學術報告及專著，通過文獻的回顧與分析、綜合和歸納，梳理研究概念和思路，掌握歷史街區空間當前的最新研究進展和學術觀點，建構歷史街區空間生產理論框架。

②實地觀察法

符合符號互動和戲劇社會學的觀點和研究方法。採用實地觀察法收集旅遊空間的景觀空間資料，又以參與和非參與方式觀察主體之符號互動過程，作為深度訪談的情境佐證。

③深度訪談法

研究內容中的意義認同及權力鬥爭等問題，涉及人的理念、意義建構和語言表達，這類問題只有通過自由交談，對所關心的主題深入探討，才能從中概括出所要了解的資訊。

④質化分析法與量化分析法

對訪談的文本資料通過 ROSTCM6 軟體內容分析，提出意義認同、空間表徵與空間實踐的相關論點，通過敘事分析方法以空間意義、空間權力的概念體系對空間生產進行論證。通過扎根理論的編碼方法構建遊客表徵空間的變量概念定義，再以 SPSS 24.0 與 AMOS 21.0 軟體量化分析表徵空間的要素之間的關係及影響，最後，根據以上質化及量化研究的結果提出空間生產的研究模型。

⑤其他分析方法

除以上主要的研究方法外，在敘事分析方法進行論證的過程中，更以實地觀察照片及不同歷史時期之圖片進行比照的符號分析方法來輔助說明，以切合對旅遊互動行為符號與景觀符號等內容的分析，分析資料體現一定的歷時性與共時性特點，使旅遊空間生產研究趨於合理性。

（3）研究架構

緊緊圍繞核心研究問題與研究目的，展開理論與實證研究，整個研究內容分為理論（第一章至第三章）、實證（第四章至第六章）、結論（第七章）與建議（第八章），共分為研究選題、文獻綜述、調查分析與研究結論四個階段。

研究思路是：確定研究的選題—根據現實背景和過往研究回顧提出研究問題和方向—在關鍵理論基礎上對相關研究文獻進行分析綜述—建構歷史街區空間生產概念體系及理論—選擇案例和進行研究設計—對研究對象進行實地調查、深度訪談與問卷調查—對資料進行分析論證以檢驗歷史街區空間生產理論及假設—總結研究的主要成果及提出後續研究的方向。研究流程如圖 1-9 所示：

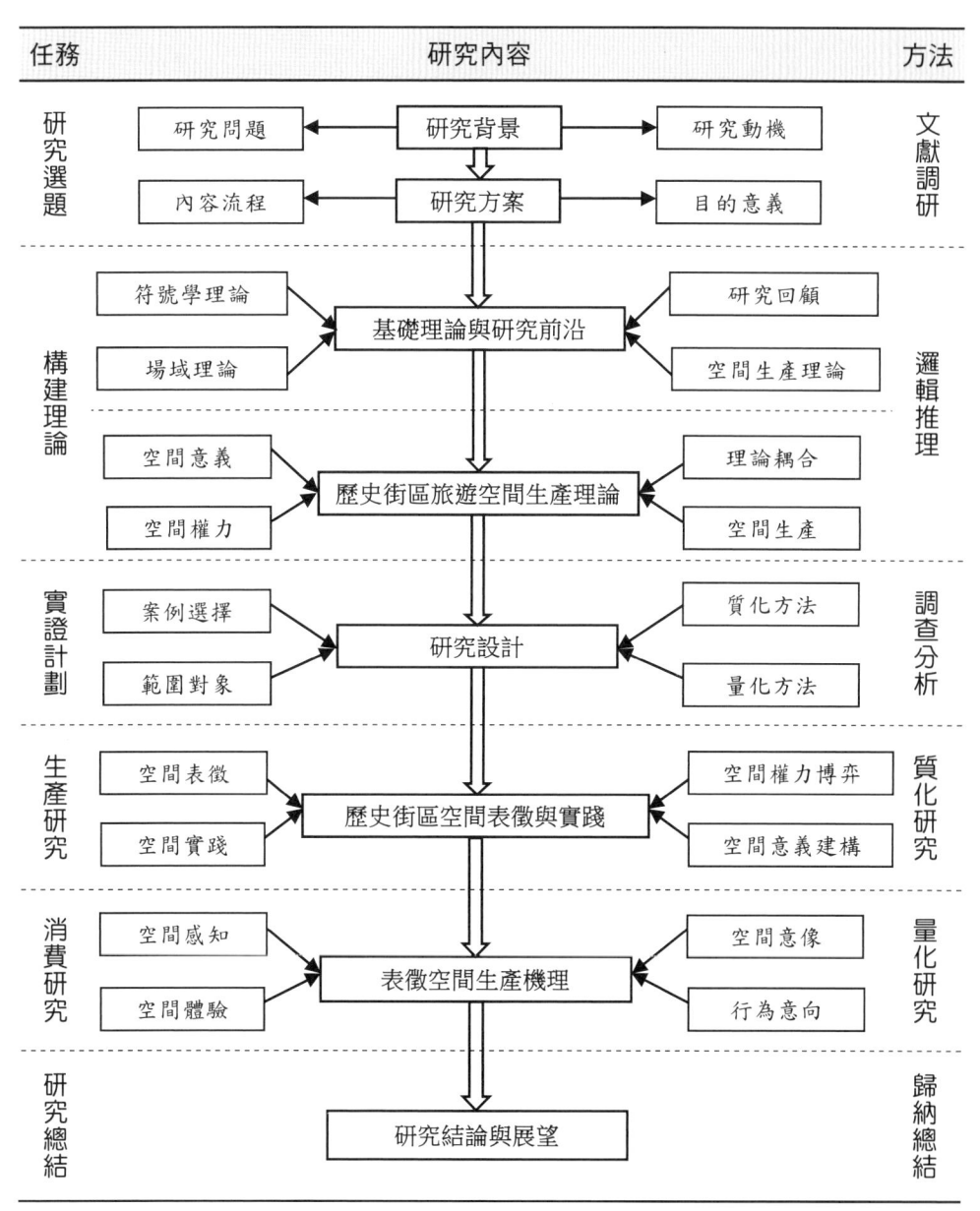

任務	研究內容	方法
研究選題	研究問題 ← 研究背景 → 研究動機 內容流程 ← 研究方案 → 目的意義	文獻調研
構建理論	符號學理論 → 基礎理論與研究前沿 ← 研究回顧 場域理論 → ← 空間生產理論 空間意義 → 歷史街區旅遊空間生產理論 ← 理論耦合 空間權力 → ← 空間生產	邏輯推理
實證計劃	案例選擇 → 研究設計 ← 質化方法 範圍對象 → ← 量化方法	調查分析
生產研究	空間表徵 → 歷史街區空間表徵與實踐 ← 空間權力博弈 空間實踐 → ← 空間意義建構	質化研究
消費研究	空間感知 → 表徵空間生產機理 ← 空間意像 空間體驗 → ← 行為意向	量化研究
研究總結	研究結論與展望	歸納總結

↑圖 1-9 研究流程。
資料來源：作者研究整理。

第二章
老街不老的相關理論解構

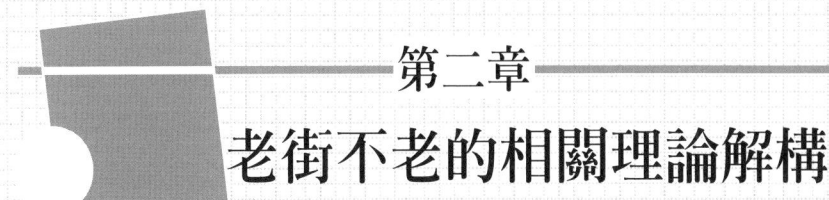

　　歷史街區是一個社會性、城市性、歷史性與文化性的現象，對歷史街區空間的研究也是多學科和多視角的。通過紙本文獻及網路數據庫對十年內的文獻進行搜索及探討關於歷史街區旅遊、旅遊符號學及旅遊空間生產等領域的研究文獻；通過知網 CNKI 的中國期刊全文數據庫及台灣華藝線上圖書館以「主題」分類，以關鍵字「歷史街區」及與研究主題有關的其他關鍵字，通過 Science Direct 中的《Annals of Tourism Research》與《Tourism Management》等數據庫以關鍵詞「Historic Urban」、「Cultural Tourism」、「Production of Space」等等，時間皆為 2014-2024 年期間，進行搜索國內外關於歷史街區旅遊文獻。對相關文獻進行分類、整理、分析，總結歸納進行綜述。同時，針對以上文獻中涉及的早前重要文獻做滾動式追蹤分析，已獲得研究問題之全貌了解。

　　學界對於歷史街區空間的系統性研究，首先是在城市規劃及建築學的範疇進行的（李晨，2011），經分析發現城市規劃領域對歷史街區的研究最多，主要是關注街區空間物質要素，注重空間結構、空間肌理和空間尺度等物質形式特徵與規劃設計研究等方面。在人文地理和旅遊學領域，集中在古鎮和歷史街區旅遊開發、目的地形象、旅遊體驗、地域性文化和旅遊想象、真實性和地方依戀等主題的研究。本章

先著重探討符號學、空間生產理論與場域理論的基本理論，然後對近年旅遊學相關前沿研究成果進行分析，以便了解相關研究的沿革，藉此梳理出研究問題及指導歷史街區旅遊空間生產的理論建構。

一、符號學與符號互動論：老街文化旅遊符號

（一）符號學及符號互動論

1. 符號學

符號學是「研究符號作為社會生活一部分的作用的學科」（Saussure, 1983），是一門研究有關各種可能的符號過程之本質特性及其基本種類的學說，主要是研究「符號載體」感知和意義之間的關係（Peirce, 2014）。20 世紀上半期，最先成為符號學體系的是 Saussure 的語言學模式以及巴黎學派，Barthes 等人將其發展成為結構主義理論。Peirce 的邏輯─修辭模式，促使符號學向非語言、非人類模式轉向，70 年代 Peirce 符號學被 Mead 和 Morris 推向後結構主義，發展成為包括符形學、符義學及符用學在內的系統學科。之後以符號研究社會和文化的模式擴大影響，Cassirer 的文化符號學受到重視，符號學成為社會科學的總方法論，如 Lefebvre 的符號文化社會學、Bourdieu 的符號資本理論、Baudrillard 的商品符號學、Hodge 等人的符號社會學。在其他領域，Kristeva 結合心理學提出「符號心理分析」理論（趙毅衡，2016）。符號學呈現跨學科結合，其應用研究更加涉及到社會、文化和藝術的各個領域。

Saussure（1983）認為符號是能指和所指的結合，能指是符號的

可感知部分，所指是符號的意義。Peirce 的符號學脫離了語言學範式，建立了符號的「三元方式」：符號、對象和解釋項。符號定義為一種事物，它由一個對象所決定，另一方面又在心靈中決定一個概念（idea）；而對象又間接決定著後者那種決定方式，這種決定方式是解釋項（interpretant），所以，符號是一個攜帶心靈解釋項的再現體（representation）。解釋項是在人心中創造出來的進一步發展的一個新的符號，在不同的情境下產生分岔衍義，且具有「無限衍義」特性，最終會形成一個「整體語意場」。

Peirce 認為符號與對象的關係，存在於符號自身所具有的某種品格、或它們之間的關係、或符號自身與某種解釋項的關係中，因而將符號分為可能性（possibility）符號、事實（fact）符號與推理（reason）符號三類。這些理論是 Peirce 符號學理論第一個優點，具有尋找意義形式規律的普遍性方式。

Peirce 符號學理論第二個優點是對符號學領域的視野有超越一般形式論的見解。符號的目的在於表達「事實」，解釋項能夠接近完全的真相。它是每個符號的最終解釋項。符號學旨在解決意義問題，方法是找出意義的形式，符號學為推進人際關係，是文化與社會研究能到達的最形式化的理論（Peirce, 2014）。總之，對於文化社會研究而言，Peirce 符號學理論比 Saussure 更加有優勢。

2.符號學原理

符號及符號化的涵義，符號是一個事物，需要一個感知作為符號載體，這個感知必須在接收者那裏成為一種被識別被解釋的體驗，也就是有可能被符號化，才成為符號。符號按物源分析有實用意義類和藝術意義類，分為自然物或事物、人工製造物（食品、交談）和「純

符號」（語言、藝術、圖案和遊戲），揭示了符號的精神性和想像性。符號化是對感知進行意義解釋，賦予感知以意義。符號化有三步驟：確定某物有某功能、歸類其用途與目的與為其命名。符號化的過程，就是賦予感知意義的過程，又稱為再現（representation）或者表徵，是意義生產過程，使用符號來表達一個不在場的對象與意義。

　　符號文本，一定數量的符號被組織進一個組合中，讓接收者能夠把這個組合理解成有合一的時間和意義向度。文本是介於發送者與接收者之間的一個獨立存在，通過符號表意過程而使符號組合獲得文本性。文本性具有結構上的整合性與概念上的一貫性；發出的意圖性、接收的可接受性與解釋的情境性。伴隨文本是伴隨著符號文本一起發送給接收者的附加因素。所有的符號文本都是文本與伴隨文本的結合體，攜帶了大量的社會約定和聯繫。不僅是符號組合，而且滲透了社會文化因素的複雜構造。

　　符號過程的三種意義：意圖意義在文本意義中具體化（主觀想法被落實到文本表現），文本意義在解釋意義中具體化（文本待變意義成為變成的意義），後者否定前者，大量符號過程沒有完成這三個環節（趙毅衡，2016）。Peirce（2014）提出符號意義解釋的方法是雙向思維的「試推法」，因為符號意指是一個變動的過程。

3.符號互動論

　　符號互動論是符號學在社會心理學方面的應用。20 世紀 70 年代開始盛行的符號互動視角（symbolic-interaction approach）是一種把社會看作個體日常互動產物的理論建構框架，屬於微觀層次定位的社會學視角。符號互動的理論淵源開始自 W. James 的「物質、精神和社會自我」與 C. H. Cooley 的自我、群體與社會之間互動論述（Macionis,

2016）。社會學家 G. H. Mead 對符號互動論影響最大，他總結了前人研究成果並系統地論述了符號互動論思想，強調人的互動是依靠符號進行的，符號的意義依賴於互動雙方對它的理解（Mead, Morris, Joas & Huebner, 2015）。

最早提出「符號互動論」的 Blumer（1986）是 G. H. Mead 的學生。他歸納了以上符號互動思想，提出完整的理論基礎與主要觀點：首先，個人對事物採取的行動取決於他對事物賦予的意義，符號是社會相互作用的仲介，人們通過對符號的意義理解進行互動；其次，意義是通過人們之間的互動得到的；最後，意義通過解釋不斷修正，符號互動是能動的、可變的過程。理解與定義的共同性是社會組織存在的先決條件，從而產生了「共同行動」，繼而塑造了諸如文化、規範、價值觀、社會秩序等宏觀的社會結構現象（Blumer, 1986）。

符號互動發生在真實的社會情境，情境是指人們在行動之前所面對的情況或場景，包括作為行動主體的人、角色關係、人的行為、時間、地點和具體場合等，人們可以將上述因素進行組合以表達自己的意義。在當今的資訊社會，符號互動有了新的詮釋。人們還會通過電話等手段與陌生人非直接接觸，現在電子郵件、即時消息、在線社區、聊天室和社交媒體已經和日常生活廣泛結合一起，「網路空間」與面對面互動的「真實世界」一樣仍然是真實的（Baym, 2010）。

社會互動是人們在聯繫中如何採取行動並作出反應的過程，而互動的前提關注對方的身分、地位和角色（Giddens & Sutton, 2021）。社會學家 Goffman 的擬劇理論認為社會行為就是社會表演。他的主要觀點包括表演框架代表一種主觀結構、一種主觀的社會現實，而非「客觀的社會現實」；劇本期望意味著社會規範對各個角色的限定，實際就是角色期待，所謂劇情就是在一定情境中，為了表演給別人看的所

有行動。地位如同戲劇中的一部分，角色為戲劇腳本，為劇中人物提供台詞和動作，角色扮演也稱為自我呈現（presentation of self）。人們會根據不同的場景來調節角色的扮演，同時設計不同的舞臺背景來引導他人給予我們的反應。因此，人類的身分認同是在社會互動中建構出來的，正是通過語言和非語言等符號形式來進行意義交流（Jenkins, 2014）。

（二）老街文化旅遊與旅遊符號的研究

1.歷史街區文化旅遊研究

在社會學的視角下，旅遊現象是社會文化現象，其形成原因是旅遊者的消費需求，需求的本質屬於文化娛樂性需求。文化需求引起社會成員的旅遊消費行為，刺激旅遊機構開發旅遊產品滿足社會成員的消費需求。

歷史街區旅遊現象也是由遊客的需求而發展起來的，動機是滿足內心願望的需要，旅遊動機是推動人進行旅遊活動的內部動力。在歷史村落旅遊體驗的形成過程中，鄉愁是形成主觀幸福感的關鍵因素（余潤哲等，2022）。遊客的旅遊動機源自於現代城市人疏離和壓力（Macionis, 2016），林敏慧等（2023）基於旅行生涯模式（TCP）理論，研究發現城郊旅遊者的核心動機是自然、新奇、逃離/放鬆與關係強化，Douglas、Hoogendoorn & Richards（2023）的研究也得到同樣的結論。施潤周與楊曉玭（2022）基於旅遊動機結構與馬斯洛需求層次模型間的同構性，論證「追求社交滿足」、「追求體驗」和「追求意義」是旅遊的三種基本動機，認為網紅打卡遊則是典型的「追求社交滿足」的旅遊行為。

劉慧娟與曹超軼（2022）通過 CiteSpace 軟體對核心期刊資料庫中的歷史街區旅遊文獻進行分析，發現歷史街區遊客通過一系列相關的旅遊活動和旅遊體驗，包括觀賞歷史文物古跡和街區格局風貌、重新認知旅遊目的地的知識更新、感受遁世般的特色歷史氛圍、尋找到古今他我之間的情感共鳴等，說明歷史街區文化景觀能滿足遊客的需求，因而歷史街區旅遊屬於一種文化旅遊。UNESCO 將「文化旅遊」（cultural tourism）定義為：一種與文化環境，包括：景觀、視覺、表演藝術和其他特殊地區生活形態、傳統價值、事件活動和其他具創造和文化交流過程的旅遊活動。文化旅遊是旅遊者通過體驗旅遊地的特有文化進而滿足其精神需求的旅遊活動（王恒，2022）。

　　文化旅遊的核心在於文化，歷史街區旅遊吸引力的重要來源是表徵集體記憶的景觀組成（曾詩晴、謝彥君與史豔榮，2021），歷史街區重要的旅遊資源是豐富的文化景觀。政府或企業對街區歷史文化的挖掘及文化創意產業的導入，在歷史街區更新的規劃設計時，即使所有空間遺跡幾無留存，也可以通過街頭巷尾的歷史「傳說」和史書記載的「故事」，這些被悉心挖掘出來的文化資源被啟動變成文化資本，再通過這些文化資本，使城市更新獲得實質性的效益和效應（黃怡、吳長福與謝振宇，2015）。文化遺產的保存已經成為都市再開發計畫中，一種用來吸引心懷前工業時代鄉愁的中上階級的「文化策略」。另外，通過在舊街區中注入文化創意，也成為重新煥發老舊街區的活力的一個策略（王念祖與王育民，2021）。

　　Bhabha（2004）從文化空間範疇論述了空間是一個由不同文化之間的「翻譯」所形成的話語場，包括對文化符號的挪用、重新解讀、構建和重新歷史化。麥詠欣等（2021）的研究發現，藝術和文化能實現舊址的活化和復興，文化企業家的進入創造了新的空間主體與社會

關係，對歷史建築空間進行更新與再利用，打造了新興文化創意空間，成為空間生產的第一循環。而歷史街區在歷史演化中形成的鄉村是文化資本賴以存在的基礎，創意精英的進駐推動了古村文化遺產向文化資本的轉化，促成了創意空間的生產（方遠平、易穎與畢鬥鬥，2018）。

從以上文獻分析得知，歷史街區的傳統文化景觀對遊客產生極大的吸引力，可以滿足他們對逃逸心態、懷舊情愫以及集體記憶的需要。無論街區原有的歷史文化景觀還是後來植入的文化創意元素，隨著街區的發展成為一定的文化資本，文化具有公共的性質，某一群體的文化即在一定地域範圍內大家共用的一套思想體系和價值觀體現，最後外化為可以被人感知、認知的符號系統，符號表徵的對象是文化（張冠群，2020）。另外，何健薇、徐虹與笪玲（2024）分析了民族村寨旅遊空間的文化價值生成過程，認為旅遊空間呈文化屬性，以文化為目標導向的民族村寨旅遊空間生產，在本質上是一場文化與空間相互賦予的空間生產實踐。因此，在分析研究歷史街區的利用與開發時，文化成為一個非常重要的影響因素，對旅遊空間文化符號及空間生產的研究，對於理解歷史街區文化旅遊有幫助。

2.歷史街區旅遊符號研究

在人文地理學的「文化轉向」過程中，學者將景觀作為文本的產生、接受和解讀語境，利用「觀看—想像—賦義」循序漸進而又往而復始的「凝視」（gazing）過程，文化景觀還被視為文化表徵的一種外延形式。這已經是文化景觀的符號意義探究過程（周尚意與戴俊騁，2014），符號學是解釋文化創造的有效的分析工具，能夠系統研究意義的生產。

從符號學的視角來看，旅遊就是主客雙方運用旅遊符號進行互動的過程，現代旅遊尤其是大眾旅遊的發生正是源於社會經濟體驗賦予了它神聖的意義，旅遊不再是一種個體的行為，其成為了一種社會建構的產物（董培海與李偉，2016）。20 世紀 70 年代，MacCannell 開啟了旅遊現象的符號學研究，他具體解釋了旅遊吸引物的符號化過程，而後又借鑒 Goffman「擬劇理論」的觀點，提出了舞臺化真實性（staged authenticity）理論。此後，學界出現了旅遊系統中各類符號意義和屬性的研究成果。旅遊符號學研究內容主要為旅遊者符號性感知與消費、旅遊吸引物的符號象徵、旅遊媒介的符號性行銷及旅遊過程的符號性互動四個方面。

學者注重對旅遊吸引物符號意義的挖掘、構建和詮釋，主要研究旅遊景區、旅遊景觀、旅遊紀念品、旅遊目的地形象的文化內涵與特徵符號（蘇勇軍、徐君傑與畢小雙，2021）。陳崗（2013）探討了旅遊吸引物的社會意義價值建構和符號化過程。宋書楠與常改欣（2021）探討了旅遊吸引物與符號學中的標誌符號、文化符號、群體符號相對應的關係。彭丹、王一竹與蔣海娟（2022）對旅遊吸引物進行了符號學解讀。蔡禮彬與張子彧（2023）以符號學編碼與解碼的過程詮釋「鄉愁景觀」的構成。余志遠、王楠與韻江（2022）認為旅遊目的地意象是一個包含意象符號「再現體」「對象」和「解釋項」等子系統在內的複雜系統。

對於主體的旅遊體驗，周永廣、張金金與周婷婷（2011）從符號學的視角對旅遊體驗的符號感知、體驗過程的符號解讀以及體驗品質的符號要素構建過程進行研究。Adu-Ampong（2016）、Es 與 Reijnders（2016）研究了符號意義的給予和角色轉換的情感超越對旅遊體驗的作用。趙劉、程琦與周武忠（2013）反思了知覺、意義和情感體驗對

旅遊體驗的影響作用，對景觀的符號意義的自我認同。朱江勇（2016）分析了旅遊凝視的新趨勢旅遊攝影對旅遊體驗的影響。張冠群（2020）從符號學視角對旅遊體驗進行研究，認為旅遊體驗本質在於遊客對旅遊地符號的解讀，實際上是對符號意義的理解和運用過程。謝彥君等（2021）探討了旅遊體驗對鄉愁景觀形態的符號解讀。樊友猛與謝彥君（2019）認為除了符號外，旅遊體驗應被視為融合物質性和身體實踐的生產系統，因此具身範式的認識論應該建立在表徵與非表徵的辯證綜合之上。

　　學者對旅遊主體的符號學研究重點，還有探討遊客消費行為的符號性以及旅遊主客體的符號互動，後者包括旅遊主體對客體符號的解讀與構建。王寧、劉丹萍與馬凌（2008）對符號互動論在旅遊社會學中的延伸進行探討。馬天與謝彥君（2015）研究了旅遊者在與媒介、居民及從業人員互動的過程中建構的旅遊體驗。孫九霞與張藹恒（2015）對旅遊的主客交往研究中涉及的凝視理論、舞臺真實理論框架進行綜述。Rabbiosi（2016）和 Picard 與 Zuev（2014）研究了遊客互動的姿態符號與物理空間符號要素的影響。Coupland 與 Coupland（2014）、王學基與孫九霞（2015）對文化旅遊的展示空間，包括空間演化和空間展示的舞臺化進行研究。黃向與陳雪宜（2022）按照「情境－符號－意義」的邏輯，提出遊客對情境的不同互動層次。鄢方衛等（2022）認為消費市場與網紅打卡者的框架互動是消費符號意義的建構過程，互動過程中主體建構了生活實踐與社會實踐維度的意義。Kim 與 Stepchenkova（2015）研究了賽博空間創造的「不在場」自我呈現和社會互動，社會空間建構與再造。劉宏盈、吳啟與萌張娟（2019）探討了網路符號互動對旅遊者不理智的消費行為及多媒體符號建構的旅遊真實影響消費預期等特點（Canavan, 2016）。錢俊希與張

瀚（2016）認為旅遊主客互動中不同主體因凝視而構建出多重想像的空間文化意義。綜上，學者認為符號互動，尤其旅遊凝視對空間感知及空間體驗具有重要的影響作用。

對於旅遊系統的供給側來說，徐克帥（2016）對在旅遊空間中的符號構成物組成的旅遊符號系統構成「符號空間」，選擇、表述和重演機制向遊客傳播，推動其理解所表徵的意義進行研究。劉晨、朱竑與安寧（2014）對旅遊地的意義詮釋、解構和重構的新文本意義再生產進行研究。樊友猛與謝彥君（2015）探討了文化遺產的主題化展示、記憶符號梳理、主題定位和凝視目標強化對空間開發的實現路徑。供給側不僅挖掘旅遊地能表徵的符號價值，也要與旅遊者所追求的符號價值相耦合，旅遊地開展符號建設的同時，對旅遊者實施符號行銷，將使旅遊開發更有效（武欣蕊與戴湘毅，2023）。旅遊消費的符號意義和旅遊符號生產消費中的不平等性關係成為了研究的焦點。在旅遊符號消費研究方面，研究者們則更加關注旅遊符號生產與消費中，權力與符號的共謀過程（董培海與李偉，2016）。可見符號生產在空間生產中佔有相當重要的地位，在歷史街區文化旅遊研究中，有必要深究它們之間的關係。

二、空間生產與場域理論：老街旅遊空間生產

（一）空間生產理論

1.空間學說

空間在羅馬語（espace, spazio, espacio）和英語中 space 一詞都可

追溯到拉丁語的 spatium，它是指兩個事物之間的距離或間隔，其概念已經滲入了日常生活語言之中，意指一個包容一切的無限維度。畢達哥拉斯學派、柏拉圖和亞里斯多德、歐幾里得、布魯諾、牛頓對空間概念論述甚多，空間在傳統的哲學、物理學、數學、建築學、地理學領域裏是一種外在於社會的給定的物質背景，社會行動的特徵及其分佈不過是對空間形態的一種適應或利用。所以，「空間」也是被當作實在的物理實體（郭文、王麗與黃震方，2012）。Heidegger 所理解的空間是場所，與本體論提出的物理世界、精神世界和客觀意義的三分概念同出一轍，Simmel 在研究社會互動的意義時，提出空間是人們互動的基礎制約條件，而社會是人與人互動的產物，空間的社會屬性高於自然屬性。城市空間中有許多能使各種意義以其自身的方式去解碼與編碼的特質，應該像研究文本的方式去解釋生活世界內部的關聯（Giddens & Sutton, 2021）。

20 世紀開始，學界開始對現代意義上的空間進行反思即所謂的「空間轉向」的趨勢。20 世紀 70 年代，空間研究成為後現代顯學，對空間的理解超越了對其本體論的探討。法國社會學家 Lefebvre 提出「空間三元辯證法」，將三種空間特性聯繫起來，建構了「社會空間」理論。1974 年出版的《空間的生產》是社會學科的空間轉向的標誌。

Harvey（2013）用「時空壓縮」來描述後現代的時空體驗方式是時尚、流行和服務性的商品生產和大眾消費方式，是意識形態、價值觀的易變性與短暫性的思維方式。Giddens（1991）以「時空分延」的概念論述時間與空間關係，在信息化的社會，在場東西的直接作用越來越被在時間—空間意義上缺場的東西所取代。Soja（1996）認同 Jameson（1991）「超空間」的觀點，認為後現代空間體為碎片化、分裂的和無深度感，並被多重符碼化。空間被解讀為文本，空間符號被

解讀為它的語法。Soja 在 Lefebvre 理論基礎上建構第三空間理論，他提出將空間作為分析問題的本體，並透過後現代文化空間去分析空間結構得以形成的現實經濟基礎和社會境遇。

2.社會空間

Lefebvre（1991）理論的重要概念是關於「社會空間」的論述：（社會）空間是社會的產物。空間理論核心在於重新建構「社會」、「歷史」、「空間」的「三元辯證法」。社會空間，不僅通過自然、歷史、生產力增長造就，還包括仲介人、群體活動，存在於知識、意識形態或者表徵領域的因素。社會空間中的社會是由生產方式界定，是生產關係與社會關係的脈絡，還牽涉了這些社會關係的正面公共和底面隱密的再現。內在於財產關係（特別是土地所有權）並與生產力有著密切的關係，既是一種被使用、消費的產品，也是一種生產資料與一種生產方式。不但是行為的領域，而且是行為的基礎（Lefebvre, 1991）。基於這個討論脈絡，社會空間也是感知（perceived）、構想（conceived）和生活（lived）的空間。

任何空間都有其歷史，由時間所創生的空間從來都是現實性與共時性的。每一個社會每一個生產方式都會產生一個空間。空間歷史有別於在空間中的各種物質文化的歷史，也不同於關於空間的觀念與話語。時間篆刻在空間中，但現代性令時間從空間中消失，失去它的形式與時間意義（Lefebvre, 1991）。

3.空間生產

Lefebvre（1991）認為空間既是社會過程的結果，也是社會關係的重組與社會秩序的建構過程，對應他的三元辯證空間概念，他將空

間生產分為空間實踐（spatial practice）、空間表徵（representations of space）和表徵空間（representational space）。王志弘（2009）對三者做以下的詮釋。

（1）空間實踐（Spatial Practice）

空間實踐包括生產與再生產，以及每一種社會形態的特殊位置與空間特徵集合。一個社會的空間實踐隱匿了該社會的空間，空間實踐在辯證互動中提出且預設了社會空間，並且緩慢而穩定地生產了社會空間，同時掌控和佔有了它。空間實踐表現為日常現實（慣例）與都市現實（將場所聯繫的道路與網路）在感知空間之內的聯繫（Lefebvre, 1991）。

（2）空間表徵（Representations of Space）

空間表徵（representations of space）與生產關係及其秩序，從而與知識，符號、代碼及種種臺前的關係有關。被概念化的空間（conceptualized），即科學家、規劃師、城市學家、技術官僚與代理商的空間，傾向於一種語言符號的體系。空間表徵有影響力，會干預與修改那些通過有效知識與意識形態所傳達的空間肌理。這種影響通過建構的方式發生作用（Lefebvre, 1991）。

（3）表徵空間（Representational Spaces）

表徵空間是透過相關意象和象徵而直接生活出來（lived）的空間，是「使用者」的空間，是被支配的、消極體驗到的空間，但想像力試圖改變和佔有它。它與物理空間重疊，在象徵上利用其客體。因此，表徵空間可說是偏向於多少有連貫性的、非言詞象徵與符號的系統（Lefebvre, 1991）。

（4）空間實踐、空間表徵與表徵空間的辯證關係

　　Lefebvre 的空間生產三元概念反映了它們的互相連接和複雜動態。Gregory（1994）認為代表抽象的空間表徵對使用的表徵空間起支配作用，而表徵空間以想像力對空間表徵進行反應，是日常生活具體空間中的抵抗潛能所在。而 Soja（1996）將這種支配與反應的張力放在空間實踐和空間表徵之間，然後在生產過程邁向第三空間－表徵空間。Harvey（2006）對上述學者的觀點有不同意見，他指出根據 Lefebvre 的空間生產的三個範疇，不應有階層性的排序，而是保持強調物質經驗、表徵方式及心理情感之間的相互建構效果（王志弘，2009）。

　　蔡秀枝與彭佳（2012）認為第一層次是純粹的空間實踐，即現實生活的空間。第二層次是空間表徵，是人在經由空間實踐過程中經歷到的空間中所覆蓋的或者本身具有的一些結構關係，比如說限制、法規或者說限制性的城市規劃等。第三層次是表徵空間，是人意識到所在的空間歷史沉澱，包括它的歷史痕跡和傳統（第一層次空間）和法規、具體規劃（第二層次空間）的存在，經由作為「人」的行動力和在空間中的活動，去將前面兩層空間展演出來。

表 2-1　Lefebvre 空間生產概念三元組的各家詮釋

詮釋者	空間實踐（感知）	空間表徵（構想）	表徵空間（生活）
Harvey	空間中的物理與物質流動、轉換和互動，以確保空間生產。	物質實踐得以被討論和理解的符號和表意作用、符碼與知識。	為空間實踐想像新的意義，包括符號、想像地景及象徵空間。
Gottdiener	能夠感知的物理環境（外部的物質環境）。	使企業、規劃師和政客等的空間具有意蘊的抽象符號（藉以指引實踐的概念模型）。	身體互動時活出其生命的中介（使用者與環境之間生活出來的社會關係）。
Gregory	指涉社會生活據以生產和再生產的時空慣例和空間結構（場所和迴路等）。	指涉空間的概念化，或權力、知識和空間性的配佈，反映主流社會秩序與正當性。	指涉對抗空間，源於社會生活之私密與底面，以及以想像質疑主流空間實踐。
Stewart	人們產生、使用和感知空間的方式。	構想的空間，源於知識和邏輯，社會工程師與都市計劃師工具性空間。	隨著時間和使用而生產和改造的生活空間：賦予象徵和意義的空間。
Soja	空間實踐做為產生社會空間性之物質形式的過程，被呈現為既是人類活動、行為和經驗的媒介，也是其結果。	偏向於言語的符號系統，指涉語言論述、文本，在這些規範及規約論述的支配空間裡，心靈空間是權力和意識形態、控制和監視的再現。	包含前兩種空間。再現空間體現複雜的象徵，以平等地位結合真實和想像、事物和思考，是產生對抗空間的領域，是抵抗主導秩序的空間。
Elden	空間是物理形式，真實的空間。被生產和使用的空間。	心靈的建構，想像的空間。學識與邏輯、地圖和數學的空間，社會工程師和都市規劃師的工具性空間。	真實與想像的，隨著時間與透過使用而生產和改造的空間，賦予象徵和意義、地方知識的空間。

(續上頁表)

Merrifield	空間實踐與感知的空間有密切關係，空間實踐結構生活的現實，模式與互動。包含生產與再生產。	由專家和技術官僚建構的概念化空間。使用隱晦符號和術語、計畫和範型組成意識形態、權力。它是任何社會的主導空間。	使用者日常經驗生活出來的象徵與影像的空間。與生活的底面和私密面有關，以致思想和概念想支配和宰制它。

資料來源：參照王志弘（2009）整理。

　　Lefebvre 的空間生產三元論蘊含許多種可能的二元張力：（空間實踐+空間表徵）vs.表徵空間；空間實踐 vs.（空間表徵 vs.表徵空間）；（空間實踐 vs.空間表徵）vs.表徵空間。探索三元空間所蘊含的多重二元張力是掌握 Lefebvre 理論的一種方法（王志弘，2009）。

　　Gregory（1994）的空間表徵指涉空間的概念化、知識或權力和空間性的配置，而主流社會秩序銘刻其間以獲得正當性；表徵空間則指涉「對抗空間」，而這空間性的表徵源於社會生活的私密底面，以想像質疑主流空間實踐和空間性的批判性藝術。如圖 2-1。

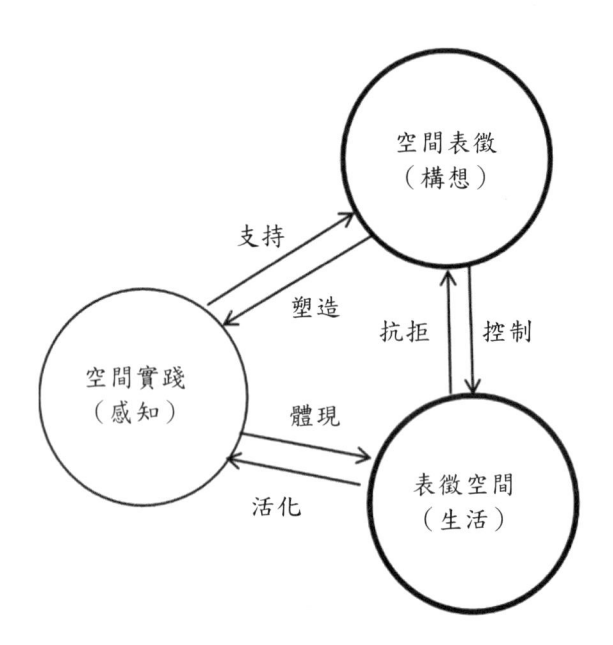

▲圖 2-1　Gregory 對於空間生產三元關係的分析。
資料來源：引自 Gregory（1994）、王志弘（2009）。

　　總之，空間實踐、空間表徵和表徵空間處於一種辯證的關係之中，可以分別對其分析，但不應截然將它們分開成為獨立的因素。Lefebvre 在《空間的生產》一書中有諸多章節內容涉及城市規劃與建築術一樣，如何理解空間生產三元的辯證關係，最簡單的例子是建築師的工作過程與結果。例如對於一座房屋的建設，建築師根據業主（可能是政府或者開發商）的要求，開始時進行構思、規劃設計出圖紙，這裏面佈置了理想（精神）的空間結構（社會關係與利益）、空間功能（生產過程）、空間活動（生產活動、社會活動）與空間形式（社會尤其是資本主體的意識形態），這種平面圖符號體現了生產資源與生產活動的組合利用以及對各主體的活動制約，這就是空間表徵。使

用者在建築師的空間表徵的規約與引導力作用下到了建成的房屋內空間實踐，或有滿足使用需求、合適舒服或難受不順暢的體驗，於是產生各種印象或意象，即表徵空間，最終使用者順應或抵抗空間實踐與空間表徵，這個過程就是對空間生產理論辯證的三元組概念的理解。

（二）場域理論

傳統的社會學理論中，主觀論的 J. P. Sartre 存在主義者忽視了社會事實對行動者的外在形塑與束縛，客觀論的 L. Strauss 結構主義者卻忽視個人的經驗與想像對社會的建構作用（洪鎌德，2000）。

20 世紀 70 至 80 年代，法國社會學家 Bourdieu（1984）對 J. P. Sartre 的存在主義現象學與 L. Strauss 的文化人類學與結構主義進行批判，吸取了 K. H. Marx 階級分析、生產與再生產中物質決定意識和 E. Durkheim 象徵性形式發生社會學的觀點，特別是將 M. Weber 的社會身分階層之榮譽感與合法性概念的概念架構轉化為象徵性財產與象徵性實踐，符號權力、經濟權力與政治權力之關係的理論（Bourdieu & Wacquant, 1992）。

Bourdieu 在 1990 年出版《實踐的邏輯》一書中，致力於處理社會科學中的主觀主義和客觀主義對立的理論問題。他以場域（field）、慣習（habitus）和資本（capital）來表述行動者在社會的活動空間，動用資源、爭取利益與展開鬥爭的場所。實現主觀與客觀理論的結合，釐清外在的、束縛的社會事實與個體內在經驗的辯證互動關係。

1.場域（Field）

場域是具有自己獨特運作法則的社會空間（Bourdieu, 1997），是

能起作用的社會個體即行為者（agent）之間客觀關係構成的系統（Bourdieu & Wacquant, 1992）。Bourdieu 認為場域由不同「位置」間的關係所形成之「網路」與「建構」，這些位置由個體所掌握的權力（或資本）所決定，構成一個競爭不斷的「權力場域」（field of power），即具有分配資本和決定社會結構能力的結構空間。而權力場域主要依賴經濟資本和社會資本運作，因此前者在後者中處於被支配地位（Bourdieu, 1997）。這個社會空間所限制或提供的條件有三個層面：資本量（總額）、資本組成成分以及在歷時上的改變。

場域是一個相對獨立的社會空間，是一種社會空間而非僅僅的地理空間概念。每個場域有其自身的特徵，是一個客觀關係構成的系統。場域中存在著積極活動的各種力量，它們之間的不斷「博弈」，是一個充滿爭鬥的空間。

2.慣習（Habitus）

慣習是個體在社會化過程中，逐漸學習、內化並強化其所認識的社會規律，從而形成的一套「行為傾向系統」（Bourdieu, 1997），是「社會化後的一種主體性」（Bourdieu & Wacquant, 1992）。慣習是一種集體性的、持久與規則行為的生成機制，近似於「結構」。慣習還指涉一種存在的方式和習慣狀態（尤指身體），特別是指一種趨向、傾向、素質與偏好，因此有「結構」與「傾向」兩層意思。

在等級化的社會中，不同的社會群體將實際生存可能性內化為不同的行為傾向，一方面在制約行為，另一方面又在產生行為（Bourdieu, 1991）。因此，慣習「是持久的可轉移的稟性系統」，是與客觀結構緊密相連的主觀性。

至於場域和慣習的關係，首先場域和慣習是相互交織的雙重存

在。其次,在一個場域內部,場域與慣習之間存在「本體論的對應關係」。場域形塑著慣習,慣習成了某個場域(或一系列彼此交織的場域)固有的必然屬性體現在身體上的產物,另一方面,這又是一種知識或認知建構的關係,有助於把場域建構成一個充滿意義的世界。第三,此場域的慣習與彼場域之間存在著「不吻合」現象(畢天雲,2004)。

「場域－慣習」論為認識現代社會提供了一個新的視角。作為一種「中層理論」的特性,場域理論是連結宏觀社會與微觀個體、社會學中的「宏觀學派」與「微觀學派」的仲介;主張的「雙重存在觀」有助於我們辨證地理解人類社會,身處一定場域中的個體行動既受客觀結構的制約也受主觀慣習的影響,既有客觀的物質屬性也有主觀的精神屬性。內含的「地方性知識」觀念有助於我們區分不同社會場域的差異性。所以,Bourdieu 的理論具有深厚的理論潛力和普遍的方法論意義。

3.資本(Capital)

場域的本質內涵是力量和競爭,而決定競爭的邏輯就是資本的邏輯,資本不僅是場域活動競爭的目標,同時又是用以競爭的手段。「資本不限於傳統經濟學意義上的經濟資本,還可指非物質形式的非經濟資本,包括文化資本、社會資本和符號資本」(Bourdieu, 1997)。經濟資本可直接轉換成金錢,「會以產權的形式制度化」;文化資本是內化狀態、客體化狀態與制度化狀態的文化資源;社會資本指個體在社會中的人際關係和社會義務,在制度化網路互動條件下,由團體成員所能動員的網路幅度及其所掌握的各種資本(經濟、文化、象徵資本)總量來評估;符號資本(symbolic capital)是指「被象徵性理解

的任何一種形式的資本」，尤指個體在社會空間中享有的「信譽」（credit），建立在知名度與承認上，例如聲望、榮譽與威望等（Bourdieu, 1991）。不同形式的資本間可以互相轉換，經濟資本可轉化為非經濟資本，例如技術、聲望等。主體會爭奪以獲取、積累或壟斷不同形式的資本，造成權力流動和秩序的變遷。當人們爭奪各種有價值資本時，包括爭奪規定有價值資本的合法性，資本也就形成了權力的社會關係（張源泉、曾大千與楊振昇，2015）。資本使其佔有者能夠行使權力或發揮影響力，決定了宰製及被宰製的位置分配，也影響著行動主體進一步爭取利益的機會。

　　Bourdieu（1991）指出資本運作依賴一個特定場域，是有代價資本的轉化在場域中起作用的先決條件。場域、資本與慣習存在著關係，構成了 Bourdieu 的理論框架：（慣習 x 資本）+ 場域 = 實踐 [(habitus x capital)+ field = practice]。

4.符號權力（Symbolic Power）

　　Bourdieu 是從場域結構理論出發，揭示了語言交流中權力關係的存在。從文化資本的視角，提出了「符號權力」的概念，這個中心概念論述了文化符號權力的建構及其合法性問題。

　　符號權力（symbolic power）是通過言語構建的使人們視而可見和聞而可信的權力，是確定或改變世界的視界的權力（Bourdieu, 1991）。Bourdieu 運用「符號權力」或「符號暴力」來解釋語言市場中的支配與被支配的等級制度。在日常生活中，權力更多是轉換為符號形式，它賦予權力以某種合法性與權威性。隱形權力通過屈從者被支配的位置、社會制度的共謀產生誤認（misrecognize），即不自覺地接受和認同這種人為的權成和合法形式的支配，同時即便那些從這種人為的支

配制度中獲利的人也往往想當然地接受，社會的支配關係得以維持與傳遞無不依靠符號權力的無形操縱。

　　Bourdieu 對符號權力的認識與他對符號系統的理解交織在一起，他認為符號體系具備認知、交流和社會分層三個相關功能。首先，符號系統是「建構中的結構」，給予社會世界以意義和秩序，譬如宗教、藝術、語言、階級等意義體系和分層模式；其次，還是「被建構的結構」，符號作為交流和認知的結構被內嵌入行動者成為內在的感知體系；最後，Bourdieu 強調符號系統的政治功能，符號為統治提供合法化遊說，符號系統鼓勵被統治者相信既定的社會體系，使高度分化的社會認同經濟和權力在根本上的非平均分配。

（三）歷史街區空間生產研究

　　Lefebvre 的空間生產理論顯得很有吸引力，特別是能夠將城市和空間的範疇系統地整合進一個簡潔但全面的（comprehensive）社會理論中，使人們可以在不同層面理解和分析空間過程（Schmid 與楊舢，2021）。當前學界對旅遊空間生產研究主要集中在不同旅遊場域，特別是歷史文化旅遊的應用方面，借助空間生產理論可以了解旅遊空間生產的內涵、主體、框架、動力機制，揭示旅遊空間結構、空間形態變化的底層邏輯。

　　作為 Lefebvre 提出的概念性框架，空間生產三元論在既往文獻的實證過程中，空間的實踐除了指向物理空間要素的生產外，亦可指向物質實踐性生產活動對空間的佔用和使用；空間表徵代表空間符號的概念化表達與空間意義的形塑；表徵的空間則指向生活空間與外來表徵協商下新空間秩序的生產（鄭子然與林耿，2024）。桂榕與呂宛青

（2013）從空間生產視角研究民族文化旅遊開發，提出「民族文化旅遊空間生產」學術概念，生產內容包括旅遊物理空間、旅遊景觀符號空間、旅遊參與體驗空間三層面的生產。方學兵（2023）認為空間的生產者運用空間組合、空間場所和空間符號景觀建構符號文本來表徵社會文化。對於規劃在空間表徵的作用，黃怡、吳長福與謝振宇（2015）研究了規劃通過文化資本的活化實現向經濟資本等其他形態資本的轉化。Thurlow 與 Jaworski（2012）、謝彥君（2010）研究了媒體上圖像和文字符號賦予旅遊空間的想像、既成文本的規制與影響。總之，規劃體現了商家的經營意圖、資本轉化和符號權力影響，規劃師和專家被政府操控，並透過規劃來實行對空間再治理和規訓（謝滌湘與朱雪梅，2014）。

郭文（2016）研究了空間生產背後的資本、政治力量博弈和空間生產中社區主客互動效應。李亞娟等（2024）從人—人、人—地互動的角度來研究在權力場域下節慶空間重構的本質。鄭久良（2023）研究老街空間結構經歷物質空間的景觀化、文化空間的多元化和社會空間的流動性演化過程。孫九霞、許泳霞與王學基（2020）的研究發現儀式物理空間的「符號化」處理，反映了文化商品化主導下空間生產秩序的重構，揭示了各個主體的權力博弈以及社會關係在空間生產中的地位，梳理了空間三元之間的互動關係。Mansilla 與 Milano（2022）、方遠平、易穎與畢鬥鬥（2018）、汪明峰與周媛（2022）、牟倫超與程勵（2023）等學者的研究認為旅遊空間生產的利益相關者是政府、企業、商家、遊客、居民等，生產過程中通過規劃設計、建設營運等方式進行博弈，對旅遊空間生產佔主導地位的是資本及政府權力。

總之，旅遊地生產被視為一種空間生產過程，是在不同行為主體

的作用下，以原生空間為底板，通過資本與權力等要素進行空間秩序重塑與社會關係重構的過程。隨著資訊社會的來臨，網路和資訊技術賦予個體新的活動維度，資訊化技術力量以前所未有的程度介入個體世界，參與了空間的生產（鄺子然與林耿，2024）。經濟層面資本邏輯主導下空間生產的異化、社會層面空間權力結構失衡導致「貧困陷阱」，以及文化層面文化空間生產的正負效應引起文化非正義問題（宋田倩、劉宏芳與明慶忠，2024）。

在實證的研究中，學者更多是將空間生產理論與其他理論結合進行分析研究。吳志才等（2019）把旅遊場域的概念納入空間生產的廣泛背景中，嘗試通過構築「場域理論」中「權力－資本－慣習」邏輯與「空間生產理論」的橋樑，引申出三元空間中「制度空間－物質環境－生產方式－社會關係」分析邏輯。牟倫超與程勵（2023）的研究提煉出了空間生產視域下「古」鎮旅遊地方營造的 12 個核心要素與其分別構成了空間表徵、空間實踐和表徵空間三元維度，通過地方營造理論中的物質、活動和意義三要素與空間生產三元辯證邏輯進行對接。

在文獻分析過程中，發現其中很多帶有「空間生產」標題的文章，其內容對 Lefebvre 的三元辯證內涵略有牽強附會之嫌，部分實證研究存在理論與案例無法合理銜接的問題。代替三元組的概念定義與內涵也五花八門，例如制度空間、物質空間、文化空間與社區空間等等各自分離的概念，或在分析框架中套入為政府發展商、居民、規劃師等不同主體，又或者將空間實踐、空間表徵、表徵空間分解成三個完全獨立的階段。儘管 Lefebvre 的《空間的生產》含糊的寫作作風與鬆散的結構、理論的高度抽象，也意味著對它的闡釋可以有更多元的視角，但三元的主體性、共時性與空間性原則才是理論的要點。

空間從來就不是空洞的，它往往蘊涵著某種意義。（Lefebvre, 1991）。Soja（1996）認為這個表述類似符號的能指－所指－意義的三元組合，充滿社會文化意義的空間完全可被視為一個文本和文化符號。徐小霞（2012）從符號學角度解析空間這個符號的意指過程，並按照Peirce的符號意指三分式：再現體－對象－解釋項作為空間生產的分析維度。總之，關於空間生產理論與符號學理論深入結合起來進行研究的成果不多，這也是作者要探討的重要問題之一。

對以上歷史街區旅遊研究的文獻回顧總結如下：歷史文化是歷史街區文化旅遊的最重要吸引力，文化在歷史街區旅遊開發中起到十分重要的作用，文化成為供應方的生產資料及遊客的消費對象，文化符號消費更是旅遊主要的消費方式。旅遊空間實質是符號生產活動與消費活動的場域，那麼，這個符號空間的生產機制與其他空間生產對比一定有其特殊性，而學者對此較少進行研究，因此探究文化符號空間生產的內涵與機制是研究的首要議題，對揭示本書第一章所提出的歷史街區旅遊發生的現象及解答相關問題大有幫助。本研究旨在回答以下問題：

1.文化對街區旅遊開發有何作用且如何產生作用？

既然文化符號是承載意義的載體，那麼作為旅遊資源的歷史街區符號意義是什麼？對歷史街區空間演化及旅遊空間生產有何影響？

2.歷史街區旅遊空間生產與空間符號過程有什麼關係？

既然歷史街區是符號空間，實際上是一個大的組合符號，而符號過程又包括意圖意義、文本意義及解釋意義，那麼符號過程與歷史街區空間生產的空間表徵、空間實踐、表徵空間有什麼關係？

3.歷史街區旅遊空間生產的影響因素是什麼？

既然學者普遍認為權力是空間生產中的主要因素，那麼有哪些權

力及如何參與歷史街區旅遊空間生產的空間表徵、空間實踐與表徵空間？以及空間生產的機制是如何形成的？

4.遊客如何影響歷史街區旅遊空間生產？

既然遊客是旅遊活動的主體之一，那麼遊客作為消費者是如何參與空間生產？既然表徵空間是使用者的空間，那麼遊客的表徵空間內涵與生產機理是什麼？

第三章
解構老街空間：空間意義、空間權力與旅遊空間生產

一、老街的空間意義

(一) 空間意義的概念與符號過程

1.符號意義及符號過程

意義（mining）在《漢典》的定義為語言文字或其他信號所表示的內容、事情的作用和價值、道理與原由、情感與旨趣等等。意義是符號學關鍵的概念，符號學即意義學（趙毅衡，2015），因為符號是攜帶意義的感知（Saussure, 1983）。

Peirce 從現象學中現象範疇的第三性來研究意義，意義是通過把某種品質給予未來的反作用力而為其所是的某種東西，例如法則與思想。在討論符號三分法的時候，Peirce 認為意義是符號所傳達的東西，是自身產生一種感覺，稱為情緒解釋項，也就是說意義是經過人解釋出來的東西。每個符號為了被視為符號，都必須具備某種意義或者深度（Peirce, 2014）。

無論是 Saussure、Peirce 還是 I. A. Richards 的符號理論，他們自訂「意義」的方式都是它們的體系定位的關鍵。意義的概念與內涵眾

說紛紜。E. G. A. Husserl 認為發出者的意向賦予符號文本以意義，而且接收者必須回溯這種意向。M. Heidegger 注重符號解釋對意義的重要性，認為只有解釋者獲得的意義才是實現了的意義。可見無論哪種定義，意義都和主體與事物的關係相關聯。趙毅衡（2015）總結了以上學者的觀點，認為意義就是一個符號可以被另外的符號解釋的潛力，解釋就是意義的實現。符號意義（symbolic mining）是「主體之所以能存在，就是因為主體的意向性在與世界碰撞時，從事物相關的可理解性中釋放出意義」。具體而論，意義既是主體的意向性活動，也是理解者與被理解物之間的關係。理解者既可以是符號文本的發送者，對「待理解事物」的感知；也可以是符號文本的接收者，對符號的承載文本的感知。

Peirce 把資訊定義為解釋項的量，資訊是意義的一個維度。這種資訊系統主要是通過推理或推斷建立起來的，而推理或推斷關係是主要的並且是重要的符號過程。

符號過程中，發出者面對事物的意向活動，構成他對意義的理解，通過進行符號表述，構成意義的人際實現。發出者、符號、解釋者三者構成一個完整的符號表達過程，經過發送－資訊－接收三個環節（圖 3-1），這是符號的「三意義」－符號發出者的意圖意義、符號文本的意義、解釋者得出的意義（趙毅衡，2016）。

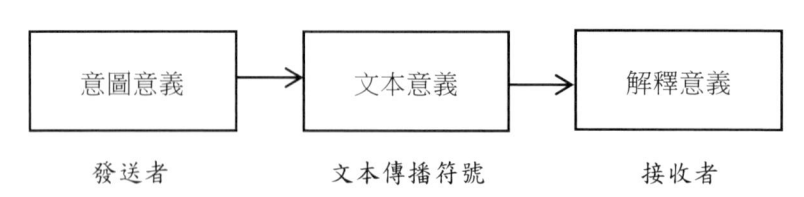

意圖意義	→	文本意義	→	解釋意義
發送者		文本傳播符號		接收者

⬆圖 3-1　意義的符號過程與維度。
資料來源：參考趙毅衡（2016）整理。

2.空間意義及符號表意

（1）符號空間

符號空間一詞最多出現或應用於文學、戲劇、美術界的的研究中，但歷史街區這個研究文本具備空間的物理特徵和符號的象徵意涵，空間視域下的歷史街區由符號組合構成，符號與空間的結合構成符號空間。使用符號的人所塑造的空間，是整個人類生存環境空間形態的一種概括（任炳勳、楊瑩與林琳，2016）。符號空間從符號學角度看是一個符號組合，也就是一個大的符號文本，有自身的符號意義，因此，作者將空間的符號意義命名為「空間意義」。

例如東莞下壩坊被稱為「東莞麗江」，這是一個文本符號，下壩坊街區是一個符號空間。裏面有農村建築、池塘小溪等歷史文化景觀符號，也有麗江式的咖啡、特色餐廳、酒吧、文創產品等消費文化符號，這些符號組合起來便構成了一個符號空間，空間意義是一種傳統與現代結合的休閒生活方式。

對於旅遊符號空間，王峰、明慶忠與熊劍峰（2013）認為旅遊空間是一般意義上的非日常生活空間中具有特殊性質的子系統，有著不同於日常生活空間的特徵和符號內涵。旅遊空間不僅具有客觀性，還被人為地附著上了主觀色彩。也就是說，旅遊活動急需要在一定的物理空間開展，也會在同一時刻建構著可感、可想、可觸、可表演的旅遊空間。這個空間是人類符號化思維和符號化行為對自然世界進行重塑的結果，旅遊空間的符號化過程正是在能指和所指範疇之間建立關係的過程。因此，旅遊符號空間的定義如下：在旅遊活動中，旅遊者只有進入到旅遊符號的連

續體中才能起作用。這個符號的連續體中充滿各類型的、處於不同組織水平上的符號構成物，這樣的充滿旅遊符號連續體的空間，我們稱為旅遊符號空間。

（2）空間意義

參考符號意義的概念，本書對空間意義的定義是，人們基於空間符號的理解而解釋出來的事情之作用和價值、道理與原由、情感與旨趣。空間意義的符號過程也包括發出者、符號、解釋者這三者構成一個完整的符號表達過程。

對應歷史街區開發及旅遊活動，符號的意義活動是經過生產－消費歷程的符號化過程。旅遊符號的本質是符號的發送者依託旅遊目的地，通過動態的符號選擇、表述和重演機制（編碼和媒介），向符號的接收者（遊客）傳達資訊，推動其理解資訊所表徵的價值和意義的過程（徐克帥，2016）。所以，空間意義根據其符號過程包括：意圖意義、文本意義和解釋意義。意圖意義屬於旅遊供給方發出，文本意義承載於符號文本，消費方的遊客對文本感知後形成了解釋意義。

MacCannell（1999）認為旅遊符號的生產過程包括給景觀命名、確定範圍和提升、裝飾、機械化再生產和社會再生產等 5 個階段。供給系統的旅遊企業利用遊客心理，通過媒體上圖像和文字元號賦予旅遊空間的想像（謝彥君，2010）。也就是說，歷史街區的東道主知道接收者如何解釋當前的符號文本，因而將一定數量的符號組織進一個組合中，讓接收者理解成合一的時間向度和意義向度，形成一套控制文本接收方式的規則，規定了文本的形式特徵。例如鳳凰古城旅遊地的文學作品為旅遊地賦予意義，進行最初的生產；作為編碼者的開發經營

者根據文學文本，通過景觀再造和生活場景重現的方式生產一個適合旅遊的文本；而景觀對想像有激發作用，遊客通過實踐對文本進行詮釋、解構和重新建構，產生了新的意義（劉晨、朱竑與安寧，2014）。

（二）歷史街區空間意義建構及影響因素

意義的形成並不只是個體性的，而是為不同文化群體所構建，在不同歷史時期，新層次的意義隨著旅遊參與者的社會互動而產生。旅遊者在旅遊中不斷追尋各種符號及符號意義，旅遊地相關者（政府、企業、社區）也是通過符號象徵實踐，賦予旅遊文化景觀民族的、歷史的、社會的和文化的意義（葛緒鋒與張曉萍，2013）。歷史街區符號意義的建構，深受各個具有不同意圖的利益相關者影響。因此，空間意義作為一種話語是不穩定，是通過材料和媒介深刻體現和調解的，是許多實踐、權力關係和表演的結果。

旅遊利益相關者分為當地社區、政府機構、旅遊企業、旅遊者、志願部門（NGO/NPO）、專家和媒體，旅遊企業又可細分為開發者、企業經營者等（邱燦華、顧玉婷與江珊珊，2013）。在旅遊開發場域內，還有社會團體、專家學者與公共媒體等利益相關者，但內地缺乏民間社會團體的存在，「市民社會」尚未成熟；專家學者的話語具有一定權威性和說服力，也易透過各種媒體表達傳播出來，媒體作為資訊傳播的媒介起著提升公眾意識、推動組織工作、影響組織決策的作用（謝滌湘與朱雪梅，2014），他們在歷史街區符號意義生產中只能起到有限的影響作用。

開發商、商家與政府是歷史街區旅遊開發的主要生產者，但遊客的作用也不可忽視，他們的旅遊需要、旅遊動機、旅遊期望先在情感

心理因素的作用引起投射或移情（謝彥君，2010），遊客在自己內心世界構建一個抽象的旅遊空間，而旅遊企業則利用旅遊者的心理（謝彥君，2010），以市場因素影響旅遊開發。由於個體動機不同，對歷史街區符號意義解釋出的作用和價值、道理與原由、情感與旨趣便不盡相同。

1.旅遊動機對歷史街區空間意義的建構

旅遊動機是人們外出旅遊的主觀條件，包括旅遊者身體、文化、社會交往、地位和聲望等方面的動機。促發旅遊動機產生的心理需要有兩種：即探新求異的積極心理和逃避緊張現實的消極心理。現代社會所形成的疏離、孤獨、冷漠和充滿理性算計，使城市區別於傳統鄉村社會關係和人的精神狀態，弱化了人們對家鄉和家庭傳統的歸屬感（Macionis, 2016）。由於不平衡或緊張引起的動機或需求，推動旅遊願望的產生，逃離現代文明和逃離日常事務和責任的「逃逸」動機、接觸社會和家庭活動的「填補」人際關係動機、身分認可和社會權力的自我「呈現」動機等等，社會因素是旅遊的眾多動機中的主要因素（Hall & Page, 2014）。以逃逸慣常居住地、打破常規生活、遠離城市污染和審美自然為典型特徵（鐘士恩與章錦河，2014），除了大自然和鄉村之外，這次人類選擇了中間景觀（middle landscapes），歷史街區處於都市與大自然之間，看起來更真實、富有生活氣息（段義孚，2005）。為了彌補身分認同的缺失，文化認同和地方依戀對返鄉旅遊產生反應（Li & McKercher, 2016）。懷舊就變成了認同的手段，內涵延伸到與感懷往日、消失的地方感、對地方的渴望和依戀等相關的內容（Bollnett & Alexander, 2013），歷史街區充分回應了人類對孩提時代無憂時光的追思，成為現代人「追尋」的樂園和故鄉（Mowforth & Munt,

2015）。

　　另外，作為現代社會的一種解脫方式，旅遊的異質文化體驗和對現實喧囂生活方式的暫時逃避成為廣泛性的選擇。全球化、資訊化與消費化使社會產生變遷和重構，歷史街區在全新的關係體系中得到重新定義並產生新的地方意義（廖春花與楊坤武，2014），例如全球化與當地語系化力量增加了麗江古城酒吧的獨特性（孫九霞與王心蕊，2012）。商業化空間是一種現實的力量，創造可供交流的時空扭曲的吸引力，是當代社會觀念共生體驗的地方（Shim & Santos, 2014）。Baudrillard 認為商品被文化而變成遊戲與華麗陪襯，人類消費的不僅是物品的使用價值，還有物品的符號價值，自消費觀念融入後現代「符號」形式，加劇了消費向「空間的消費」轉移，空間能夠成為現實旅遊目的地，正是遊客對空間消費模式推動的旅遊空間生產過程（郭文，2016）。旅遊變成一種符號化的過程，人們借助符號化生產、文化表徵等手段進行旅遊產品的生產與供給，用符號化的思維和行為消費著符號的意義（楊阿莉與高亞芳，2015）。

　　綜上所述，遊客建構的歷史街區符號意義內涵是傳統文化和消費文化的綜合體，包括起到放鬆心情、懷舊依戀和增進社交的作用；滿足好奇、時尚生活和身分認同等社會價值。

2.生產動機對歷史街區空間意義的建構

　　隨著城市化的進程，城市土地資源已經由「增量擴張」向「存量優化」轉變，舊城區空間更新再生產成為必然訴求。歷史城區由於年久失修，生活環境惡劣及設施缺乏，日漸人煙稀少而變為空城，對此進行改造也成為政府的重要任務。歷史街區一般地處城鎮地理中心，歷史街區活化與復興成為了城市社會和經濟發展的引擎之一。在某些

地區，政府大多以文化意義作為開發主題來建設文化產業園區。同時歷史街區又作為城市歷史文化傳承的重要載體，逐漸成為政府推廣城市品牌的手段。從政治層面看，政府的歷史街區空間生產動機涉及地區經濟、社會和文化的利益，因此文化符號價值是政府對歷史街區文化意義的建構內容。

居民是歷史街區空間私有資源和場所的擁有者，是商家空間生產供應鏈內的供應商，其生產動機是將土地或房屋出租以賺取租金收入。在城市舊街區環境敗落的情形下，大多數情況下他們追求經濟利益的慾望比對地方的依戀情感大得多，表現在常見的反抗政府逼遷行動中，補償金才是衝突發生的最重要原因。歷史街區物業之所以升值，是因為歷史文化符號價值可以增加租金的附加值，因此居民是注重歷史街區符號的文化意義的符號價值。

城市空間的塑造成為資本實現循環的重要一環，開發商空間生產的背後驅動力，歸根到底就是資本在全球範圍進行擴展和積累，以實現資本循環和增值的需要；當資本隨著消費社會的到來，被一起整合進消費主義的邏輯之中，資本就會對空間進行重新塑造與生產（劉彬與陳忠暖，2018）。歷史街區的文化符號消費，是吸引資本的一個吸引力。遊客對歷史街區符號意義的建構，使歷史文化資源成為旅遊吸引物，促進文化休閒旅遊發展，日益增加的遊客消費令商家資金大量湧入歷史街區參與空間生產。旅遊空間中的物質實體和環境氛圍不只是旅遊產品存在和呈現的結構要素（桂榕與呂宛青，2013），從符號消費角度看，無形的象徵、氛圍甚至愉悅感，都可以透過符號價值的交換而被購買（宗曉蓮，2005）。歷史街區之所以成為投資熱點，是因為商家利用歷史文化符號價值可以增加產品的附加值的生產動機。對商家而言，歷史街區符號的文化意義是其符號價值的意義。

作為歷史街區空間生產的供應方，政府和當地居民投入自然、文化資本，開發商投入經濟資本，經營者和從業員以人力資本的形式共同生產旅遊產品供遊客消費（宋秋與楊振之，2015）。其中經濟期望會起支配作用，期望從旅遊中獲得經濟利益的驅動在旅遊企業中體現得很明顯（Jansen-Verbeke 與孫業紅，2012）。綜上所述，可以了解到旅遊市場與生產動機影響各利益相關者對歷史街區符號的文化意義的建構，作為旅遊資源的歷史街區空間意義是文化意義附加值的作用。

（三）歷史街區空間意義的維度及其關係

1.歷史街區空間意義的維度

（1）商家的意圖意義與文本意義

商家的歷史街區符號意圖意義是能夠產生滿足其利益的文化符號附加值。要實現這個意圖，他們將各種資源組合生產，把文化符號意義植入商品和消費空間，將產品與銷售環境共同打造成為一個文化消費空間的文本符號，以產生滿足顧客需求與行為的文化消費的文本意義。文本符號既包括商家、設計師有意圖生產的，典型商品符號及其依存和呈現所依賴的實體、景觀符號、環境氛圍符號，也包括遊客與商家的旅遊互動符號。

在大多數的歷史街區開發營運中，商家通常為了滿足特定人群的消費需求，廣泛地引入前沿、時尚、消費傾向明顯的豐富商業業態，如餐廳、酒吧、商店等業態，創造和傳播時尚，迎合遊客的消費文化，引領消費經營。規劃設計是實施他們意圖意義的主要手段。例如在上海新天地的項目中，外表整舊如舊以重現石庫門弄堂傳統的景觀符號，結合時尚的裝潢與現代的文化符號，

↑圖3-2　上海新天地「新舊交融、中西合璧」的文本意義。
資料來源：作者拍攝整理。

　　詮釋著上海新天地「新舊交融、中西合璧」的文本意義（圖3-2）。

（2）居民的意圖意義與文本意義

　　居民認為土地和物業是一種生產資料，而歷史街區的文化符號價值令租金增殖，持有自身物業權收取更高、更穩定的租金是他們的意圖。因此居民的歷史街區符號意圖意義是維護自主物權、爭取盡可能大的物業出租面積、更加高的租金回報以及其他能夠讓物業升值的一切機會。新建、擴建、加建與改建的建設過程與一棟更高更大的房屋是居民的歷史街區文本符號，以實現適合各種經營的需要，增加租金的文本意義。

　　在某些「自下而上」模式的歷史街區改造的初期，居民往往抓緊時機拆舊建新，利用屋前屋後的空地搶建房子擴大租賃面積，或拆牆開門以適應商店營銷功能。

（3）政府的意圖意義與文本意義

　　政府的生產動機是建構與利用歷史街區文化符號價值以實現地區經濟、社會和文化利益，開發目標是旅遊景區與文化產業的建設、城市環境的改善、城市知名度推廣等，因此政府的歷史

街區空間意圖意義是實現文化價值在旅遊經濟功能、文化展示效果與城市生活的作用。在「政府企業化」的背景下，政府投入資金，主導、組織或參與歷史街區的建設與經營，出現很多具有鮮明的產業性質的城市空間文本符號，例如文化創意園、科技孵化器或者文化風情旅遊街區等等，其文本意義是歷史街區可以滿足市民與遊客休閒旅遊的需要，同時發揮其促進經濟發展、社會發展與文化傳承的空間價值。

（4）遊客的文本意義與解釋意義

遊客是符號的接收者，接受到的是文本符號，文本符號攜帶著文本意義，遊客對文本符號進行解釋從而實現符號過程的解釋意義。文本符號的使用環境、語境（情境、腳本），可能是決定符號意義的各種因素中最重要的。在符號表意出現的時候，接收者就會放在這個語境序列中進行解釋，在一定的語境中重構意圖意義。例如一間設於歷史街區的地方菜餐廳這個文本符號，餐廳內的裝飾與文字故事是伴隨文本，而村落空間符號是語義場，於是顧客可能就會對空間及活動解釋出休閒、放鬆與家庭溫情的解釋意義。

這個過程也是旅遊心理學的研究範疇，是遊客從旅遊感知、旅遊體驗到得到旅遊形象的過程。從符號學視角，旅遊體驗的本質在於遊客對旅遊地符號的解讀，而符號都有其意義指向，對符號的解讀實際上是對符號意義的理解和運用過程（張冠群，2020）。也就是說，歷史街區的旅遊意象或者空間意象即是符號學意義上的解釋意義。

2.歷史街區空間意義三個維度之間關係

歷史街區旅遊既是社會現象，也是經濟現象，從旅遊供求角度看，政府、商家、居民和遊客分別是生產者與消費者。空間意義的不同維度在符號發送－傳播－接受的過程中完成，其實這也是歷史街區旅遊開發的過程，即從生產者到消費者的「規劃－實踐（生產及營運）－使用」的過程。

(1) 意圖意義屬於生產者發出的符號意義，是在旅遊開發的構想、策劃、規劃階段所進行的符號過程產生的結果，包含生產者旅遊開發動機與目的、對歷史街區文化符號的編碼以及他們的開發概念與構思內容等「主觀的想法」，是「可能有」或希望有的意義。

(2) 生產者在空間生產中，通過生產實踐的物質和技術手段，將意圖意義落實到有功能性與象徵性的物理空間，賴此進行經營活動與旅遊互動，「落實到具體表現」後成為文本符號，其符號意義便是「應該有」的文本意義。

(3) 文本意義作為具體仲介為遊客所解釋，遊客在旅遊開發與旅遊活動中經過具體的文本符號感知與體驗，形成對歷史街區旅遊空間符號的解釋意義。

由於上述空間符號意義的屬性特點，以及符號生產者與解釋者的各自動機不同，這些意義的解釋並非一致。但總而言之，歷史街區的生產者的意圖意義影響旅遊產品與活動的文本意義，文本意義影響到遊客與其他接收者的解釋意義，解釋意義、意圖意義與文本意義的關係出現多種情況，意義可能一致或不一致。

二、老街的空間權力

（一）空間權力的概念

中文的「權力」由英語 power 引申而來，指通過意志的運用以達到某種目的的能力（孫關宏、胡雨春與任軍鋒，2010）。權力是影響他人行為的能力，即引導他人去做或不做某些事情，導使事情依其意志改變的力量，本質上兼具權威（authority）與影響力（influence）的意涵（林貴芬，2009）。權力必須植基於對資源的擁有或控制，且視個體之間的關係情境而定（situational）。權力的概念建立在能力與關係之上。

歷史街區可以定義為各種位置之間存在的客觀關係的一個場域。行動者借助所擁有的資本（經濟資本、政治資本或文化資本）生成了一種權力來控制場域，控制生產或再生產的物質化的的工具，控制那些界定場的普通功能的規律性和規則，並且因此控制了場中產生的利潤（Bourdieu, 2001）。這與 Giddens（1991）的結構－行動理論觀點同出一轍，社會結構代表著將對影響社會實踐的規則和資源，資源是權力得以實施的媒介，並將構成權力基礎的資源分成配置性資源和權威性資源。

Bourdieu（2001）從權力的資源類別劃分的維度，包括源自於經濟資本、文化資本和社會資本等資源的經濟權力、文化權力及社會權力。孫世界與熊恩銳（2021）從城市更新的角度，將空間生產過程涉及的資本分為金融資本、土地資本、技術資本、文化資本和社會資本。經濟性資本（金融資本和土地資本）是作為金融工具和具有融資

能力的實物資本，參與空間開發、交換、分配和使用的全過程，而非經濟性資本（技術資本、文化資本和社會資本），除了能夠助力金融資本和土地資本的經濟增值，更是城市空間這一具有深刻社會文化內涵的產品所必須倚重的，並通過空間生產過程得以增值。綜上所述，作者認為在歷史街區的旅遊場域內，作為權力資源的資本有政府（包括上級政府與基層政府）的政治資本、開發商與商家的金融資本、居民的物業（土地及其上面的不動產）資本，社會（居民、商家或其他社會成員所形成的團體及媒體）資本與文化資本。

吳克昌（2004）以國家與社會的二元維度把權力分為政治權力與社會權力。社會權力即社會主體以其所擁有的社會資源，對國家和社會的影響力、支配力、強制力。社會資源包括物質資源與精神資源，還包括各種社會群體、社會組織和社會勢力。French 和 Raven 認為社會權力的構成包括獎賞權力、強制權力、法定權力、參照權力、專家權力與資訊權力（郭道暉，2009）。Mann（2012）定義了社會權力的四種來源，即經濟、意識形態、軍事和政治，這個定義幾乎將所有資源都囊括在社會權力的影響因素，是個較為廣義的概念。譚光輝（2016）從權力的形態維度對權力進行分類，認為權力的分類有身體權力、物質權力與符號權力三種，通常物質權力具有物質權或財產權、所有權，物質權與財產權表現為具體權力，而所有權只是一套法律關係，是一個符號權力。抽象的符號權力可以轉化為具體的物質權力，而具體的物質權力也可以轉化為抽象的符號權力。

權力被賦予意義後便變成符號權力，更多是藉助知識與技術，這樣更容易將權力擁有者的真實意圖隱藏起來，令實際權力更好地運作。符號生產者對符號系統的操縱使得這個過程得以成立，即意義建構的。文化意義成功地充當了符號權力的角色，藝術品味、生活形式

等都成為支配的手段，自主性本身也為社會權力服務。「被塑造結構」和「塑造結構」是符號權力的兩個向度，前者體現為生產和再生產符號和符號體系的權力，後者則體現為符號在生產和再生產社會秩序方面的功能（章興鳴，2008）。

本書將歷史街區的經濟、社會和文化、政治資本綜合稱為空間資本，而以這些空間資本為資源的權力稱為空間權力。空間權力包括政治權力、金融權力、物業權力、社會權力及文化權力，這些權力在一定的情境下，被文化意義符號化而成為符號權力。

（二）歷史街區空間權力維度與關係

1.物業權力

產權是一組權利束，包括所有權、使用權與收益權等。產權以一種法律的形式支撐，決定了房屋使用權，讓居民可以佔有、使用、出售與出租房屋，成為資本市場可以交易的一種生產資料。在中國歷史街區研究的情境下，土地屬於國有，但房屋使用權屬於居民私有。房屋作為影響空間生產的物理資源及景觀要素，實質上也是居民經濟資本的主要資源，因此本研究以物業權取代法律範疇的產權概念。物業權力，就是主體對房屋的所有權、使用權與收益權等一系列權力。

物業除了滿足自用的功能外，通過出售可以實現金融價值，或出租獲取金融收益，從這個意義上，物業已經接近金融資本的概念。它的功能與價值往往受到物業在城市的區位（地理位置、城市功能與城市交通等等）因素影響，歷史街區旅遊開發是生活空間向商業空間轉化的過程，實質是居民和商家就居住空間使用權進行交換而進行財產權的再一次劃分，從中獲取更多有用性的價值（黃曄與戚廣平，

2015）。物業資本價值與其現有的建築質量相關，由於歷史街區的私人物業年久失修而敗落不堪，有些甚至只剩下殘垣斷壁，建築本身幾乎失去使用價值。因此，商家在租用居民的物業後，不得不進行改建，又受到歷史街區文化保護法規的限制，只能在室內以鋼結構來加固，重新安裝消防設施，增加了投資的成本而削弱歷史街區的物業價值，而且對旅遊開發的限制還有這些：

（1）歷史街區的物業權複雜

歷史街區建築動輒經歷數十年，因繼承權與民間交易等諸多原因，以致於房屋產權十分複雜。甚至有些建築多戶多人共同擁有，更有物業權為無主物業。產權模糊不清不僅導致交易困難，也導致歷史街區市場化及整體改造的困難。

（2）歷史街區的物業權零碎

大多數私產的建築體量較小，本身很難適應現代社會的商業業態與使用功能，而且有些街區經年的見縫插針式建設，不僅破壞街區商業氛圍的營造，還使歷史街區建築物業權更加分散與零碎，增加改造開發難度，降低物業價值與議價能力。

歷史街區房屋是歷史文化的主要載體，尤其是建築的造型與風格更是歷史文化的表徵。這種本來屬於居住功能的普通建築，在歷史街區特殊的場域中自然帶有文化資本的成分，於是物業權力被賦予傳統文化意義成為符號權力，文化意義的附加值令它具有稀缺性、受保護性與增值性，物業權在歷史街區改造活動中佔有很大的話語權。

2.金融權力

在歷史街區改造中，金融權力的資源來自金融資本，其主體是開發商與不同行業的商家，他們不僅是歷史街區開發的投資力量，也是市場經濟模式的象徵。金融權力同時可通過經濟交易活動取得物業使用權，將歷史街區文化的載體的使用權力轉移過來，形成一種經濟權力。

城市人造環境的生產和創建過程是資本控制和作用下的結果，是資本依照本身的發展需要創建的一種適應其生產目的的人文物質景觀後果。金融資本投資對歷史街區的旅遊吸引物、環境、交通設施等方面進行改善，吸引了更多遊客，推動了當地社會經濟發展，對歷史街區旅遊空間生產起到關鍵性的作用。金融資本的主體商家付出的租金決定了它在這個場域的位置，導致歷史街區「核心－邊緣」的空間異化，影響了該區的商業業態、空間結構及空間形式，徹底改變了城市的人文景觀。

商業業態的變化帶來不同的空間活動、不同的建築室內外裝飾，進而生產出不同的人文景觀。作為市場經濟的活躍因素，資本的無序博弈，可以令整個歷史街區加速完成它的生命週期，從粗放擴充、蓬勃興旺、發展乏力到衰敗沒落的過程。歷史街區等待另一輪的金融資本進入，又或者不幸地給城市留下一道難以抹去的傷疤－爛尾樓。

投資大、資本雄厚的商家往往又成為行業社團的領導者，在區內擁有更多的話語權，對區內的管理事務有很大的影響力。金融權力轉換成社會權力，在歷史街區旅遊空間的生產中發揮作用。資本的逐利本性及再生產慾望，如果與政府的經濟發展目標，或政績考慮不約而同地結合在一起，這時經濟權力裏面便含有政治權力的影子。可能會

出現官商勾結謀取私利的情形，這是金融權力與政治權力共謀的不良行為。

在歷史街區旅遊空間生產中，有些商家是文化人或是熱衷於文化的商人，於是金融資本又攜帶著文化資本的因素。即使普通投資者，也會藉助文人對空間規劃的參與而形成文化資本。這時，金融權力與文化權力形成了一種合力，或者說金融權力已經符號化變成了一種文化符號權力，共同推動歷史街區的符號空間生產。

3.政治權力

政府擁有法定的政治權力，主要以國家機器、法律法規、意識形態等權威產生的權力。中國自80年代中期開始的行政分權過程，逐步建立了「兩級政府、三級管理」的體制，政府的組織形態通常分為上級政府（市、區政府）與基層政府（街道居委會與村委會）。上級政府作為權力的擁有者和執行者，其對空間的實踐主要是通過土地制度、規劃文件來界定空間改造的方向，並調控資本的參與過程，以實現其權力的規訓。政府主導的城市規劃中，對傳統歷史文化街區的定位直接影響空間的改造和開發策略，而規劃對城市空間容量和建築形態的控制，則影響消費空間的外部形態（劉彬與陳忠暖，2018）。

基層政府屬於區（縣、鎮）級政府的派出機構，在城市化程度比較高的東莞，代表這一級的權力機構除了城市內的居委會外，更多的是管轄城中村的村委會。它們在地區事務中執行上級政府的各項政策、承擔推動社會經濟發展的職責及行政管理的具體工作，直接與市民、村民互動並面對各種各樣的訴求，成為上級政府與普通市民溝通的中介及聯繫。因為城中村擁有大量的集體性質土地，在土地財政的背景下，村委會的政治權力不可小覷。

基層政府能聚合起各種社會力量，編織起複雜的社會網路，將政治權力與社會權力結合起來，有時能協調上級與村民的土地糾紛或處理很多社會問題。例如在田子坊地區更新過程中，其所在街道辦事處是一股非常特殊的力量，儘管它經常以政府的身分出現，但在更多的場合卻是以社會力量代表的角色，參與到與政府和制度的博弈當中。而廣東地區的村委會體現的社會資本更加深厚，一方面村委會的主要領導是村民一人一票選舉出來，在與村民利益相關的問題上或多或少要顧及本地村民的民意；另一方面，農村的社會結構建基於宗族關係上，社會權力受到村民的「慣習」的長期形塑，村委會與村民有著千絲萬縷的社會關係、很多相同的基本利益與社會價值觀。因此，在執行某些上級政府的政策時，或者在居民與上級政府發生爭執與博弈時，村委會往往做出一些技巧性的處理策略。例如，在對待歷史街區旅遊開發中的土地徵收與房屋拆遷賠償談判中，村委會便會結合社會權力而擁有著很大的話語權。

對政治權力本身而言，當符號的「所指」涉及或者攜帶某種政治資訊時就成為政治符號。政治符號的功能主要有政治權力獲取、政治權威合法性的推動、政治影響的互動過程三個方面（章興鳴，2008）。在歷史街區開發過程中，政治權力除了是社會公權力的象徵外，還被賦予文化傳承的保護權而符號化，符號權力在歷史街區旅遊開發中發揮重要的力量。

4.社會權力

社會權力不僅產生於組織活動，也以血緣或地緣關係結合的共同的社會生活而產生。社會權力的基礎是物質資源（人財物、資訊與科技等）、精神資源（思想文化、道德習俗、社會輿論等）、社會群體資

源（民族、階級、組織與行會等）、社會勢力資源（宗教、宗族、幫會等）、社會地位及社會關係。這些社會資源可以形成某種統治社會、支配社會進而左右政府權力的巨大力量（吳克昌，2004）。

　　中國內地的 NGO 社會團體發展比較遲緩，在歷史街區旅遊開發中，所說的社會力量還包括一些專家學者、研究團體、公共媒體和自媒體。他們主要是通過舉辦活動與發表意見的形式來參與空間生產的，雖然參與力度有限，但有時候這種參與也產生一定的作用。例如田子坊地區更新是多種社會力量共同作用的結果。當時田子坊的發展過程中涉及到「居改非」的制度引來了諸多爭議，社會力量開始加入，其中專家學者提出對城市歷史文化傳承與主張歷史建築保護和街區活化的重要性，媒體則從群眾的文化時尚、休閒娛樂需求以及支持創意產業園區的角度，進行了廣泛宣傳。社會權力對拆遷的反抗發揮作用，對政府動拆遷改造形成了對衝性壓力，共同迫使政府撤回原來的拆遷改造計畫，這一類似的情況也出現在廣州恩寧路歷史街區的改造過程中。

　　在城市的「城中村」式歷史街區或者古村落改造中，社會權力的作用表現得更加突出。中國的社會是一個「關係社會」，與西方個體本位或個體－社會二元對張的結構相比，中國社會可以說是家庭本位的。差序格局的結構原則就是建立在占核心地位的家庭倫理基礎上的，這些基於家庭關係、私人關係的倫理，隨著每個人差序格局的擴展蔓延至各種政治、經濟和社會關係，構成了中國特色的「關係社會」的道德基礎。特別在中國的鄉村，這種建基於宗族關係社會的社會權力能量不可小覷。

　　政治權力、經濟權力（金融權力、物業權力）與社會權力之間存在著互相依存和互相制約的關係，經濟權力和社會權力是政治權力的

基礎，政治權力是社會權力和經濟權力的保障。但在社會實踐中，個體利益與公眾利益始終存在一定的矛盾，從而使上述權力存在於衝突與制衡的關係中。

5.文化權力

文化是一種整體性的生活方式，文化是在建構自身、社會生活世界乃至整體性世界意義進程之中，形成表徵這種意義的宗教信仰、風俗習慣、知識體系、文學藝術、道德法律以及規範制度等外在呈現形式（李山，2015）。文化研究思潮自 20 世紀 80 年代開始蜚聲國際學界，人們一般將該思潮的起因歸結為英國文化主義。他們認為文化權力指的是文化獨立、自主介入，以文化自身邏輯來影響社會現實的能力，是文化自身內持並可以影響外在於文化的其他社會因素的權力。這與文化領導權有所區別，文化領導權指的則是文化借助政治邏輯在社會現實中發揮社會功能的能力（楊東籬，2022）。

在西方學界，最早將「權力」概念明確引入文化理論的是 Foucault，主張從文化內部來考察文化的社會功能，認為文化需要在文化內部建立各種因素間的連結關係進而發揮社會作用。但 Lefbvre 等認為文化需要通過文化心理來協調個體與社會之間的關係；Baudrillard 則認為文化藉由通過符號消費再生產新文化來影響社會生活。因此，文化的權力是文化政治、文化心理、文化經濟複合體的權力（楊東籬，2022）。

國內學者對文化權力的定義也是眾說紛紜。李山（2015）認為文化權力是一種影響力、規訓力與認同力，成為一種微觀的知識型的隱性權力。經由以下四種文化形態來展現其權力意志與運行機制：話語體系的意義建構、表徵系統的意指實踐、文化空間的空間呈現與意識

形態思想統治的權力。很明顯，這個觀點偏向文化意義構建的符號學範疇。徐望（2021）理解為施權者通過傳統道德、倫理、價值觀、制度、法律和政策，以及文化本身的凝聚力、吸引力和經濟實力來設定一個體系的禮儀、戒律、教化典章等，通過社會規制、約定俗成、世代相襲等方式來維繫並鞏固該體系，不斷鞏固統治階級的強權。

從歷史街區空間的微觀社會學研究角度出發，還是以 Bourdieu 的理論為依據從權力的資本資源來加以論述。文化資本多指涉文化場域的個人的知識資本概念，分為身體化的形態、客觀化的形態和制度化的形態（Bourdieu, 2001）。歷史街區旅遊空間的文化權力，是主體通過內化的文化內涵及其表徵所產生的影響力、規訓力與生產力。例如著名畫家陳逸飛率先租用田子坊的閒置廠房創立工作室，帶動大量藝術家和文化創意產業進入該區域，吸引眾多市民和遊客前來參觀與消費。田子坊得以免遭拆遷，有賴於文化團體的極力爭取，在這個場域發展過程中顯示出了文化資本的影響力、規訓力與生產力。又如佛山嶺南新天地內梁志天咖啡廳。梁志天是著名的室內設計大師，深厚的藝術修養與高超設計水平令其本人聞名遐邇。憑著這種綜合的文化權力影響著空間生產，咖啡廳吸引大量遊客光顧。

歷史街區的文化權力，更多是通過話語體系的意義建構、表徵系統的意指實踐、文化空間的空間呈現與意識形態思想統治的權力，得以運行。

以上對各種權力的分析大多聚焦在社會宏觀與中觀的層面，權力的施為其實體現於各權力主體在空間生產、日常生活的場域博弈與互動中。在歷史街區旅遊空間生產中，除了供給方的生產者之間的權力博弈和互動，有一種符號權力體現在消費方遊客與空間的人－地、人－人互動之中。景觀符號對遊客的吸引力，是一種狹義的符號權力，

遊客對景觀符號的「旅遊凝視」則反映遊客的體驗和評價的符號意義解釋權力。拍攝，已經被學者認為是遊客對空間的凝視權力，當今流行的「打卡」活動，更是人們日常生活中對符號權力的反應。

文化權力與社會權力也在遊客之間、遊客與商家、居民的社會交往體現在符號互動中。社會互動本質上是各種認同之間的談判與對話，反映的是各種角色之間的某種社會關係，而所有的社會關係都存在地位與權力的維度。這些角色關係的互動過程中，商家、居民與遊客處於市場維度與空間維度的相互抗衡之中（張機與徐紅罡，2016）。

三、老街旅遊空間生產的符號學解構：意義表徵與權力實踐

（一）旅遊空間生產與符號學理論的耦合

1.旅遊空間生產是空間符號意義生產

旅遊空間是旅遊學界研究空間生產的一個高頻詞，但鮮有學者對旅遊空間做出明確的定義。城市有工業空間、居住空間、商業空間及文教空間之分，這些在城市規劃與建築學領域從城市功能與空間活動性質的角度進行分類。鑒於旅遊空間常常與其他空間重疊或混合，從城市功能去劃分及定義略有不妥，作者認為應該從空間活動的特性與內容進行定義，因此，旅遊空間是指遊客集中進行遊覽、娛樂、購物、住宿與餐飲等旅遊活動的空間或區域，可以是專門的旅遊景點景區，也可以是在城市與鄉村的其他功能區域的複合空間。

旅遊空間生產是空間生產在旅遊場域的一個具體應用。旅遊作為

一種社會現象體現出人地互動的社會空間化詮釋方式，這種互動決定了旅遊所塑造的空間是社會生產的結果，背後體現繁複的社會建構過程（鮑捷等，2023），是資本、權力進行空間性重塑的社會性生產過程。旅遊空間的再生產不僅是物理空間的重構，還是社會空間的重塑與意義空間的再構，物質空間是容納多元權力主體、旅遊景觀符號的場所，社會空間是承載退讓與妥協、公信與威權、讓渡與周全等社會關係的容器，意義空間則成為裝載文化慣習、價值觀念、民族情感的環境。空間的再生產不僅是對物質空間與社會空間的再生產，也是對意義空間的再生產（董寶玲、白凱與陳永紅，2022）。歷史街區的旅遊開發活動生產出一個個消費空間，滿足遊客的消費主義需求，其實就是空間符號意義的生產。從這個角度來說，不管複合於哪個城市空間，旅遊空間都是一個符號空間。歷史街區旅遊空間生產是一個符號過程，即是符號空間編碼與解碼，也是意圖意義、文本意義與解釋意義等空間意義發送、接受與解釋的過程。

2.空間生產與符號學之理論耦合

要準確理解 Lefebvre 的空間生產理論，需知道其產生的理論背景，該理論建基於 Hegel、Marx、Nietzsche 哲學的辯證法，以 Nietzsche 思想為導向的語言理論與法國現象學（Schmid 與楊舢，2021）。

（1）理論的核心：活生生的主體

Schmid（2021）在談論到理解 Lefebvre 的社會空間這一命題時，認為社會既不表示「實體」或「物質」的時空總體，也不是行動和實踐的總合。Lefebvre 唯物主義理論的核心是以肉身性（corporeality）和感知性（sensuousness）方式存在的人，他們

有自己的感受、想像、思考和意識形態；他們是通過活動和實踐產生相互關係的人類。本書認為這個觀點非常重要，特別是以 Lefebvre 理論微觀視角研究空間的生產，理解這點就避免出現很多例如所謂「自然空間」替代空間實踐、「制度空間」替代空間表徵之類千奇百怪的客體性的概念。因此，在分析歷史街區空間生產時，以主體作為切入點是合理與必要的。

無獨有偶，符號學的應用主體也是人。Peirce 認為符號的研究不能脫離使用者，它們相互影響並作用於彼此，從而將某些隱性的意義傳達出來。人一旦追求意義，必然會進入人際社會關係，符號意義必然是一種交往關係（趙毅衡，2016）。

（2）理論的基礎：語言學與現象學

Saussure 從語言學的角度對符號進行了詮釋，將語言符號分為「音響符號」和「概念符號」兩個方面，後來他又將符號定義為由能指與所指構成的二元關係。除了語言學視角外，Peirce 的符號學理論基礎是現象學，現象學認為事物存在的三種模式：實在的存在於主體品質的第一性，只是一種可能性；第二性是事實，取決於第二對象及其關係；第三性是意義，通過把某種品質給予未來的反作用力而為其所是的某種東西。Peirce 的符號概念是再現（representation）、對象（object）與解釋項（interpretant）三分法。這也與 Lefebvre 空間生產理論的現象學的理論基礎同出一轍。

Lefebvre 用現象學方法標示出空間生產三個維度的－感知的、構想的和生活的，這種三位一體意味著活躍的、既是個人也是社會的過程。感知的空間具有可感知的層面，可以被感官領會，是物質的。感

知構成了每種社會實踐的不可或缺的成分,直接與構成「空間」的各「要素」的物質性相關。構想的空間預先在思想中構想才被感知,將所有要素組織在一起構成「整體」,然後將整體認定或表示為空間,這就是與知識生產相連的思考行為,是符號的。生活的空間是空間的生活經驗,意指人類在日常生活實踐中所體驗的世界。生活的實踐經驗無法被理論分析所窮盡,而只能通過藝術的手段表達,是意義與情感的。另外,Lefebvre 的空間學派認為空間會再生產,而符號學者認為意義會不斷地無限衍義,這也就映照了 Peirce 所說的:在各種不同類型的符號表徵和它的意義對象之間,始終存在著解釋項(interpretant),這個解釋項維持著意義的不穩定狀態中的動態平衡(蔡秀枝與彭佳,2012)。

在語言學的語域中,Lefebvre 假定空間中的活動建立起一個系統對應於語詞系統。空間實踐劃定了社會活動與互動的物質維度,空間的分類意味聚焦於活動的同時性方面,類似於語言的句法維度(syntagmatic dimmension),是指由要素或活動的銜接(articulation)和連接而形成的系統。空間表徵定義了空間,類似於語言的詞形變化維度,具有替換性、相似性與差異性。空間表徵出現在話語層面和言說本身的層面,因此包含了言語的表述形式(verbalized forms),比如描述、定義,尤其是空間的(科學)理論,甚至地圖和平面、圖片資訊、符號等。處理這種表徵生產的專業學科是建築學和規劃,也包括社會科學。表徵空間關係到空間的象徵維度,不是指空間自身而是指其他事物,與(物質)象徵聯繫在一起的表達意義的過程,這種替代已經是符號的作用。可以看出從語言學的角度看,空間生產三元組概念包含著符號學的涵義(Schmid 與楊舢,2021)。

按照趙毅衡(2016)符號化過程,即賦予感知以意義的過程的提

法,「再現」(representation)是用符號來表達一個不在場的對象或意義。再現的對立面是「呈現」(presentation),呈現是事物直接向經驗展示,再現則已經被意義解釋符號化,能把呈現變成攜帶意義的再現,物象就變成了符號。從涵義與字面表達而言,趙毅衡的觀點與 Lefebvre 的原意「空間表徵」(representations of space)與「表徵空間」(spaces of representation)最為吻合。徐小霞(2012)認為呈現體是符號載體,是個可感知的物理空間,與旅遊空間實踐相對應;再現是符號代表指向的是理念式意指對象或不在場意義,即符號的外延義,對應於旅遊空間表徵;而表徵空間是社會空間這個符號的解釋項和內涵義。

綜合 Lefebvre 的定義及上述學者的觀點,以「呈現體－再現－解釋項」理論對空間生產三個層次進行分析,將歷史街區旅遊空間生產與符號過程的涵義與維度進行耦合。

旅遊空間意圖意義與空間表徵:意圖意義是生產者在旅遊活動中出於自身利益或其他動機而賦予符號載體的意義。空間表徵指通過策劃、規劃活設置等手段,將意圖意義賦予旅遊空間的符號化過程與結果,是生產者構想的空間符號,是物質空間的再現,目的是對使用者產生規約與影響力。

旅遊空間文本意義與空間實踐:文本意義是參與者建構符號空間(文本符號)所呈現出來,被互動雙方所感知出來的意義。空間實踐是通過生產活動或旅遊互動建構文本符號的過程與結果,是旅遊空間攜帶文本意義的符號系統的呈現體。

旅遊空間解釋意義與表徵空間:解釋意義是遊客對符號空間解讀或理解得出的符號意義或空間意象,是符號空間的解釋項。表徵空間指遊客通過對旅遊空間的感知與體驗而產生情感、信念和意象的過程

與結果，攜帶者遊客的解釋意義。

我們揭示了符號學與空間生產的理論耦合，但是符號學及其符號學範疇只適用於已經生產出來的空間，因而不能幫助我們理解空間的實際生產過程（Lefebvre, 1991）。另外，Lefebvre 的空間生產理論有偏向宏觀性的論述，難以分析主體在空間生產中關係與作用，特別是針對空間生產的微觀分析。故此，我們以場域理論關於資本、慣習、權力及符號權力的概念作為分析工具，嵌入符號學與空間生產理論的應用中，可以幫助解釋現象之下的空間生產運作機制。

（二）空間權力、空間表徵與意圖意義

在歷史街區旅遊具體開發過程中，空間表徵往往是在旅遊空間生產最早期的實踐。正如 Lefebvre（1991）所說，空間表徵是規劃師、都市計劃師、技術官僚和工程師的空間。空間生產通常是從構思、定位、策劃及規劃等實踐活動開始，我們先從空間表徵開始對空間生產進行研究。

1.空間表徵對生產者意圖意義的建構

歷史街區空間表徵是生產者根據旅遊市場需求，將開發意圖結合旅遊資源的符號意義轉化為規劃設計，從而建構其空間生產意圖意義的過程。

首先，生產者對歷史街區開發動機是文化意義的符號價值的利用。規劃取向是基於經濟的考慮，建構「文化意象」作為吸引力（李竭政，2016），空間表徵的工作是文化特質挖掘、符號價值轉化和符號載體建設。文化是生產符號價值的原材料，生產者提煉出旅遊地文化

內核,挖掘旅遊地所表徵的文化意義符號價值成為焦點。

其次,歷史街區旅遊空間表徵是為了迎合遊客休閒旅遊的需求。生產者了解旅遊消費者所關注的文化意義,從而對其價值觀念、審美情趣、身分地位等方面特徵細分,在規劃中實現旅遊者與旅遊地所表徵的符號價值的耦合。一方面,休閒旅遊需求來源於遊客擺脫日常生活困境、現代社會的「疏離」感的自然選擇,即反抗異化、超越物質佔有、審美救贖和思想解放之功能(潘海穎,2015),和城市居民的鄉愁的補償(胡小武,2016)。另一方面,全球化背景下城市文化需求對歷史街區紳士化的盛行具有重要推動作用(蔣文與李和平,2013),致力於景觀想像規範生產,以精英的象徵性生產區別權力、財富和特權地位(Thurlow & Jaworski, 2012),形成以傳統與現代共生文化為基礎,以滿足遊客體驗和休閒需求為驅動力,以「創意化」、「人性化」、「精緻化」和「生活化」的普遍性規劃手段(牛玉與汪德根,2015)。

最後,通過規劃的總體佈局、功能分區與動線安排等措施將生產者意圖落實在空間表徵中,空間表徵建構的意圖意義令空間表徵產生符號權力,即是對遊客消費活動產生吸引、引導、規約與限制的影響力。例如場所敘事是空間表徵建構空間意義的一個手段,將社會文化資訊展現到物質空間之中建構文化認同,培育場所與人之間的關係(陸邵明,2013),在生產者認為適宜的地方設置景觀與情境符號產生吸引力,從而引導遊客的觀賞或消費行為(朱江勇,2016)。可見,空間表徵建構出生產者的意圖意義及其對消費產生的影響力。

2.空間表徵體現空間權力的博弈

空間表徵是最容易產生衝突的場域,因為它顯而易見,因私人財產所隔離的空間具有排他性,也最具有階級表徵(王志弘,2009)。在

歷史街區旅遊開發中，誰爭取到空間表徵的主導權，誰就擁有合法的文化霸權，無論是文化意義詮釋權力與空間規劃的權力，都具有合法的排他性，從而建立從屬關係的地位團體，利用文化與社會資本再獲得其他的利益。

首先，空間表徵是生產者實現其空間生產利益的重要途徑之一。空間表徵包涵歷史街區生產者對旅遊開發與旅遊活動的定位、策劃及設計，體現開發者的開發意圖，最終與各個生產主體的利益分配聯繫在一起。運用規劃作為有效手段，可以通過文化資本的啟動，實現城市文化資本的積累及其向經濟資本等其他形態資本的轉化（黃怡、吳長福與謝振宇，2015）。

其次，話語權掌握符號編碼的控制權，將自己的符碼編入規劃中對歷史街區符號化，才能主導歷史街區的空間表徵。空間表徵指涉概念化的空間，由各種專家和技術使用的隱晦符號和術語、客觀化計畫和範型組成。意識形態、權力和知識隱伏於再現之內（Merrifield, 2006）。

那麼，如何爭奪話語權呢？對資源使用權的爭奪成為空間表徵生產的關鍵。資本交換是權力博弈的基礎，文化資本、經濟資本和政府社會資本的相互轉換（樊友猛、謝彥君與王志文，2016）。房屋是較為重要的生產資料，是商業生產與銷售的場所，房屋物業權決定了房屋的使用權和出租權。市場經濟模式下，居民可以根據自己的意願選擇對自有物業權或使用權進行權利轉讓，商家通過資本購買的方式取得房屋的使用權。房屋通過地方性特徵符號化以供遊客凝視，空間內部則改造為具有高度商業價值的場所（蘇曉波，2013）。

此外，政治權力對物質空間的爭奪與權力強度的利益博弈也層出不窮（李和平、吳騫與肖洪未，2016）。政府注重街區對城市的公共性

必然將歷史街區部分私有空間公共化,這與居民私有化的物權產生矛盾。例如在政府主導的旅遊開發模式中,首先是政府通過強制力對國有產權的房屋進行使用功能上的轉換,徵用部分地段的民居進行商業或遊憩的改造。其次是以嚴厲的保護政策措施限制了私房居民自主改造住房的權利範圍,部分住宅受困於技術、材料等因素在改造上成本大增,民居無力承擔。再者政府對舊區基礎設施資金投入有限,加速部分地段居住空間的整體衰落,居住條件的現代化受阻,亦引發了部分本地居民的外遷行為(吳驍驍、蘇勤與江遼,2015)。金融資本的影響有時強化了政府在空間生產中主導的作用,政府為了利益與開發商有可能進行經濟媾和而結成同盟,甚至進行權錢交易,因而政府和開發商是最強勢的群體(鄭昭彥,2011),政府為了吸引開發商而對其做出突破規劃控制的讓步,採取大規模的商業性規劃。

最後,空間表徵起到管控空間實踐和發揮空間權力的作用。規劃師和技術官僚等構想出來的旅遊空間的制度,主要表現形式為各個層級、各種正式制度(如土地管理制度、社區管理制度、社區規劃)「套疊」形成的制度網路,產生規約的影響力(龔偉與馬木蘭,2014)。儘管空間表徵,是屬於規劃師的空間,但政府主導著旅遊空間策劃、規劃和旅遊產業性質定位(郭文,2016),而規劃師和專家代理著政府的意圖,並透過所謂「科學理性」的規劃來實行對空間再生的治理和規訓(謝滌湘與朱雪梅,2014)。政府、商家等生產者的空間表徵,實質上是透過所掌握的符號編碼的權力進行規劃,採用主導、組織或統籌等模式介入旅遊空間實踐,以確保街區旅遊空間生產按照預定的意圖進行。

（三）空間權力、空間實踐與文本意義

　　旅遊空間充滿吸引物，既是客觀存在又是社會建構的產物，並成為承載意義的符號，而旅遊吸引物建構的過程，實質上是社會意義和價值建構的符號化過程（馬凌，2009）。歷史街區空間實踐是空間符號化過程的文本意義構建的實作環節，是生產者意圖意義傳播的媒介。在旅遊空間生產中，遊客通過符號互動參與了空間實踐的過程，遊客表徵空間正是在空間實踐過程與結果中經過體驗而建構的。

1. 生產者對景觀空間文本意義的建構

　　從符號學的角度看，空間實踐通過符號編碼的形式為空間賦予文本意義，它控制文本形成時意義植入和文本解釋時意義重建的規則。感知符碼是其所在的相應位置空間被現實權力關係逐漸編碼和格式化的結果，將自身的力量和結構強加於主體的身體、經驗、語言，使之以實踐習得的方式內化為心智結構（徐小霞，2012）。在旅遊空間中，這些有序的、各類型的、處於不同組織水平上的符號，構成物組成的旅遊符號系統構成「符號空間」（王峰、明慶忠與熊劍峰，2013）。歷史街區空間符號是一個不斷進行意義建構的文本符號，其文本意義被遊客不斷解釋而形成新的文本符號（陳崗，2013）。例如景觀文本符號生產的符號過程，通過景觀命名、景觀的「框架」構建和展覽、珍藏、機械複製和社會複製 5 個階段，最終目的是賦予意義（MacCannell, 1999），通常包括展示和紀念過去的價值文化。通過物質、文化、表演和娛樂四個框架組織的解釋性話語，來定義每個社會維度從而增加遊客真實性體驗（Coupland & Coupland, 2014）。

生產者利用傳統社區的空間格局及景觀，例如街巷里弄、小橋流水、傳統建築的外觀造型、文化作品、風土人情等符號建構出安全、寧靜與休閒的文本意義，令遊客暫時脫離現代社會的理性算計帶來的生活與工作壓力，減少緊張的情緒。同時，與從前或兒時生活場景的關照，憑著懷舊以抒發人生的感懷。旅遊空間的意義是主觀建構的瑰麗夢幻的空間（謝彥君，2010）。生產者製作的、滿足時下特定消費主義審美趣味的時尚流行裝飾、網路語言文字、幽默標識等等符號，流露出某些社會階層對主流社會抗爭的後現代文化意義。

歷史街區經營文本符號又受到遊客日常生活的慣習影響。旅遊空間是個不同於日常生活的空間，意味著生活在別處，地理空間的轉換使遊客暫時擺脫原有社會結構的約束、社會關係、地位與角色，但由於慣常社會固有的慣習的「持久性」和「可轉移性」，遊客在新的社會空間中對差異化生活的期待和慣習的雙重作用，使遊客面對異域風情感到迷戀（宋秋與楊振之，2015）。歷史街區符號所意指的傳統社會意義與消費文化意義被遊客在心理上建構，遊客在一個虛擬的傳統社區的生活場景中互動，通過其特定的演出配置和設置情節（社會解釋的敘事結構），允許遊客通過社會化的情景來安排他們參與社會生活（Picard & Zuev, 2014）。

2.旅遊互動對旅遊空間文本意義的建構

旅遊產品的參與性決定旅遊是一個互動的過程，旅遊者實際上是在尋找、解讀和體驗符號，旅遊者通過有意識的解碼過程與旅遊目的地建立符號互動（呂文藝，2010）。旅遊的意義並不僅停留在基於空間保留的回憶中，而是存在於一定的空間與時間、空間與人（社會）之間的關係中，由此才能體驗旅遊的全部價值（陶偉與程明洋，2013）。

以下著重從遊客與景觀、主客互動等方面分別進行研究。

（1）遊客與景觀互動對旅遊空間文本意義的建構

對景觀的遊覽與觀賞是歷史街區主要的旅遊活動之一，建構了遊客與景觀互動的文本符號。這種符號互動充分體現在旅遊凝視中，所有的旅遊吸引物都吸引著遊客瀏覽、獵奇式的凝視。凝視是旅遊體驗中最根本的視覺特性，它通過遊客對旅遊符號的收集和消費得以構建（Urry, 2002），遊客通過消費景觀所具有的符號意義達到自我認同的一種情感消費行為。

例如拍照反映了攝影者的行為模式（Donaire, Camprubí & Galí, 2014），也是旅遊凝視的有形化和具體化，是一種「被社會性地建構的觀看和記錄方式」（Urry, 2002）。他們對著景觀或者以景物為背景合影或自拍，旅遊攝影是遊客在旅遊過程依據各種情境而激發出來的一種「即興表演」（朱江勇，2016），甚至以攝影活動與在場同伴互動來促進人際關係，或者將照片發到社交網站與不在場的人互動以增加自己的存在感及身分認同，實現「不在場」的符號互動。賽博空間創造的「不在場」真實，這些種虛擬空間成為人們自我呈現和社會互動的空間（沈麗珍、甄峰與席廣亮，2012）。符號敘述的涵義加上「不在場」人物參與的變化，在解釋項的作用下不斷形成情節並組織進一個符號文本產生新的意義。反映出中國目前的價值觀意義，包括便利、放縱、休閒、解放、利益和炫耀（Hsu & Huang, 2016）。

空間生產者符號化的目的是為了迎合遊客的凝視而影響遊客的體驗，因為遊客凝視和體驗旅遊地的方式往往受到既成文本的規制與影響。

（2）旅遊互動文本意義的擬劇化建構

　　學者常常將 Goffman「擬劇理論」應用於旅遊場域的研究中，Goffman（2008）被廣泛引用的醫生辦公室例子強調了舞臺符號對互動的影響。在候診室（舞臺前臺）、辦公桌、專業書籍和證書等（道具）背景下，病人和穿著白大褂（戲服）、拿著聽筒（道具）的醫生開始自我呈現，這些互動傳達一個加強認可的角色意義。

　　舞臺化的旅遊空間是一個為了滿足遊客的「他鄉期待」而被多方建構的文化展示空間和表演場（王學基與孫九霞，2015）。旅遊服務不只是職業表演，也是一種社會心理過程。在完成日常任務的過程中與其他人互動的具體實踐和後果滿足一種社會價值的需要（Kensbock, Jennings, Bailey & Patiar, 2016）。Nashi 將旅行者、各類東道主和其他相關的人都看成是旅遊戲劇場面中扮演不同角色的演員。Cohen 則認為「旅遊是遊戲，大家在扮演虛擬的角色中尋求快樂」（朱江勇，2015），遊客與東道主在旅遊活動中的主客互動不同的自我與他者關係影響個體的旅遊行為（陳瑩盈與林德榮，2015）。正如謝彥君與謝中田（2006）所說的旅遊主體、客體、媒體在建構旅遊世界，就像是在具體時空條件下為旅遊體驗搭建舞臺，展現道具，控制節奏，使旅遊者既能冷眼旁觀也能移情表演。

（3）主客互動對旅遊空間文本意義的建構

　　在一些旅遊情境中，遊客之間的互動被賦予強烈的情感意義。旅遊者不止是尋找他者的本真性，還尋求他們自己之間的本真性。旅遊對象物只是把他們召集在一起的方式或媒介，然後他

們體驗到人際間的本真性關係（Wang, 2000）。遊客在歷史街區休閒性質的消費活動也是一種充滿意義的符號，例如喝茶是一種放鬆消遣的行為，又成為與朋友交談互動的手段。一般而言，旅遊地食物消費的五個潛在動機維度被標記是文化經驗、人際關係、興奮、感官訴求和健康關注（Kim & Eves, 2012）。旅遊業的飲食文化尤其是產品與服務涉及到社會文化與品位（Stringfellow, MacLaren, Maclean & Gorman, 2013）。中國人的餐飲往往是社會交際的重要活動，現代社會緊張工作之餘，難得一次的家庭聚餐意指增加親情的社會意義；酒吧成為發洩個人壓力的場所，這些商業業態都與休閒放鬆的街區符號意義關照。另外遊客之間的特徵、言談、舉止等互動符號直接對個體的影響，也會對旅遊體驗和行為意向產生影響（蔣婷，2012）。

歷史街區旅遊互動是多面向的，遊客與東道主之間的互動是最普遍的（張機與徐紅罡，2016），歷史街區經過旅遊開發後已經商業化，商業服務業種占相當大的份量，社會互動較多地發生在遊客與商家及其從業員之間。商家是旅遊空間的主要生產者，是最直接的空間符號化的符號編碼者。創造了一個戲劇的場景、道具和腳本的活動資源後，語言和溝通對社會互動尤其重要（Lowe, Purchase & Ellis, 2012）。歷史街區的商家常以一種熱情好客的姿態與語言符號來營造傳統社會樸素的空間情境，即便這是一種職業性的呈現，也建構歷史街區旅遊空間的文本意義，例如麗江旅遊的遊客與客棧店主、其他客人的社會互動，成為他們旅遊體驗後的文本符號之一，在遊客對麗江旅遊評價中可以找到相關的描述。

3.空間權力對生產者空間實踐的影響

　　旅遊街區的空間權力在空間表徵層面發生博弈延續到空間實踐，並影響到文本符號的生產。在歷史街區旅遊開發的政府主導模式中，政府作為政治權力的行使機構，負責空間生產行為的管理，開發商要接受政府監管，在符合政府規定的前提下進行開發。政府與開發商之間存在密切的合作關係，與居民之間是管理與保障的關係。政府運用行政權力進行房屋徵收，居民需要配合搬遷，同時政府需要維護被拆遷人的利益，合理測定拆遷安置費用。開發商與居民之間是交換關係，提供動遷補償款，居民讓出原來的生活空間（姜文錦、陳可石與馬學廣，2011）。在這個模式中，主體的權力在符合其角色與地位的前提下理性化運作，但實際的生產過程充斥著各種矛盾與鬥爭。

　　在市場模式的歷史街區開發模式中，政府更多是從城市管理的角度行使權力。特別是已經被立法通過的文化保護性規劃條文更成為執法的依據，也增加權力的合法性和認可程度，將政治權力符號化成符號權力。政治符號權力表現為對歷史街區改造、建設及營運的管理與維護等行為，以保障街區旅遊開發符合其意圖。例如，在歷史街區對佔用道路經營及居民拆建的控制，對重點保護地段的空間尺度、形式的保護；對一般保護地段的建築外立面顏色、材料、高度、結構等的風格管理（阮儀三與孫萌，2001）。

　　居民的生產實踐就是將空間表徵形塑為房屋加建擴建行為。更多的臨街居住性用房被本地居民以「破牆」、「破窗」的形式加以改造吳驍驍、蘇勤與江遼，2015）。商家一方面對所擁有使用權的空間通過化零為整的改建、加層加蓋的擴建，以滿足行業生產經營的標準，甚至佔用公共空間和街區資源，以增加營業面積來達到資本投資收益最

大化。另一方面為了營造氛圍吸引消費者，對室外環境進行過度商業化及符號化裝飾，對街區地域性的傳統文化風格造成衝擊。

政府對以上現象執行政治權力，例如根據法規進行禁止、限制與處罰等行為。而居民與商家為了保障自己的經濟利益，不惜動用社會權力躲避和抵抗政府的政治權力的運作，對政府的干預採取不合作的態度，令雙方陷入衝突與對抗當中。另外以往歷史街區改造的大拆大建、官商勾結、利益克扣等負面符號，令社會輿論開始對市場自主行為的支持，減弱政治權力的合法性。在個人權益自主與社會權力規範發生衝突的時候（鄭杭生與楊敏，2003），居民與商家開始利用網路社交平臺、自媒體等社會輿論對政府施加壓力，從而影響政治權力的影響力。社會權力在與政府公共權力的較量中有時會處於上風，政府往往出現不作為的現象。

空間實踐是透過各個生產主體在空間生產裏的互動來進行。政府、商家與居民在場域的位置、資本、權力與空間表徵意圖意義本來就有差異，導致生產實踐的文本符號的意義各自不同。

（四）空間體驗、表徵空間與解釋意義

1.表徵空間、空間意象與解釋意義

（1）表徵空間、空間意象與旅遊意象

表徵空間是透過相關意象和象徵而直接生活出來（lived）的空間，是使用者的空間（Lefebvre, 1991）。Soja（1996）稱之為「第三空間」，他認為歷史街區空間是一個「真實又虛幻」的實際空間，是一個對傳統文化渴望但又無法脫離現實的矛盾混雜的後現代社會符號。換句話說，表徵空間就是空間意象。在歷史

街區旅遊情境中，遊客是旅遊空間的「使用者」，那麼空間意象實際上就是旅遊目的地意象，簡稱旅遊意象。

表徵空間屬於具有「生活」內涵的象徵界，內部存在著二元的張力，即身體－想像（王志弘，2009）。對於身體、體驗（認知）、空間之間的系統性認識，具身理論在為解釋人類認知提供了全新的研究視角（吳俊與唐代劍，2018），人類所有的心智，包括體驗、感覺、知覺、注意、記憶、情緒等等都是通過身體來實現的。這個概念與旅遊意象的內在生成機理與建構同出一轍，旅遊意象是由遊客對目的地環境事物感知的認知意象（cognitive image）和對目的地的情感評價情感意象（affective image）共同構成（彭丹與黃燕婷，2019）。旅遊意象從認知、情感和整體三部分進行構建得到了學界較為普遍的認可，其中，認知意象是遊客在接收到關於目的地的外部刺激時，形成的一種心理感知，情感意象是遊客基於感知而對目的地產生的情感評價，在兩種成分共同影射下遊客內心對於目的地會形成整體畫像（王欽安、吳俏與吳寧，2023）。

旅遊意象是一個包含供給意象的構建、需求意象的形成與回饋、供給意象的診斷與更新等環節的系統循環過程（宋立傑，2012）。自然環境、人文環境及社會特徵是意象形成的因果條件，目的地的各項旅遊服務及人際互動成為仲介條件（鄭榮娟、白凱與馬耀峰，2014）。歷史街區具有較強的「可意象性」，意象空間由坊巷道路、邊界、名人文化景點、地標物以及非物質文化因素構成（徐國良、萬春燕，2012），同時，感知真實性和遊客對當地活動的參與有助於歷史區旅遊目的地意象的形成（Lu, Chi & Liu, 2015）。

（2）表徵空間、旅遊意象與解釋意義

　　表徵空間是偏向於多少有連貫性的非言詞象徵與符號的系統（Lefebvre, 1991）。表徵空間，是符號的解釋項和內涵義，解釋項的存在使符號意指實現並呈現意義（徐小霞，2012）。所以表徵空間是遊客對空間實踐文本符號的解釋意義，同時，表徵空間本身又是被解釋出來的符號。根據符號的無限衍義性，表徵空間符號又可以生成另一個解釋意義。例如一對情侶經歷的「巴黎之旅」，這個文本符號的解釋意義是表徵空間「浪漫之旅」，表徵空間的解釋意義是「愛之體驗」等等。

　　旅遊意象是一種社會符號學的建構。旅遊體驗強調身體、感知和情境之間的互動關係，遊客與旅遊地交互過程中的具身體驗，遊客的視覺凝視同高峰體驗和日常性體驗共同作用，生產和重塑了地方的空間意義和價值（曾麗、高權與陳曉亮，2021）。旅遊意象的形成可看作景觀符號化的過程，該過程主要是通過遊客對旅遊目的地意象符號的感知和解讀而實現（余志遠、王楠與韻江，2022）。因此，遊客通常用隱喻這種觀察世界的方式，用一個概念表示另一個概念，就像把旅遊目的地描述為「一片天堂」（Adu-Ampong, 2016）。

　　旅遊意象是遊客對目的地體驗後的意義化表徵，本身是一個符號文本，遊客對旅遊意象符號的解讀也形成解釋意義。遊客會在符號表意的「意圖意義、文本意義與解釋意義」的對比中，決定是否接受認同或拒絕相關意義。根據符號互動理論，意義會影響遊客的行為反應。解釋意義有更多的自由性、差異性和符碼變動性，這些多元符碼對抗「構想空間」意識形態控制下的知識和秩序一元符碼，是顛覆空間表徵霸權的鬥爭場域（徐小霞，

2012）。實際上，根據對遊客決策的研究表明，旅遊意象對旅遊目的地選擇、忠誠度與重遊意願等行為意向有重要影響力。

2.與空間意象相關的概念

在旅遊空間語域下，空間意象是旅遊意象，同理，對於旅遊空間而言，空間感知、空間體驗就是遊客的旅遊感知與旅遊體驗。根據以上分析，我們知道旅遊體驗影響旅遊意象，而體驗的起點是遊客的感知，即感覺和知覺的綜合體，也是遊客對旅遊目的地認知的過程（樊友猛與謝彥君，2017）。

（1）空間感知

遊客在旅遊空間的感知，是空間體驗與空間意象形成的基礎。遊客感知涉及空間符號的呈現所指涉的物質載體，即旅遊吸引物。首先是空間形態感知，遊客的感知涉及視覺、聲音、嗅覺、味覺和觸覺，但視覺圖像最受關注，觸覺圖像最少，感知圖像的存在影響更大（Xiong, Hashim & Murphy, 2015），所以空間形態感知在旅遊中尤其重要，例如獨特地勢、建築和佈局（宋書楠與常改欣，2021）。空間感知包括色彩、水域景物和生物景物等自然景物，以古村、老城等人文景物、具地方性特徵的用具類器物（謝彥君等，2021）；而且不能忽視店鋪建築、展示對象的作用（Rabbiosi, 2016），其中包括氛圍要素，空間佈局與功能，標誌、象徵物和工藝品等服務場景（Servicescape, 1992）。因此，歷史街區旅遊空間的物質形態包括自然環境、街道廣場、建築設施和商品對象等符號載體。

其次是空間功能與空間互動感知。旅遊活動的本質是符號解

讀的符號互動過程，是主客體之間的相互交流和作用，包括人與物、人與人之間的互動（謝彥君，2010）。主客文化互動中交流、變化和創造的結果是一個獨特的文化景觀（Canavan, 2016）。作者據以上分析，按照旅遊活動主客互動的場景、內容、時間和角色的特徵，得出歷史街區空間的空間形態、空間功能與空間互動感知體系（圖3-2）：

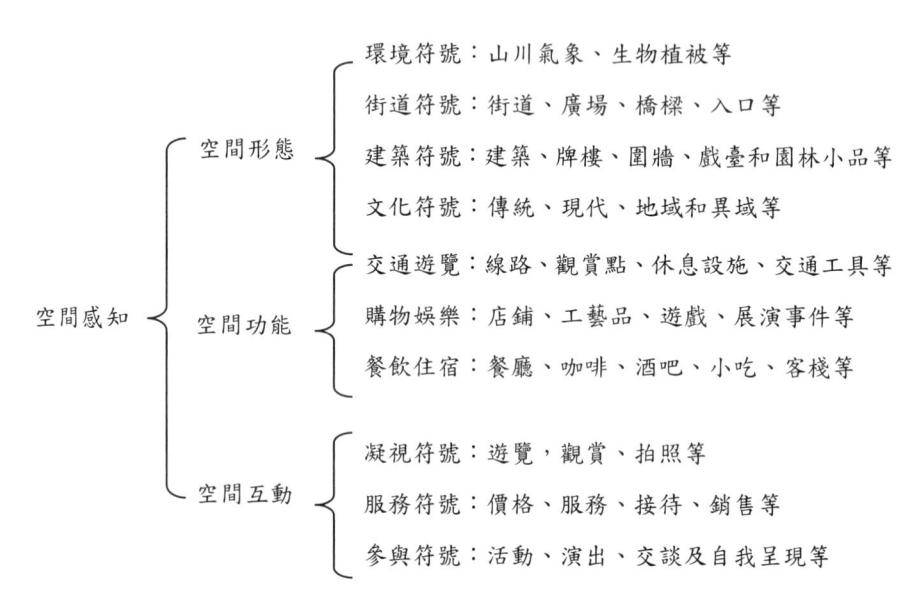

空間感知
- 空間形態
  - 環境符號：山川氣象、生物植被等
  - 街道符號：街道、廣場、橋樑、入口等
  - 建築符號：建築、牌樓、圍牆、戲臺和園林小品等
  - 文化符號：傳統、現代、地域和異域等
- 空間功能
  - 交通遊覽：線路、觀賞點、休息設施、交通工具等
  - 購物娛樂：店鋪、工藝品、遊戲、展演事件等
  - 餐飲住宿：餐廳、咖啡、酒吧、小吃、客棧等
- 空間互動
  - 凝視符號：遊覽，觀賞、拍照等
  - 服務符號：價格、服務、接待、銷售等
  - 參與符號：活動、演出、交談及自我呈現等

↑圖3-2　歷史街區空間感知的文本符號。
資料來源：作者研究整理。

（2）空間體驗

　　Lefebvre 空間生產理論的空間實踐包含著空間中身體的作為，「空間被感知、被體驗……因而被生產出來」。體驗是從感知到想像、物理空間到精神空間的仲介，通過在人類的符號互動中實現。旅遊體驗是多主體建構的結果。旅遊者在與媒介、目的地居民及從業人員互動的過程中建構著自己的旅遊體驗（馬天與謝彥君，2015）。基於具身理論的最新研究認為在旅遊者具身體驗形成過程中，旅遊者的身體、感知以及情境，都會影響旅遊者的認知，從而對其行為造成影響（吳俊與唐代劍，2018）。體驗實際上被意識所構造，由意向作用對感覺材料進行統握的結果（趙劉、程琦與周武忠，2013）。旅遊體驗是對空間符號解讀及個體與自然、社會互動的關鍵和核心管道，旅遊者對符號的解讀發生在旅遊體驗的各種活動方式中，包括旅遊消費、觀賞、交往、模仿和遊戲這五種活動（謝彥君，2010）。

（3）行為意向

　　在消費場域，行為意向指消費者對待或處理客觀事物的活動。表現為人們的願望、希望、謀慮等行為反應傾向，即行為的準備狀態。行為意向的概念來自於態度理論，態度主要由認知、情感及意圖三種要素所組成（Schiffman & Kanuk, 2001）。遊客行為意向的測量維度主要分為以下幾個情況，除了以重購意向和推薦意向兩個維度對行為意向進行測量外，還有支付更多、消費轉移、內部反應和外部反應等。由於行為意向不牽涉消費者實際行為，遊客未來是否會產生實際行為難以掌握，因此許多學者將重購意願與推薦意願作為行為意向的衡量維度。

2.感知－體驗－意象：表徵空間的生產機理

人類以其身體性與感覺性、感知與想像、思維與意識形態，通過他們的活動與實踐，進入彼此的關係之中。

（1）遊客、空間感知與空間體驗關係

遊客的表徵空間在空間的旅遊實踐中生產出來，即遊客通過「人－物」與「人－人」的旅遊主客互動中生產。首先，不同遊客的旅遊動機、社會屬性及旅遊特性對旅遊感知、旅遊體驗與旅遊意象有不同的影響，包括性別、家庭組成、職業、年齡、教育程度、居住地、月收入、旅遊資訊、旅遊同伴、旅遊次數等因素（劉瓊如、吳宗瓊與陳善珮，2012；王泓硯、王俊亮與謝彥君，2023）。遊客對符號意義的感知水平，即對潛伏在符號表像背後的深刻含義的理解程度，也是影響遊客體驗品質的一個因素（張冠群，2020）。

旅遊吸引物符號是體驗的感知對象，遊客通過旅遊凝視的方式觀賞景觀，「旅遊凝視」是遊客對旅遊符號的收集過程，充滿了權力的意涵，不只是遊客的視覺感知，更是旅遊體驗的實現途徑（李拉揚，2015）。除了在旅遊空間的「原生態」文化符號的感知與主客表演性互動增強遊客的旅遊體驗外（趙巧豔與曹哲，2021），遊客間互動的社會交往也會影響旅遊體驗，特別是遊客的參與感與滿意感（張琳等，2022）。新時代 VR 技術的虛實融合旅遊空間中，旅遊者對地方景觀和遺產價值的感知、現實展覽空間載體與科技與數字敘事協同交互的感知，獲得了現實身體共在和遠端虛擬在場的雙重沉浸體驗，進而影響遊客的行為意向（鄭春暉、溫雲波與王禕，2024）。

遊客旅遊前對傳統社區的虛構和地域文化的意義想像形成旅遊體驗。旅遊吸引物之所以能夠吸引人，不是因為人們見到它之後才被吸引，而是之前就對其產生了渴望（馬凌，2009）。例如西方社會傾向將西藏理想化為一個精神的烏托邦和遠離現代化的世外桃源（Lamas & Belk, 2011），想像成一個精神的、虛幻的、非人間的「香格里拉」（沈衛榮，2010）。但遊客對旅遊預期與在場的景觀感知差異，會影響他們不同的旅遊體驗（黃凌煉然、王磊與李昕，2024）。由此可見，遊客的社會經濟屬性影響空間感知與空間體驗，空間感知又對空間體驗有影響。

（2）空間體驗與空間意象、行為意向的關係

空間體驗的一個本質特性是意識的意向性（謝輝基與楊振之，2016），正向影響遊客行為意向（鄧鵬飛，2022）。另外，主客互動品質既能直接影響重購意向，又通過滿意度間接影響消費者的重購意向（甄苗與劉穎潔，2022）。

旅遊意象是旅遊者基於個體的認知和情感之上所構建的，在這個過程中，旅遊者會對目的地產生不同情感傾向，而這種情感傾向不同程度上影響旅遊者的重遊意願（彭丹與黃燕婷，2019）。甚至目的地品牌符號的象徵性意義也正向顯著影響到訪意向（沈雪瑞、李天元與臧德霞，2016）。例如遊客對於南京先鋒書店的「打卡」行為，是因為首先聽聞關於該書店的評價，被這些標誌資訊吸引而激發其旅遊動機，從而前去參觀遊覽（彭丹、王一竹與蔣海娟，2022）。

空間意象本身就是一個「心靈符號」（Peirce, 2014），隱含著一種意識形態的想像意義，通過影響遊客心境，進而對遊客行為

意向產生影響（劉靜艷與靖金靜，2015）。空間意象作為符號，解釋意義與意圖意義可能認同或不認同，會影響他們在空間裏的行為。解釋意義對遊客的行為產生影響，遊客可能認可歷史街區的旅遊生產，出現點讚、推薦與重遊等忠誠度行為；有可能不認可，於是放棄對旅遊空間生產的支持。總之，行為意向的認同與拒絕、接受與抵抗，對旅遊空間生產產生影響。正如 Lefebvre 的理論強調的，空間是未完成的，它被不斷地生產和再生產。

因此，旅遊體驗的積極情緒是遊客行為意願的誘發動機，顯著地影響遊客的行為意願，部分仲介了旅遊意象與遊客行為意願間的聯繫從而影響遊客行為意願（塗紅偉、熊琳英、黃逸敏與郭功星，2017）。

四、老街旅遊空間生產的實證研究設計

（一）研究假設與研究模型

1.研究假設

根據以上的文獻回顧及建構的基於符號學視角下的旅遊空間生產理論，提出以下研究假設及研究模型（圖 3-3）：

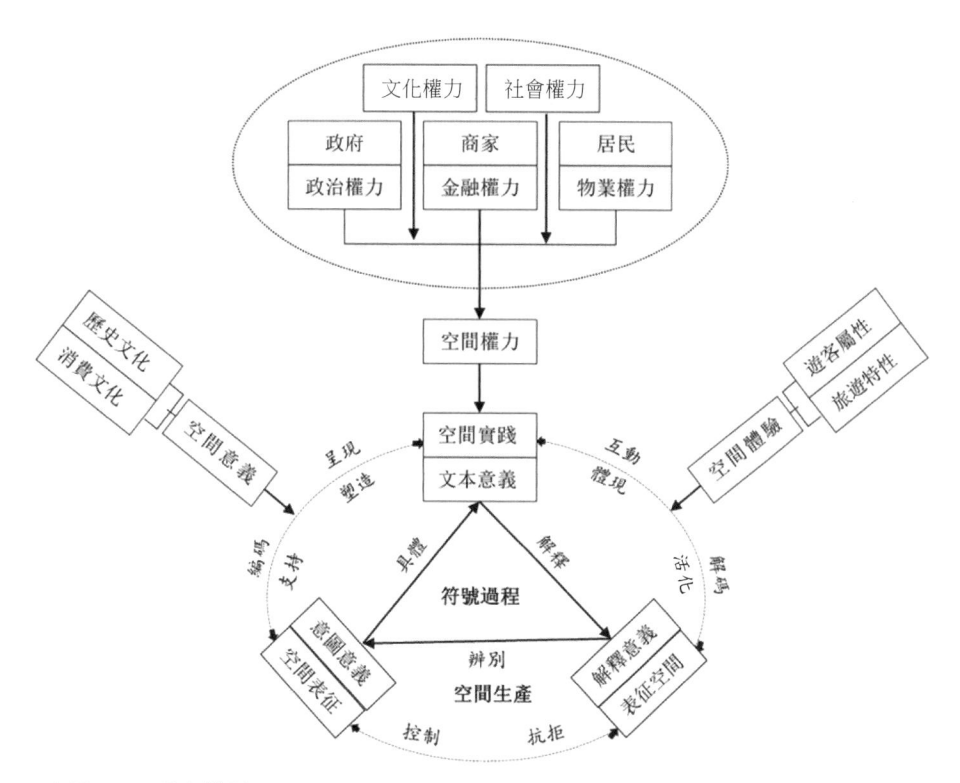

第三章 解構老街空間：空間意義、空間權力與旅遊空間生產

▲圖 3-3 研究模型。
資料來源：作者研究整理。

【假設 1】歷史傳統文化資源是歷史街區旅遊空間的核心符號，在旅遊需求市場的推動下，歷史文化意義對歷史街區空間的符號化，使村落從文化空間演變成為旅遊空間。

【假設 2】歷史街區的空間表徵、空間實踐與表徵空間的生產，實質上是空間符號的意圖意義、文本意義及解釋意義的符號表意過程。

【假設 3】政治權力、金融權力與物業權力的博弈是影響歷史街區旅遊空間生產的主要因素。社會權力與文化權力也影響了旅

遊空間的生產。

【假設 4】遊客是歷史街區旅遊空間生產的生產者之一，他們通過旅遊實踐生產了表徵空間。

【假設 5】歷史街區的表徵空間，遊客通過體驗產生的旅遊意象與行為意向的機制下參與了空間生產與再生產。

2.研究模型

研究模型包含以下因素與內容：

（1）旅遊空間：歷史傳統文化資源與旅遊需求的共同推動下，歷史街區從生活空間向文化旅遊空間轉化。

（2）供給方：利益相關者政府、商家與居民是政治權力、資本權力與物業權力的主體，他們作為供給方參與歷史街區旅遊空間的生產，亦即空間符號過程的空間意義的生產與傳播。

（3）消費者：遊客在旅遊空間內進行人－地、人－人的互動，通過感知與體驗，對空間意義進行解釋，從而產生空間意象，亦即表徵空間。由此出現認同或抵抗張力，從而影響他們的行為意向和對旅遊目的地的重遊需要。

（4）空間生產：作為一個符號空間的生產，空間表徵－空間實踐－表徵空間，其實就是意圖意義－文本意義－解釋意義的空間符號過程。

（二）研究範圍與研究對象

1.研究範圍

下壩坊屬東莞市萬江區西南面壩頭社區，位於東莞市西北部，萬

江區東南端，為萬江區、莞城區、南城區三區交界地帶。東經 23.03 度，北緯 113.74 度。東接南城區勝和江村，南鄰南城區賴屋、萬江區勝利趙屋村，西接萬江區曲海，北靠莞城區博廈魚洲，社區內貫穿了東莞城區的幾大主幹道路，包括東江大道、鴻福西路、運河西路、西四環路和港口大道，水陸交通甚為方便。屬於東莞市中央生態休閒區與東莞市中央商圈規劃範圍，現實中已經是東莞市區 CBD 的一部分。

下壩坊周邊地區隨著東莞市城市化發展被廣泛開發，現在舊村落因地理上有水道分隔和拆遷困難等因素得以存留，在 2009 年被納入東莞「三舊改造」的遷拆範圍。時至今日變成了集創意、設計、休閒、藝術於一體的休閒旅遊街區，被稱為東莞田子坊、東莞鼓浪嶼、東莞798。本研究將下壩坊這個已經進行旅遊開發的區域作為研究範圍。

▲圖 3-4 研究範圍-東莞下壩坊古村落（圖左方運河與池塘之間）。
資料來源：照片來自東莞政府官網。

2.研究對象

根據研究問題，以及力求客觀地驗證所建構的理論與觀點，確定研究的內容包括街區空間的空間實踐、空間表徵和表徵空間的生產過程及結果，涉及客觀物質與主觀意識，因此，研究對象是街區空間，包括屬於物理空間的人文景觀符號及空間生產主體，其中包括：

（1）下壩坊歷史街區旅遊空間供給方生產者：
① 下壩坊歷史街區內商家：餐飲、商店和工作室等經營者。
② 下壩坊本地居民：原居民，不包括出租屋外來人員。
③ 東莞市政府部門及下壩村委會相關負責人。
④ 政府顧問及規劃師：政府委託的開發策劃及景觀設計顧問；華南理工大學《萬江下壩歷史文化名村保護規劃方案》總規劃師。

（2）下壩坊歷史街區旅遊空間主要使用者：
到過下壩坊進行旅遊活動的遊客。

（3）下壩坊歷史街區旅遊空間景觀符號：
下壩坊旅遊空間的自然景觀符號、人文景觀符號和旅遊互動符號。

（三）研究架構與研究方法

1.研究架構

研究由兩部分組成：一是側重於旅遊空間供給方的生產過程與結果分析。主要是分析下壩坊空間表徵、空間實踐的過程與結果，藉以了解空間意義、空間權力與空間生產的關聯性。二是側重於空間生產

對於使用者的效果。分析表徵空間的生產機理，從遊客的角度了解空間表徵與空間實踐的結果，藉以解釋下壩坊旅遊空間生產的問題，研究內容的分述如下：

（1）下壩坊歷史街區旅遊空間表徵及空間實踐分析

這部分研究內容是關於供給方空間生產的過程與結果，以空間生產者政府、商家及居民作為研究對象，對下壩坊歷史街區空間演變做歷時性分析，通過空間生產的淵源、過程及結果的表述，了解空間意義對歷史街區空間演化的影響；生產者對空間意義的解釋及其空間表徵的意義，權力對空間表徵話語權的爭奪；政府、商家與居民在空間實踐中的權力博弈及其對歷史街區空間生產結果影響。空間表徵與空間實踐是生產者的能力與實作、互動與展演，主體在空間裏面的互動是一種態度和行為符號。因為意識形態及社會互動的研究受具體空間情境的影響，難以統一和普遍的量化變項予以衡量（王婧與吳承照，2014），故本節採取質性研究方法對資料進行收集和分析。

（2）下壩坊歷史街區遊客表徵空間生產機理分析

表徵空間是遊客體驗而形成的意象空間，以下壩坊遊客為研究對象，對遊客旅遊體驗及意象的議題，大多數學者使用量化方法去進行研究。故本文將通過遊客進行觀察與深度訪談收集資料，基於扎根理論歸納出各項變量的概念及衡量內容，然後進行問卷設計。透過問卷對遊客調查，並將收集的資料進行統計分析表徵空間的生產機理，主要分析遊客社經背景因素與空間感知、空間體驗對空間意象、行為意向的等不同層面變項的影響。目的是驗證變項中的相關性與各項假設，以認定空間實踐過程與結果

與現實中遊客評價是否一致，以了解遊客空間表徵對旅遊空間生產的影響。最後根據兩部分的研究發現提出研究結論與建議。

2.質性研究方法

質性研究中的田野研究可以身歷其境，探究事件情形而非事後重建，特別適合一些在自然情境中了解的行為與態度之研究，例如行為實踐、事件情節、會面互動、社會角色等。

（1）質性資料收集

在人文科學研究中，質性資料收集較多採用實地觀察與深度訪談的方式進行，本研究的對象涉及景觀空間、互動空間及空間演變，因而田野調查包括對景觀（自然景觀、街道建築等）、互動（生產活動、旅遊活動）、沿革（空間形態與結構）等內容，因而調查工作依具體的調查研究內容不同而分開進行。

對景觀空間與互動空間分別以實地勘查與深度訪談為主的方法來對下壩坊旅遊空間生產進行資料收集。

①實地勘查

實地勘查目的：圍繞本文的研究問題及目標，了解歷史街區空間沿革及演變的過程，作為旅遊空間生產分析之歷時性資料；了解歷史街區旅遊空間生產實踐中景觀空間生產的結果。

實地勘察設計：研究採取收集相關文獻史料、確定勘察內容、制定勘察計劃、進行觀察活動、記錄、整理和分析資料等步驟：

首先，相關文獻史料收集。收集歷史街區旅遊開發前、後的史料，特別是能作為顯示街區空間依據的歷史、事件等資

料。收集各時期地籍圖片，明示出街區整體形態的變遷情況。

　　其次，實地勘察內容。根據前章節旅遊空間感知分類的結論，實地勘察歷史街區的環境、街道、建築、設施與對象等空間形態項目。

　　再次，實地勘察計劃。作者從 2016 年 9 月至 12 月的 4 個月期間，在下壩坊街道、廣場等公共空間、商店、餐廳、工作坊等經營場所分兩個階段進行勘察。對研究對象進行拍照取證及現場手繪記錄，尤其針對歷史圖像以相接近的觀察地點進行拍照，取得 720 張照片。

　　最後，實地勘察活動。抽出曾經被租用、經改造的房屋、構築物及街景進行勘察。調查的目的不僅是要通過所獲多個單體房屋的詳細資訊，歸納提煉出街區特色，更重要的是了解這些建築形態形成的依據，用動態的視角審視和理清建築形態在空間生產中有沒有及發生什麼改變。除了 2016 年的長期觀察外，另外在 2019 年 6 月份，以及疫情後的 2023 年與 2024 年亦多次對下壩坊進行回訪。

　　資料整理與分析：依靠現場勘察和文獻查閱收集有關歷史街區的資料歸納為文字、照片、圖式語言這三種方式，根據調查研究內容不同獨立或相互結合起來運用。鑒於景觀空間符號的特點，主要採用照片對照法。對區域內經過改造改建的建構築物、街景風貌的不同時期的圖紙、照片進行比較研究，獲得旅遊空間生產實踐結果的資訊。對同一拍攝角度的照片勾畫出建築形態的改變進行對比，提供有用的解釋性和評價性，以便減少盲目臆測，使分析具有嚴密的科學性。

②深度訪談

　　訪談目的：圍繞著研究問題，了解生產者的生產意圖、對歷史街區旅遊空間符號的意義理解，在生產實踐中生產互動的地位、立場與權力博弈情況，商家與遊客在旅遊實踐的互動情況；了解遊客對歷史街區生產實踐結果感知、體驗的評價；了解遊客對旅遊實踐主客互動的文本符號的解釋意義及行為意向；也了解歷史街區旅遊空間沿革與演變，作為下一步質化分析與量化分析提供一手資料。

　　訪談形式：訪談初期先使用開放型的形式，讓受訪者暢所欲言，隨著訪談的深入轉向半開放型，對重點問題以及尚存疑問進行追問。於 2016 年 11 月至 2017 年 4 月底對政府人士、商家、居民和遊客進行一次性和多次性的訪談。後期在 2023 年 7 月底對前期的地點對駐留商家進行回訪。

　　訪談抽樣：選擇關鍵性的政府、商家和居民為訪談對象，對商家抽樣涵蓋各種業態。此外根據需要以滾雪球的抽樣方式，請求受訪者推薦訪問對象，對某問題或類型的訪談對象進行深入、細緻的追蹤訪問，使收集的資料達到資訊飽和。

表 3-1　生產者訪談對象一覽表

類別	對象	編號	性別	年齡	職業	時間	地點
政府	周先生	G01	男	41	政府工作人員	2017/2/3	辦公室
	詹先生	G02	男	45	下壩坊居委會工作人員	2017/2/26	辦公室
	李先生	G03	男	43	區政府規劃顧問	2017/2/26	辦公室
	郭先生	G05	男	52	華南理工大學教授規劃師	2017/3/1	酒店
居民	詹先生	R01	男	70	下壩坊原居民	2017/1/21	西廣場
	阿英	R02	女	45	下壩坊原居民	2016/12/30	西廣場
	詹先生	R04	女	40	下壩坊原居民	2017/2/12	村頭
商家	楊小姐	B01	女	36	「原本生活」工藝品店老闆	2016/11/14	商店
	莫先生	B02	男	31	「Wtwo coffee」咖啡店老闆	2017/1/22	咖啡店
	陳小姐	B03	女	26	「那些記憶」餐廳服務員	2017/1/23	餐吧
	盧女士	B04	女	47	「鈴香閣」老闆	2017/1/23	精品店
	梅先生	B05	男	38	「清花醉月」餐吧老闆	2017/3/3	餐吧
	柯先生	B06	男	28	「半朵悠蓮」咖啡廳服務員	2017/3/6	咖啡店
	張小姐	B07	女	32	「wanderlust」青年客棧老闆	2017/1/16	咖啡店
	阿東	B08	男	33	小吃攤販老闆	2017/3/27	大排檔
	唐先生	B09	男	55	藝術工作室老闆	2017/3/21	工作室
	李小姐	B10	女	30	旅行社導遊	2017/4/8	湖邊

資料來源：本研究整理。

表 3-2　遊客訪談對象一覽表

對象	編號	性別	年齡	常住地	職業	訪談時間	訪談地點
袁先生	V01	男	41	東莞	公司老闆	2016/11/22	餐吧
王女士	V02	女	46	廣州	外企經理	2016/12/30	餐吧
王太太	V03	女	31	澳門	小學教師	2017/1/22	西廣場
林先生	V04	男	35	東莞	公司職員	2017/1/22	村頭
莫先生	V05	男	33	東莞	設計師	2017/1/22	村頭
王先生	V06	男	35	廣州	公司職員	2017/1/22	河邊
曹女士	V07	女	51	香港	公司財務	2017/4/30	咖啡店
歐女士	V08	女	35	廣州	公司職員	2016/11/3	餐吧
吳先生	V09	男	45	河源	公務員	2016/12/30	河邊
段小姐	V10	女	26	東莞	大學生	2017/2/10	咖啡店
陳先生	V11	男	28	東莞	公司職員	2017/2/14	村頭
李先生	V12	男	26	惠州	三星廠工人	2017/3/3	廣場
張先生	V13	男	31	惠州	三星廠工人	2017/3/3	廣場
黃女士	V14	女	36	惠州	三星廠主管	2017/3/3	廣場
張小姐	V15	女	25	惠州	三星廠職員	2017/3/3	廣場
盧先生	V16	男	34	東莞	技術人士	2017/3/13	廣場
吳小姐	V17	女	28	東莞	公司文員	2017/3/13	餐吧
陳先生	V18	男	52	廣州	公司經理	2017/4/16	餐吧
林女士	V19	女	30	東莞	公司職員	2017/4/26	餐吧
羅婆婆	V20	女	70	深圳	退休人士	2017/4/26	廣場

資料來源：本研究整理

　　訪談對象如表 3-1、表 3-2 所示：其中歷史街區旅遊空間生產者 17 人，包括政府官員及規劃師 4 人，原居民 3 人及商家 10 人。下壩坊遊客 20 人，其中男女性分別為 10 人，各佔 50%。按照客源地分東

莞市 8 人，佔 40%，廣東珠三角 10 人，佔 50%，港澳地區佔 10%。遊客來源反映下壩坊是一個區域性的旅遊目的地。

訪談提綱：在訪談前，根據研究問題和目的設計訪談大綱作為訪談的框架，訪談有具體型、開放型和追問型三種方式。如表 3-3：

表 3-3　訪談問題範例

研究主題	開放型	具體型	追問型	資料來源
古鎮文化空間生產	用您的語言描述現在的鳳凰？想像中是個什麼樣的？	您居住時間多長了？鳳凰開發前後的樣子和差別？旅遊前是否知道這個地方？來鳳凰前後都參加過一些什麼活動？	現實與想像的鳳凰有哪些差別？您喜歡哪個鳳凰？	羅新星（2013）
鄉村旅遊主體價值意涵	請問西拉雅國家風景區有哪些特色是您考慮前來此地區遊玩？	這些特色屬性，您覺得哪些比較重要？	為何您會覺得這個屬性很重要？	呂文博、謝宗恒與歐聖榮（2015）
古城空間結構印象	請總體概括一下您對蘇州古城的印象。	請問你認為什麼是「蘇式生活」？	請描述一下您對蘇州古城空間結構的印象；歷史文化的印象；旅遊功能的印象。	周永博、程德年、胡昕與魏向東（2016）

資料來源：根據羅新星等學者資料編輯

作者參照羅新星（2013）、呂文博、謝宗恒與歐聖榮（2015）、周永博等（2016）等的做法，提出訪談提綱，對每個受訪者先以開放型問題發問，以免受到具體問題的影響而被導向，同時又以三種類型問題相結合的方式進行追問。詳見表 3-4：

表 3-4　訪談提綱

對象	地點	訪談問題（開放型、具體型和追問型）	訪談目的	論文研究問題
遊客	街道 廣場 經營 場所	1.你是怎麼知道下壩坊的？你是哪裡人？工作是什麼？平時生活壓力大嗎？你和誰一起來？來這裏旅遊的動機？ 2.請你談談下壩坊。 3.請你談談到這裏旅遊看到一些什麼景觀、設施？什麼最吸引你？有什麼感受？或者聯想起什麼？你拍照嗎？會拍一些什麼東西？ 4.你在這裏進行什麼活動？ (1)你知道這裏有些什麼經營場所嗎？覺得怎麼樣？ (2)假如受訪者參與消費，則覺得產品、價格、服務怎麼樣？價值怎麼樣？ (3)什麼因素吸引你來這裏消費？和外面同樣消費比，這裏有何不同？ 5.你在旅遊過程中和誰有過溝通嗎？假如有，你和對方互動怎麼樣？ 6.請你用一句話或一個詞概括下壩坊。 7.請談談下壩坊不足或不滿意的地方。 8.經過這次旅遊後，你以後對這個地方有什麼態度（重來與推薦）？	1.了解遊客社會屬性與旅遊特性； 2.開放式問題。了解遊客對下壩坊的感知與體驗； 3.了解遊客對下壩坊的景觀空間文本符號及意義的感知以及凝視行為； 4.了解遊客在旅遊活動行為與感知。 5.了解遊客的主客互動情況； 6.與 7.了解遊客的空間意象； 8.了解遊客的行為意向。	1.歷史街區空間生產的社會原因及影響； 3.遊客對生產實踐中景觀文本意義的感知及人景互動的意義； 4.與 5.遊客在旅遊實踐中主客互動的文本意義建構； 6.遊客的解釋意義及空間意象； 7.遊客空間感知與生產者實踐結果的差異； 8.遊客表徵空間的行為意向對旅遊空間生產的反應。
商家	經營 場所	1.你來這裏經營是怎麼想的？請你談談下壩坊歷史街區？ 2.歷史街區對經營或產品銷售有影響嗎？文化意義有何幫助？ 3.你覺得遊客為什麼到這裏旅遊？有什麼需求？有什麼活動？你認為你的客戶群是哪一類人？ 4.請你談談店鋪的佈局。為什麼這樣做？（擺設？座位？商品？）	1.2.3.了解商家的生產動機；對遊客需求、文化意義的解釋和意圖意義的內容； 4.與 5.了解商家空間規劃、改造、設置對遊	1.2.3.商家空間表徵的符號意義建構； 4.與 5.商家空間實踐的文本意義建構； 6.符號權力對空間生產的影響；

第三章 解構老街空間：空間意義、空間權力與旅遊空間生產

（續上頁表）

商家	經營場所	5.遊客有什麼反應與行為？你是怎麼和遊客互動的？ 6.你裝修或經營的過程中，與房東、居民和政府管理部門有些什麼互動嗎？如何互動？結果如何？ 7.遊客對你的產品經營有什麼評價？用什麼方式？你怎麼回應遊客的反饋？ 9.你覺得現在生意如何？和原先設想有什麼差異？你覺得遊客或者社會什麼舉動會對你的經營和下壩坊旅遊有影響？	客行為的影響及主客互動內容； 6.了解生產者的生產互動； 7.遊客遊後的反應及影響； 8.對空間再生產的設想。	7.遊客表徵空間的行為意向； 8.遊客表徵空間對空間生產與再生產的影響。
居民	街道廣場家裏	1.請你談談下壩坊以前、現在和未來？ 2.請你談談下壩坊旅遊開發中你最關注的事情是什麼？ 3.你認為什麼因素使房子租金升值？ 4.你贊成房屋由政府統一出租和管理嗎？為什麼？ 5.你們村民平時和遊客、商家與政府有什麼互動嗎？ 6.你認為下壩坊開發現狀好嗎？為何？	了解下壩坊的空間演變過程；居民的生產動機、生產構想、意義解釋以及在生產互動的行為與想法。	文化意義的作用，居民的空間表徵、空間實踐及其符號權力對空間生產符號意義的影響。
政府	辦公室	1.請你談談下壩坊旅遊開發的看法。 2.請談談政府對下壩坊的定位。為什麼這樣定位？ 3.請你談談政府在下壩坊旅遊開發所起的作用。 4.你覺得決定或影響下壩坊開發的因素是什麼？ 5.你們認為下壩坊的價值是什麼？你們如何利用這些價值？ 6.政府是如何對下壩坊進行規劃的？ 7.在下壩坊規劃、建設過程中與商家、居民如何互動？遇到什麼問題？	了解影響下壩坊旅遊空間生產的主要因素。政府的角色，下壩坊的定位、規劃，了解生產者在空間生產中的互動情況，了解政府對下壩坊空間再生產的想法。	政府在空間表徵的意圖意義，生產實踐的景觀文本意義建構，符號權力在空間生產中的博弈與影響，對遊客表徵空間的反應。

（續上頁表）

政府	辦公室	8.政府如何管理改造工程、公共環境？對下壩坊的違章建築如何管理？ 9.政府對下壩坊未來的改善措施有什麼設想？		
規劃師	辦公室	1.請你評價一下壩坊。 2.請你談談下壩坊的規劃設計情況。 3.誰委託你們做規劃的？規劃構思是怎樣進行的？政府、商家與居民在裏面有什麼要求？起了什麼作用？如何參與？ 4.你們在哪個階段介入規劃的？在規劃的時候有什麼限制？ 5.規劃在實施過程中有什麼困難嗎？你覺得現在下壩坊的現狀和規劃有什麼差異？ 6.最後，請你用一句話或者一個詞來形容下壩坊。	了解規劃師受政府委託、規劃的過程，對下壩坊的定位、目標與內容，規劃過程中與其他生產者的生產互動，以及對下壩坊的總體評價。	政府空間表徵意圖意義的生產以及在空間表徵時符號權力的博弈。

資料來源：作者參照羅新星（2013）、呂文博、謝宗恒與歐聖榮（2015）、周永博等（2016）的訪談問題範例整理。

(3) 質化資料整理與分析

①從資料到理論的過程

對收集的資料分準備階段、編碼階段、質性分析階段、整合四個步驟進行，而對資料整理與分析的文字化、概念化、命題化、圖表化與理論化五個步驟。

②資料整理

閱讀或重新整理訪談的紀錄、觀察筆記或其它文件；將錄音資料轉成文字稿等。從而檢查原始資料是否完整、準確，對多種資料來源進行相關檢驗。對資料通過以下幾個方面建立一

個編號系統：資料的類型如觀察、訪談與網路文本；資料提供者的姓名、性別與職業等；收集資料的時間、地點和情境；資料的排列序號如第幾次訪談等。

將所引用資料賦予編號，每個資料片段後面標明了資料的來源，如 G、R、B 及 V 分別代表政府、居民、商家及遊客受訪者，例如 G01-208 表示第 1 位政府人士訪談內容的第 2 點的第 8 段落。

③分析方法

參照扎根理論，首先進行編流水號、開放式編碼、關聯編碼、核心編碼等編碼工作。

有關編碼的來源，根據不同的研究問題與文獻回顧所掌握的資料，是半預建與開放式的，主編碼主要來自研究目的，而子編碼來自質性資料。例如對生產者的「空間權力」、「意圖意義」是預建的，而對權力與意義的內涵、種類是開放式的；對遊客空間感知及空間體驗進行的初步編碼，採用的則是完全開放型。對於編碼內涵，分類如下：場所、情境、事件、過程、活動、動作、互動、人際關係、意義、觀點、條件、策略、方法與結果。詳見第六章遊客表徵空間的編碼內容。

在資料分析過程中，由 3 位人士針對逐字稿之資料分別、獨立進行閱讀、判斷及進行編碼，並參考相關文獻的分析基礎，將編碼資料做分類與統計，每一步驟（開放性編碼、關聯編碼、核心編碼）由不同評核人之間歸類，以及同一評判人不同時間歸類測試，經檢驗結果發現前後二次評核間的相互同意度為 90%。期望能達成編碼者間的信度，關聯編碼時，發現有幾個編碼名稱「空間類別」、「空間特性」與「空間形態」等

區別，核心編碼有「空間環境」與「物質空間」等類別差異，經過談論研究後，再次調整開放式編碼分類，經過多次探討，一致確認最終的編碼。其他操作詳見以下內容分析及編碼內容。

（4）ROSTCM 6.0 內容分析

ROSTCM 6.0 軟體是一款基於內容分析法研製的實用性工具，以詞頻分析為基礎，功能可擴展到聚類分析、分類分析、情感分析、語義網路、社會網路等方面。于海燕，胡章鴻與孫婷（2020）、白冰與張茵（2021）、林佳楠等（2022）眾多學者利用 ROSTCM 6.0 軟體來研究遊客行為特徵、旅遊感知等做質性分析。本研究利用 ROSTCM 6.0 軟體中的詞頻分析（中文）、社會網路和語義網路分析對樣本內容進行處理。利用軟體的 Netdraw 工具，繪出高頻詞的語義網路分析圖，圖中每個高頻詞代表一個節點，節點間的數值越大，表明聯繫越緊密。

①樣本預處理

本研究所得質性資料約 12 萬字，其中深度訪談文檔 82,500 字，實地勘察札記 38,000 字。去掉訪談中無關研究主題的記錄、或跨越討論主題及範圍的論述，得到訪談文本 77,000 字。在進行內容分析之前，在不改變受訪者原意的原則下，對非結構化資料進行預處理：

將各個受訪者在開放式與具體式訪談中涉及到空間表徵及空間實踐（改造裝修、經營活動、主客互動）、表徵空間的遊客空間感知、體驗及意象等內容分置整理，分別歸納到的三個主題下。內容歸置由包括作者在內的 3 人分別進行，並對比文

本，對爭議部分協議以達致統一意見，使資料能全面、準確地進行詞頻統計及分析，反映關鍵要素之間的關係。

由於訪談中包含著很多口語化、個性化或不規範、常識錯誤的表達。為了保證數據完整、資料齊全，對其中某些名稱或代詞的指代進行明確，讓表達準確，語義清晰。如根據當時訪談的地點與情境，將「這裏」、「那裏」、「地方」明確為「下壩」、「景區」、「店鋪」、「內巷」、「外街」或其他空間；「他們」區分為「商家」、「政府」、「設計師」、「居民」或「居委會」；為便於詞頻分析，預處理後，將文本保存為 txt.格式。

②詞頻分析

採取多次分詞和詞頻分析的方法，完善自訂分詞詞典和過濾詞典，確保所獲高頻特徵詞的準確性。將要分析的文本分段編碼，通過一般性處理把所有行去掉英文和數字等字符。

首先，對文本進行第一次分詞和詞頻統計，排列出前 300 個字詞，允許輸出單字。根據結果對例如「搞」、「他」等單字和「東西」、「地方」等詞，則對照研究問題，返回訪談文本上下文對此類字符進行複核，判斷是否有必要明確區分其內涵。例如口頭語中常見的「東西」可能代表景觀、食物等，「他們」可能是商家、政府等，在必要的段落替換成實際的內容，更加能完整地反映受訪者意圖表達的意義。對「的」等無意義連詞、語氣詞、介詞歸入過濾詞典，將有效詞彙納入 ROSTCM6\user\目錄 user.txt 檔作自訂詞表。

其次，依與下壩坊相關的地名、旅遊資源、旅遊設施、遊客類別、主體行為、旅遊活動、特色飲食，將「下壩」、「建築」與「裝飾」、「清吧」與「餐吧」、「文青」、「遊客」與「客

人」、「管控」與「改建」、「遊覽」、「吃飯」與「喝飲料」等，「喝酒」、「拍照」、「觀賞」等構成要素添加到自訂詞表。

　　再次，為了保證軟體的有效識別以及分析結果的準確性，避免資料分散影響分析結果，在對文檔進行處理時，有必要將表示同一地名、景點、同義詞的字眼進行統一，建立同義詞、近義詞詞表。利用 TXT 文檔中的替換功能，對文檔進行再次處理。例如將「好看」、「漂亮」與「美麗」等俗語表述統一，將同意義或相近的詞語合併；將「幾好」與「很好」、「飲」與「喝」等粵語與國語不同的字眼但意思一致的詞合併。

　　最後，同時啟動自訂詞表及過濾詞表，對與分析內容無關的詞進行過濾，進行第二次分詞，從而保證輸出結果的有效性和精確度。設置只輸出文字長度>1，詞頻排名前 60-120 的名詞及其頻數，得到訪談文本中有關空間表徵、空間實踐與遊客表徵空間的高頻詞表。

③社會網路與語義網路分析

　　通過運用 ROSTCM 6 軟體對訪談文本的高頻名詞和動詞進行統計，可以提煉出不同的生產者共同的關注核心以及行為意向。為了探索這些詞語之間的相互關係，通過 ROSTCM6 軟體語義網路對內容進行的描述性、網路性表達與呈現。語義網路可以將人們所表達的自然語言通過電腦的轉化、處理，以一種直觀的、網路化的形式表達出來。選取了自動詞頻排名前的高頻詞進行分析，構建語義網路。利用軟體的 Netdraw 工具，繪出高頻詞的語義網路分析圖。本文根據研究需要，僅按照旅遊空間表徵、空間實踐及表徵空間三大維度從中析出若干語義路徑，作為研究的關鍵資料來源。

3.量化研究方法

在以質化研究方法探討遊客表徵空間與生產者空間生產關係後，再以量化研究方法，通過問卷調查及 SPSS 24.0 與 AMOS 21.0 軟體對數據進行統計與路徑分析，探討表徵空間的生產機制，根據研究結果驗證相關假設而揭示歷史街區旅遊空間生產問題的原因。

（1）研究框架與問卷生成

①變量測量

參考專家對空間感知、空間體驗、空間意象及行為意向的觀點，得出變量的概念定義與衡量內容，最後基於本章的編碼分析所得的資料，初步獲得 105 個影響遊客對歷史街區表徵空間生產機制的題項。經過 2 位規劃及旅遊專家以及 5 位到訪下壩坊的遊客對題項內容有效性的評估回饋，刪除或合併 4 個題項後，形成 101 個測量題項。

②初始問卷生成

問卷設計採用封閉式問卷的結構，以不署名方式進行調查。問卷設計採用五點李克特尺度（Likert scale）作為測量受訪遊客對空間感知、空間體驗、空間意象及行為意向的工具，回答選項分為「非常認同」、「認同」、「普通」、「不認同」和「非常不認同」五項，依序分別給予 5、4、3、2、1 分數值標記。每題選項均個別計分，由受訪者對該項問題的感受自行勾選一個答案。

在進行正式的問卷調查之前，對量表進行了預測試。預測試於 2017 年 5 月初，採用便利抽樣調查方式，在下壩坊發放 60 份問卷，回收有效問卷 57 份，回收有效率為 90%。並用

SPSS 24.0 分析軟體對有效問卷進行探索性分析，通過比較刪除項目後 Cronbach's α 值以及因子分析，空間感知量表刪除題項 5 個，空間體驗與空間意象分別量表刪除題項 2 個，行為意向量表保留全部題項，最後確定最終問卷。

（2）抽樣方法及正式調查

基於人、物力的限制，難以採用可以詳細描述母體全貌的抽樣方法，本研究以方便抽樣方式進行收集樣本。考慮到樣本的大小必須的準確度、可信度等因素 95% 的信度水平，假設誤差不大於 5%（e<0.05）的條件計算其樣本數。

本次問卷調查過程前後共持續一個半月時間，從 2017 年 3 月 8 日至 5 月 12 日分四次進行，包括工作日兩次、週末一次及五一黃金周一次。每次派出兩組人協助在東莞下壩坊歷史街區內南廣場、北廣場進行，對願意接受學術性調查的遊客進行問卷調查。本次問卷調查共發放問卷 450 份，回收 418 份，回收率達 92.9%；其中有效問卷 391 份，有效率達 86.9%。

（3）分析方法

研究重點之一是探索遊客表徵空間的要素之間的影響關係，主要以 SPSS 24.0 為分析工具，同時也通過 AMOS 21.0 對空間體驗、空間意象與行為意向因果路徑進行驗證。

描述性統計分析：通過描述性統計分析，以均數與頻數等分析結果，了解遊客特徵、空間感知、空間體驗、空間意象及行為意向等樣本分佈的情況。

相關分析：採用此方法分析旅遊空間感知、空間體驗、空間意象及行為意向各個變量的相關性。

路徑分析：通過 AMOS 21.0 對空間體驗、空間意象與行為意向因果路徑進行驗證，判斷導致因變量變化的因素影響力的大小和方向，檢驗初始模型之假設。

多元回歸分析：因為在相關分析後並不能確定影響作用的不同程度，通過多元回歸分析以多個自變量的最優組合建立回歸方程來預測因變數的相關聯程度。

第四章
老街旅遊空間表徵：
空間意義差異與話語權失衡

一、老街旅遊空間表徵的實證分析

（一）詞頻分析

通過 ROSTCM6 文本分析軟體，對評政府、商家及居民關於空間表徵深度訪談的綜合文本進行分析。得出前 60 個高頻詞如表 4-1：

表 4-1　空間表徵高頻詞排序

排序	高頻詞	頻次	排序	高頻詞	頻次	排序	高頻詞	頻次
1	文化	114	21	舊	36	41	協調	21
2	下壩	95	22	設施	35	42	意識	20
3	規劃	92	23	傳統	35	43	原則	20
4	房屋	89	24	氛圍	33	44	咖啡	20
5	經營	78	25	遊客	33	45	景區	19
6	政府	67	26	設計	33	46	吸引	19
7	保護	62	27	景觀	33	47	朋友	19
8	租賃	60	28	租金	31	48	嶺南	19
9	歷史	57	29	商業	30	49	榕樹	19

（續上頁表）

10	居民	52	30	盈利	29	50	資源	19
11	街區	51	31	酒吧	28	51	產業	19
12	空間	46	32	休閒	28	52	旅遊	18
13	發展	46	33	活化	27	53	現代	18
14	管控	44	34	店鋪	26	54	位置	17
15	村落	42	35	居委會	25	55	公共	17
16	開發	40	36	特色	25	56	文藝	17
17	改造	39	37	元素	23	57	早期	16
18	環境	38	38	文人	23	58	工作室	15
19	需求	38	39	模式	22	59	資金	14
20	商家	36	40	目標	21	60	創意	13

資料來源：研究者根據ROSTCM6詞頻分析結果整理

　　根據以上高頻詞的頻數差，可以劃分幾個不同級別的高頻詞，其中可見在歷史街區空間供應方的主要生產者訪談資料中，「文化、下壩、規劃與房屋」是出現最多次數的關鍵詞，而且與下個詞頻數出現較大差距。「下壩」不只是簡單地表示一個地方的名字，而是代表一個社會空間，一個歷時性與共時性的空間，包括下壩村的村落地理景觀符號與人文景觀符號、傳統文化與現代的消費文化符號。在這個自下而上生產模式的語境下，規劃除了 Lefebvre 與很多學者所言的政府及其代理人外，還包括了文化商人對自己店鋪建築造型、外立面與室內經營場所的設計活動，也可以是針對生產者個體的「構想空間」而言。作為資源，「文化」與「房屋」顯然是影響下壩坊旅遊空間表徵的最重要因素。根據以上表格，本文基於詞的意涵及所指對象、範疇，將所有關鍵詞屬類歸納分為三類：文化、空間、主體。

1. 文化

文人、文化、舊、傳統、嶺南、村落、歷史、現代、創意、元素、設計、特色、文藝、氛圍。

2. 空間

下壩、街區、資源、環境、景區、景觀、位置、開始、自發、形成、活化、改變。

3. 主體：改造、利用、盈利

（1）居民：房屋、租金、租賃、意識；
（2）商家：早期、工作室、資金、商業、酒吧、咖啡、店鋪、經營；
（3）政府：居委會、公共、配套、設施、產業、目標、整體、保護、管控、協調、原則、發展、開發、模式；
（4）遊客：需求、吸引、休閒、旅遊。

從以上分類可以發現同一類別的詞之間存在著內在的聯繫，可以概況出該類別行為的全貌特徵。例如「文化」類別，包涵了文化主體及其行為、文化類別、文化風格、文化活動的過程與結果，對後面的分析提供了啟發性與邏輯性的線索。

（二）社會網絡與語義網絡分析

通過 ROSTCM6 軟體的 Netdraw 繪製語義網絡對文本內容進行的描述性、網路性表達與呈現。按詞義範疇以不同顏色標示，圖 4-1 中每個高頻詞代表一個節點，節點間的數值越大，表明聯繫越緊密。

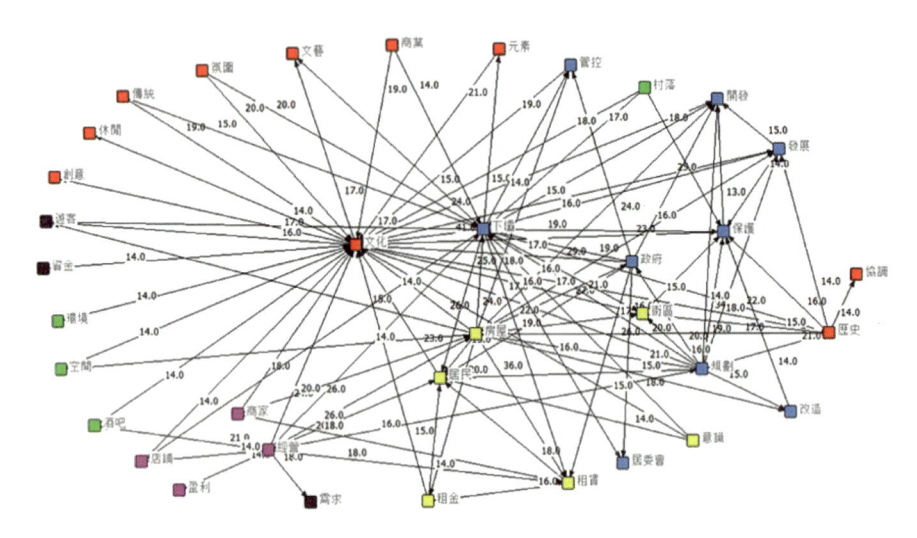

↑圖 4-1　空間表徵－社會網絡與語義網絡分析圖。
資料來源：研究者根據 ROSTCM6 語義網絡分析結果整理。

通過圖 4-1 模型可以看出「文化、下壩、房屋」等高頻詞成為社會網絡與語義網絡分析圖中聯繫的樞紐。說明下壩坊成為旅遊空間的重要資源是建築景觀與文化景觀，是主要的旅遊吸引物。充分反映下壩坊旅遊空間與文化、房屋之間的關係，一方面房屋是下壩坊文化符號的載體，另一方面文化意義將下壩坊房屋符號化。同時，與這幾個關鍵詞聯繫密切的是另外次級重要的詞「居民、政府、規劃、經營」。反映了這些空間生產主體在空間表徵生產中的重要地位與作用。

通過語義網絡分析模型的 Ego Networks 功能點取或與研究問題與目的最相關的關鍵詞，得出該詞與其他關鍵詞之間的關係。

1.歷史街區空間意義是文化意義

（1）文化的相關因素

　　點擊「文化」關鍵詞發現，文化的類別及形態包括「傳統」

「歷史」與「文藝」「創意」「元素」；文化符號的載體包括「下壩」的「村落」「環境」與「房屋」「店鋪」與「酒吧」，充滿「休閒」「氛圍」；「文化」對下壩的「保護」、「開發」與「發展」起到關鍵作用（圖 4-2）。

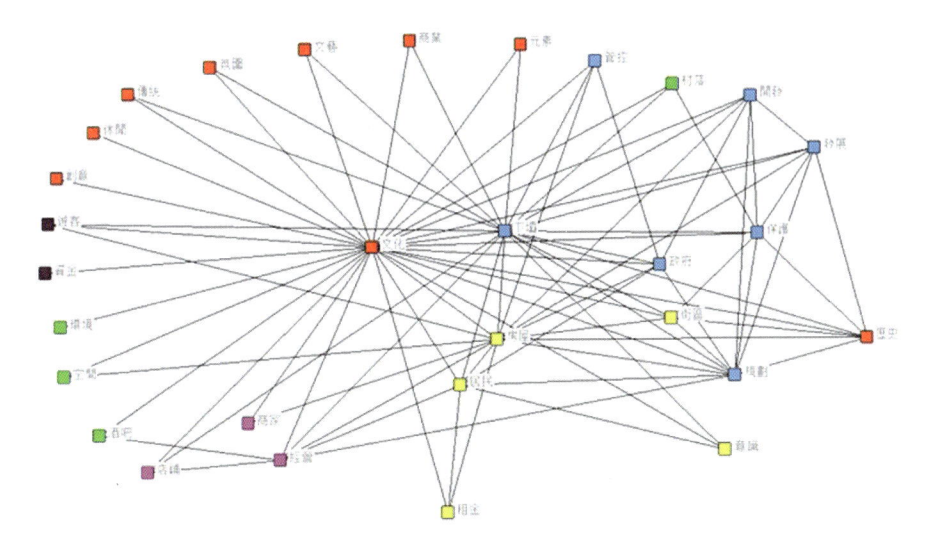

↑圖 4-2　文化表徵－社會網絡與語義網絡分析圖。
資料來源：研究者根據 ROSTCM6 語義網絡分析結果整理。

（2）文化與生產者及其活動的關係

考察生產主體，商家利用房屋、進行店鋪、酒吧的經營及其與文化空間的關係；文化對居民的房屋租金、租賃有關聯，意味著文化意義符號化居民的房屋對租金產生影響；文化與政府空間表徵關係密切，政府在通過規劃與管控的手段，處理下壩坊的開發與歷史文化保護等相關問題。遊客關注的是下壩的房屋與文化，體現下壩坊人文景觀空間符號對遊客具有最大的吸引力。

（3）文化符號的相關因素

涉及文化元素的類別、涉及的主體、表意的過程以及結果的關鍵詞，與下壩坊的原生社會空間的關鍵詞數量及聯繫比對，發現文化創作活動，文化符號意義的植入，對於下壩坊旅遊空間生產至關重要。

2.下壩坊空間表徵的相關要素

點擊「下壩」，發現文化意義生產是下壩空間表徵的主題；下壩既是遊客的旅遊目的地，又是居民、政府和商家對旅遊空間表徵各自操演的場域，各種經濟、政治與社會資本在這裏交織互動（圖4-3）。

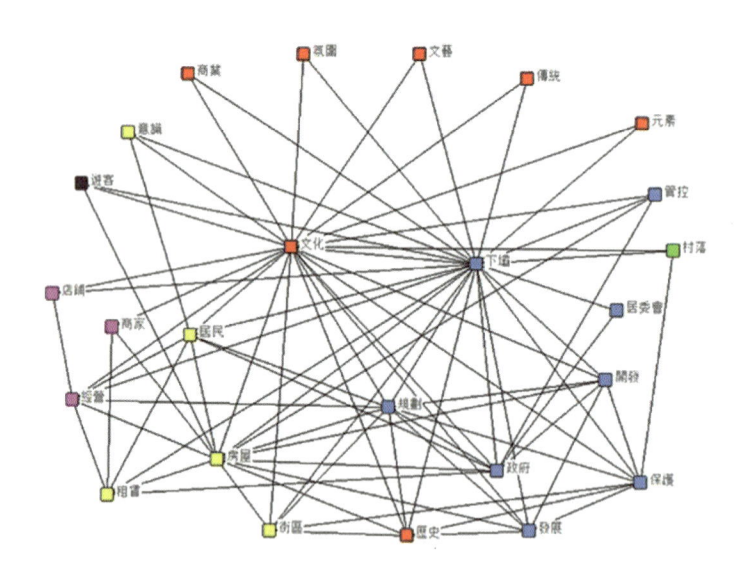

▲圖4-3 下壩表徵－社會網絡及語義網絡分析圖。
資料來源：作者根據ROSTCM6語義EGO分析結果整理。

3. 物業權對下壩的空間表徵有著重要的影響

房屋建築（圖 4-4）被賦予下壩坊歷史文化的符號意義，成為遊客觀光的旅遊資源；也是居民獲得租金收入的主要經濟來源，是產生物業權力的物質基礎。商家通過向居民租賃房屋進行經營，他們在房屋改造的工程中，受到政府的政治權力通過規劃、管控等手段的制約。從圖中也發現居委會角色的缺位，這表明這個基層村政府處於上級政治權力、居民物業權力與商家的金融權力博弈中，缺乏或者故意放棄話語權。

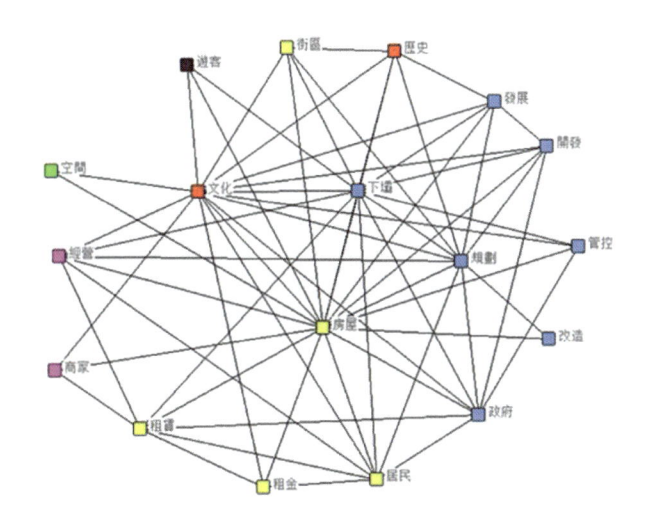

↑圖 4-4　房屋表徵－社會網絡及語義網絡分析圖。
資料來源：作者根據 ROSTCM6 語義 EGO 分析結果整理。

4. 空間表徵中生產者的相互關係

（1）點擊「政府」

政府是政治權力的實施主體，包括市、區政府與社區居委會

（村委會），具有直接參與旅遊開發、或者通過規劃影響下壩坊的開發，而規劃作為法律手段能夠使政府通過對房屋的改造進行管控，甚至通過對房屋的統一租賃來管控歷史街區的開發。從中可知政府空間表徵與居民及房屋的產權之間存在著相當密切的關係。在社會網絡及語義網絡分析圖中沒見到商家的關鍵詞，可見從街區宏觀角度而言，商家的影響力對於下壩坊旅遊空間生產的空間表徵無關緊要，商家在其中的矛盾不是最主要的（圖4-5）。

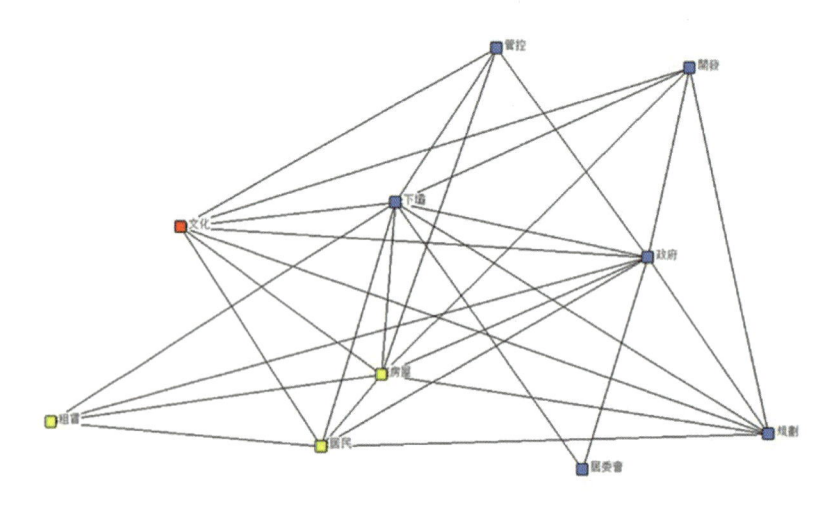

↑圖4-5 政府表徵－社會網絡及語義網絡分析圖。
資料來源：作者根據ROSTCM6語義EGO分析結果整理。

（2）點擊「居民」

發現居民除了對政府的規劃政策外，最重要的還是對房屋及其租賃情況的關注，商家經營狀況和他們的租賃也有關，因為關涉到他們的租金收益。文化與房屋、租金聯繫在一起，說明文化意義符號化影響到租金的價值。對於居民，下壩的文化意識，應

該是宗族意識使他們形成牢固的社會網絡而產生社會權力,在空間表徵的話語權博弈中影響到外部權力的作用(圖 4-6)。

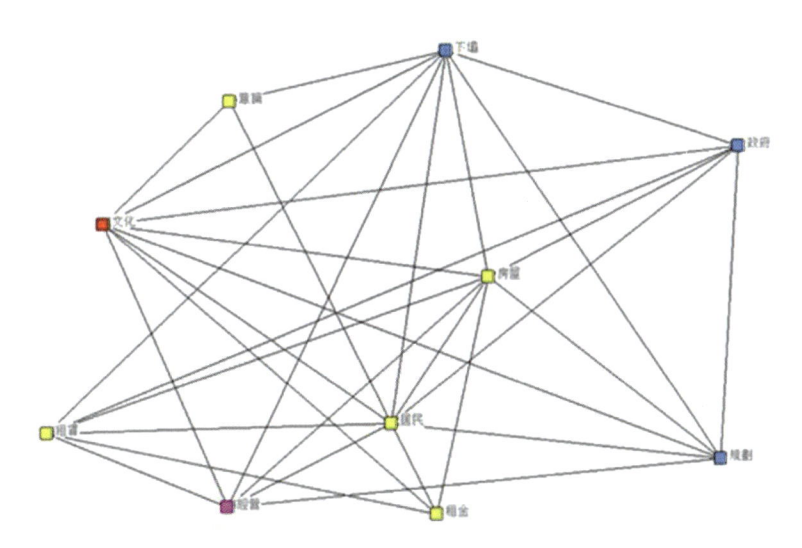

▲圖 4-6 居民表徵－社會網絡及語義網絡分析圖。
資料來源:作者根據 ROSTCM6 語義 EGO 分析結果整理。

(3)點擊「經營」(圖 4-7)

　　考察關鍵詞可得知商家在下壩坊的經營目的、經營方式與經營業態。基於旅遊市場需求,商家結合文化意義將產品符號化以獲取更高的符號價值。商家希望獲得更多的盈利,於是酒吧成為下壩坊主要的經營業種。規劃與經營也有聯繫,可見政府也想干涉下壩坊的經營業態問題,但與居民的房屋物業權與租賃權相關,反映了政治權力與經濟權力在空間表徵話語權上的角力。

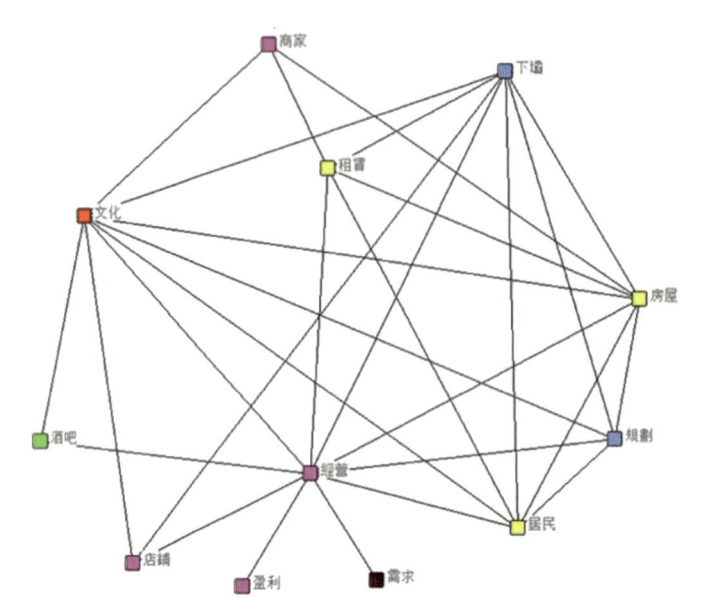

▲圖 4-7　商家表徵－社會網絡及語義網絡分析圖。
資料來源：作者根據 ROSTCM6 語義 EGO 分析結果整理。

根據以上 ROSTCM6 社會網絡與語義網絡分析模型，結合所有高頻詞分析，得到關於旅遊空間表徵的以下論點或假設：

下壩坊原生村落文化符號與現代消費文化符號相結合，形成歷史街區符號空間，這個歷史街區的文化意義將下壩坊符號化過程是空間表徵。生產者空間表徵的意圖意義，是利用文化意義符號化令土地、房屋、產品增加的符號附加值以達到某些利益目的。居民追求的是物業增值及穩定的租金收入，商家意圖是在經營中獲取更多附加的利潤，而政府則著重實現經濟、社會文化發展的戰略目的。

以下通過敘事分析的方法，將對 ROSTCM6 內容分析得出的觀點置於本文實地觀察及深度訪談的情境中，主要是由受訪者所言作為證據進行論證。雖然學界通常以為 Lefebvre 空間表徵只屬政府或規劃師

的空間，但在「自下而上」模式的歷史街區開發模式中，決不能忽視商家與居民的空間表徵。因而在論證的過程中，除了政府官員與規劃師的規劃資料作為佐證外，同時也結合了居民與商家的資料並加以分析，希望能夠真實地探索關於歷史街區旅遊空間表徵生產的過程及結果。

二、老街空間意義的構建：原生空間－文化空間－旅遊空間

（一）原生空間：村落文化符號意義

未為成為歷史文化旅遊街區之前，下壩坊原來是一條城中村，直至現在還是壩頭村行政管轄的一部分，開發前的下壩坊呈現的是中國傳統村落的空間形態。傳統村落蘊含著豐富文化景觀和歷史資訊，兼具物質文化遺產和非物質文化遺產屬性。傳統村落建築風格獨特，在占地規模、周邊環境、造型結構、材料、裝飾上具有完整性和美學價值（王瑧凡，2023）。

1.歷史文化符號及其意義

從「東莞檔案信息網」及《東莞縣志要錄》了解到，於明代立村的下壩村是一個以詹姓為主的宗族聚居村落。該村核心區下壩坊常住原住民約 2000 人，根據族譜記載，詹姓人為明太祖時期由江西省饒州府鄱陽縣遷徙而來。「顯太祖詹公天賜，賜知縣職，歷任數年期滿遂離餘擇東莞壩頭定居。詹天賜深諳持家有道、教子有方，嫡子詹勖及嫡孫陽復均名題金榜」，有「門出父子公孫三代同堂皆進士」之芳名，

且祖孫四人先後皆恩賜東莞縣知縣一職。史書記載「明洪武七年（西元1374年），朱元璋嚴令貢珠，東莞知縣詹勖上書陳訴珠產已竭，皇帝下令「寶安地域免采」。至於詹勖本人，「洪武三年庚戌首科進士。平賊寇有功，御賜『奉旨崇祀邑名臣』金匾一方，名入鄉賢名宦祠」。這些歷史不只是口語相傳，還是有文字檔案記錄且篆刻在下壩村的祠堂內的石碑上，這些實物載體成為下壩坊深厚的歷史文化符號，表徵這個空間的歷時性的文化意義，有點「村出名門」的意涵。在中國農村，人的出身地及背景作為一個符號，具備符號權力，有時會影響其社會角色扮演及網絡位置選擇。

下壩村的嶺南傳統民俗文化氛圍濃郁，主要的民俗活動有春節前後的尾牙、大年三十賣懶、吃湯丸、結燈、點花燈。尾牙指商人通過祭拜土地公來祈求生意興隆、財運亨通，也是普通百姓春節活動的「先聲」，具有辭舊迎新、承上啟下的民俗作用。「賣懶」的民俗流行於廣東地區，特別是東莞。這一習俗讓孩子拿著雞蛋走出門口，將雞蛋上的香拔出來放到地上，並唱著「賣懶、賣懶，賣到年三十晚，人懶我唔懶」，然後將雞蛋吃掉，象徵著把懶惰賣掉，祈望新的一年裏勤奮向上、不斷進取。吃湯丸的習俗體現了人們對家庭團聚和和諧生活的期望。在正月期間，東莞有「開燈」的習俗，凡去年所生的男孩，必須在祖先及神前點一紙燈，稱為「開燈」。這一習俗不僅是對新生命的慶祝，也是對家族繁榮和延續的祈願。元宵節期間，人們通過掛花燈來驅散黑暗，象徵著光明和希望，體現了人們對美好生活的嚮往和對未來的美好祝願。

三月初四的張王爺誕，還有清明、重陽的祭墳、祭祖，及七月初七拜七姐等婚禮、喪葬、添丁的嶺南傳統民俗，在下壩村一直傳承沿襲。張王爺被尊稱為護佑家庭安寧、驅邪避祟之神。人們通過舉辦各

種形式的包括舞獅、敲鑼打鼓等廟會活動，以表達對對神明的崇拜，也反映了人們對家庭安寧、健康和幸福的祈願。七月初七拜七姐是七夕節的一項重要習俗，主要流行於女性群體中。它包括了一系列的傳統儀式和活動。例如，女性們會在月光下擺設桌子，上面放置茶、酒、水果、五子（桂圓、紅棗、榛子、花生、瓜子）等祭品，以及鮮花和香爐，然後進行焚香禮拜，默念心願，祈求智慧和巧藝，以及美好的姻緣，希望得到織女神的庇護和賜福。同時，這些活動也是女性之間社交和娛樂的一種方式。

賽龍舟是水鄉下壩坊的重要民俗活動，已經有近六百年歷史。東莞龍舟月，是東莞影響面最廣、參加人數最多的傳統文化活動。從每年的農曆五月初一開始，東莞就開始為期一個月的龍舟競渡。明末清初廣東著名學者屈大均《廣東新語》卷十八記載：「鄉人為龍舟之會，觀者畫船雲合，首尾相銜，士女如山，乘潮下上，日已暮而未散⋯⋯競渡則驚濤湧起，雷雨交馳。舟去而水痕久不能合。斯亦遊觀之至侈者。廣中龍船，惟東莞最盛。自五月朔至晦，鄉鄉有之。」清代詩人羅瑞球描述為「朱旗畫楫蔽江下，潮走萬江飛水馬」。又據民國《東莞縣誌》記載：「五月朔（初一），飲菖蒲雄黃酒，以辟不祥。食角黍，為龍舟競渡。至五日，會者益眾。以節物薦於家祠。自朔至望，競渡最盛，龍舟長至十餘丈。中為錦亭，畫船雲集，首尾相銜，乘潮下上。日暮管弦未歇，鼓鎮內為巨觀。」

賽龍舟現在成為下壩村所在的轄區萬江的文化藝術節活動之一，被認定為省級和國家級「非物質文化遺產保護項目」，被譽為「東莞龍舟第一景」，有詩歌云「五月初一龍抬頭，萬江河上賽龍舟」。萬江包括下壩人即以此為榮，保持至今，定為傳統日（圖4-8）。賽龍舟前會舉行各種祭祀、紀念之儀式，一般都是點香燭，燒紙錢，供以雞、米、

肉、供果、粽子等。在過去，人們祭祀時氣氛很嚴肅，多祈求農業豐收、風調雨順、去邪祟、攘災異、事事如意，也保佑划船平安。這些習俗都表達人們內心良好的願望，更多時候或者是「求個吉利」。

下壩村龍舟平時的存放方式　　　　下壩村的民間信仰

↑圖4-8　下壩村的民俗文化。
資料來源：作者拍攝整理。

概而論之，如果說族譜的尋根索源意味著社會角色認同，那麼各種節日的拜祭儀式符號意味著命理運氣的文化傳承，尾牙、湯圓與賽龍舟等符號則體現了家庭與鄰里關係維繫和團結合作的精神。這些歷史文化符號反映人們對健康平安的期盼、對美好生活的嚮往、樸素的審美情趣和傳統的價值觀，體現出深厚的中國農村人情至上及安天樂命的社會意義。當這些長年累月的習俗形成了社會慣習，最終鑄成村落的社會資本，具有很大影響的社會權力。

2.建築景觀符號及其意義

下壩村民居建築聚落呈帶狀分佈，巷道格局是由六條橫路與十三條縱路交織而成的梳式佈局（圖4-9）。所謂梳式佈局或平面網格佈

局，是指整個村落的空間結構形式。不同寬度的巷子縱橫交錯，民宅佈置在巷子兩側，一個院落套一個院落。這種佈局方式主要集中在廣府地區，是廣東省平原地區農村最典型的村落佈局形式。

　　Lefebvre（1991）認為社會空間的分析方法論，應當服從於形式（form）、功能（function）與結構（structure）的分析，其中每一種方法提供一種符號或工具。這三個概念不可能單獨存在，是通過某個物質領域而被給定的，該領域把它們聯為一體，又同時保持各自的區別，以下依據這個方法分析下壩坊民居群。

　　廣府傳統村落的梳式總體規劃的主要功能（function），不僅有助於自然光的照射，還有利於空氣流通，保持居住環境的涼爽和舒適。有效地防止了潮濕和過度曝曬，為居民提供了舒適的生活環境。廣府梳式佈局的村落一般坐北朝南，順坡而建，前低後高，周圍有廣闊的田野，夏天涼風從村前的田野吹來，西面和北面圍有樹林。東面、西面和北面圍有樹和大面積的魚塘，東南風通過巷道和三合院天井進入房屋，冬天寒風則被後山阻擋。但是下壩村的民居建築是坐西朝東，順著河流而建。這不一定是地理原因，據筆者調查，在東莞很多村落的朝向並非完全是受地形地貌條件所限制，特別是珠三角的平原地區，沒有山巒地貌，建築朝向更多是因為先祖或氏族的四柱八字和風水命理等因素結合起來而定。好像東莞石碣鎮桔州村的民居，一般都是坐東朝西，這些慣習就是農村傳統文化的表徵。

　　下壩村的總體空間肌理，建築規劃的空間結構（structure）為「六橫十三縱」（圖4-9）。「六橫」代表著南北走向的六條橫巷，所有房屋的入口都在橫巷上坐西朝東，寓意紫氣東來。「十三縱」指原有的十三條東西走向的縱街，是主要的人流交通道路，較橫巷寬，兩邊是房屋的山牆面。整體佈局規整，建築群緊密相連，建築平面大多數是三

合院式，建築像梳子一樣南北向排列成行，古時稱為「火巷」，一個院落套一個院落，兩列建築之間的小巷稱為「里」，一個院落套一個成行，寬 1.2 米~2 米。每列建築橫向並列為兩家，大門開在側面，大門外是巷道。這種緊密排列的結構，是適應單純居住的功能。因此，與後期下壩坊開發時的商業活動就存在著極大的矛盾，後面章節談論到的事實也證明了這點。

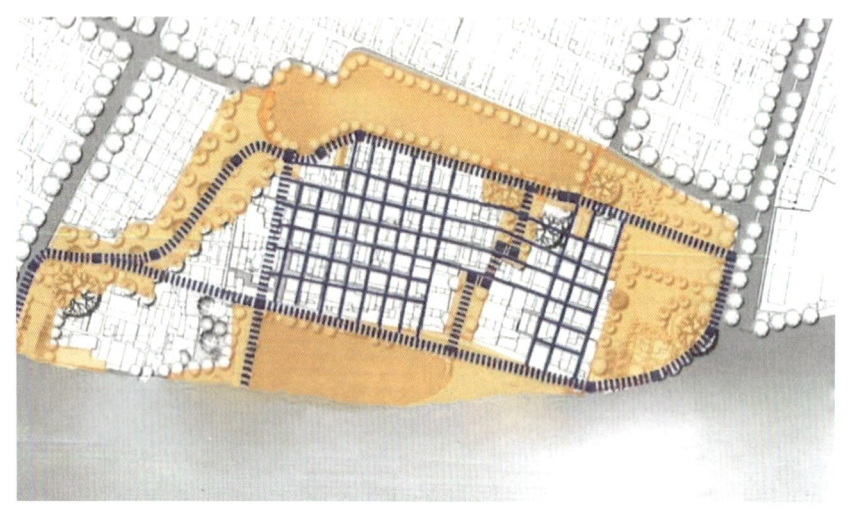

↑圖 4-9　下壩村的總體規劃的空間結構。
資料來源：作者整理繪製

所有的房子都是紅磚灰瓦的磚混結構，一到兩層高。建築造型幾乎雷同，除了受到當時人們的審美觀影響外，包含和光同塵之意，低調樸實確實是東莞農民的特性（圖 4-10）。下壩坊的建築群前是一塊小空地，以前作曬穀之用，稱為禾坪。坪前挖土成塘，呈不規則長圓形，雨水、污水排入水塘。水塘可以養魚，水塘裏的水又可作為消防用水，旱季還可用於灌溉農田。

第四章　老街旅遊空間表徵：空間意義差異與話語權失衡

下壩坊．2016.12.11

▲圖 4-10　下壩坊保留的民居建築。
資料來源：作者現場寫生。

　　廣府梳式規劃結構（structure）適應著功能（function）需要。除了以上所說的對地理自然環境條件的適應外，民居縱橫排列的建築形式（form）形成了一種符號，再現了「守望相助」的空間符號意義。四周都是廣表的水稻田野，一堆民居建築緊緊擠在一起，這種聚落形式符號象徵著團結精神。這種佈局使得居民可以相互照應，增強了社區的安全感和歸屬感。例如，橫向的每戶民居兩側的門打開可以一目貫通，小至孩子的照看，大至防禦盜賊入屋，都可以很方便地互相照應。房子間隔得比較近，基本上是村落的傳統房子。然後從這些巷子經過的時候，人會產生很多聯想，這是村莊，是胡同，是密集民居，是村民之間的鄉情（V02-505）。可以想像，一個陌生人走在 1.2 米~2 米寬的小巷內，就算巷子前後沒有竄出幾條狂吠的狗，身處這種修長狹窄的空間尺度，已經足以承受滿滿的心理壓迫感，這就是空間形式上的符號權力的作用。

　　下壩村小巷裏所有的民居建築都是前門對著前排的後牆，而且和

前面房屋的小後門都是錯開的。這種建築設計概念，是遵從風水的規則，避免了「門沖」引起的家庭、鄰里的口舌與其他紛爭，以免影響家庭和氏族的和氣及興旺。村落建築群前面的廣場和水塘，除了滿足某些聚會與曬物功能的需求外，主要還是中國風水文化上的「前有明堂」與「水為財」的理念在村落規劃上的文化表徵。而村前水塘和池邊的大榕樹下的空地是村落重要的民間文化傳播場所，這裏成為以前村裏人集會，議論族群成員是非對錯、悲喜哀樂的場所，也促進了村落文化的傳播和社區的凝聚力，是形成村落社會權力的子空間（圖 4-11）。

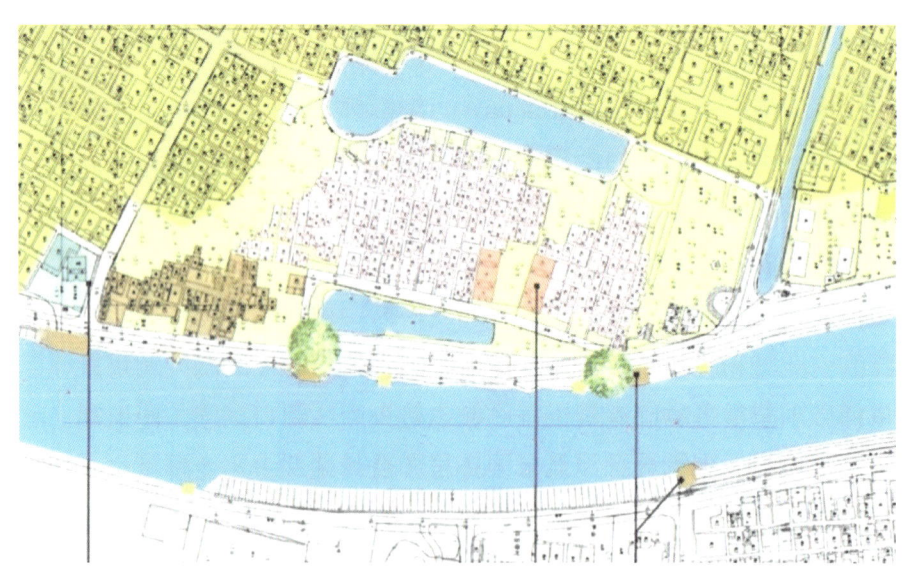

▲圖 4-11 下壩村的原生村落佈局。
資料來源：作者整理繪製。

第四章　老街旅遊空間表徵：空間意義差異與話語權失衡

　　下壩村水塘前面有紹廣詹公祠與詹氏宗祠（圖4-12），詹氏宗祠位於下壩坊29號旁，建於清同治五年（1866年），建築占地面積390.6平方米，建築工藝精美。2007年按照原貌進行過修復，重新製作了屏風、牌匾等，並對封簷板和簷下彩繪進行了重新上彩。宗祠坐西朝東，青磚牆體，紅砂岩勒腳，紅砂岩柱及柱礎、柁墩、瓜柱抬梁結構；間三進四連廊佈局，總面闊12.6米，總進深31米。首進擋中屏門上懸御賜「奉旨崇祀邑名臣」金匾一方，大門左側牆內嵌記載建祠碑刻一通；屋內牆楣施花鳥人物及古詩詞題材彩繪一周。其中「五年」碑高52厘米，寬37厘米，於1866年建。「光緒甲午科」青麻石旗杆夾長1.52米，寬0.34米，共5方，於1894年建；「奉旨崇祀邑名臣」金匾約1方，乃明太祖為褒獎東莞知縣詹勗而御賜。紹詹公祠位於詹氏宗祠南側，建築占地面積330.6平方米，建於清光緒甲午年（1894），後經1998年與2007年二次重修。公祠坐西朝東，三開間三進四連廊佈局，總面闊11.6米，總進深28.5米。祠堂整體結構完整，青磚牆體紅砂岩牆裙，基本保持原貌。

　　就像其他廣府村落一樣，下壩村宗祠是整個村落最高大、最主要的建築，是村落氏族的精神空間，它具有文化教育、社會治理、感情聯繫等社會文化功能。

▲圖4-12 下壩村的詹氏宗祠。
資料來源：受訪者G03攝於2011年。

宗祠成為家鄉內外族親聯絡感情紐帶，在推動和鄉村建設的方面發揮了重要作用。它不僅是祭祀祖先的場所，也是家族成員聚會、商議家族事務的地方，增強了家族成員之間的凝聚力和歸屬感。此外，宗祠還透過族產、族田等財產救濟貧困鄉民，修建橋樑道路等，這些行為被載入宗祠族譜中，用以教化後輩，體現了其對社會治理的文化效應。

宗祠透過舉辦義學、捐贈學堂與書院等方式，幫助鄉賢志士求學，從而提升鄉村教育的水準。宗祠在明清時期對社會治理的作用體現了傳統祠堂文化的倫理道德教化價值。透過明令禁止、獎懲結合的方式，規範鄉村社會宗族成員的行為，使之合乎父輩的期望和社會的規定，達到宗族管理與社會治理的作用。

綜上所述，宗祠不僅是家族或宗族的禮儀空間，也是教育、治理和文化傳承的重要場所。因而祠堂是宗族社會權力、經濟權力與文化權力的象徵和符號，體現了「家國同構」的觀念以及「父嚴、母慈、兄友、弟恭、子孝」的家庭「五典」倫理道德，有著維護社會穩定、促進家族團結以及傳承文化的重要意義。

3.自然景觀符號及其意義

Lefebvre 認為社會空間幾乎不存在自然空間，社會空間作為一種產品，具有第二自然的特徵，亦即是多種社會活動作用於第一自然的結果。因而在下壩村不可能有這個概念的自然，即使被稱為「自然景觀」，其實就是屬於人文景觀。通常自然景觀，無非就是指那些人工構造物以外的山川湖泊、花鳥草蟲、風雲雪月之類的景觀。

下壩坊所屬的壩頭社區西面為東江南支流，上壩村與下壩村之間為厚街水道，清澈的東引運河從下壩村前面流過。河流是古即有之，

當時為防洪水，村民築堤建碼頭，名為詹屋碼頭，因「碼」「壩」音近故名壩頭。壩頭聚落呈帶狀分佈，而下壩為處於下方且建村時間較晚，因而取名下壩村。現在的運河，是東莞人為了防洪澇災害，在1957年開始挖掘的。當時數十萬被發動起來的民工，全靠人手的鋤挖肩挑，僅僅一年便將運河開通。東莞運河承載了老一輩東莞人的記憶，貌似自然的河流其實充滿了人文歷史的意義（圖4-13）。

↑圖4-13　1957年東引運河修建工程。
資料來源：東莞檔案網。

經過修葺的運河，成為了下壩坊水鄉獨特的場景符號。河水緩緩流淌而過，歲月不歇，時序不斷，靈動不息。河面上經過的小船悠然穿梭，漾起一圈圈細膩的漣漪，打破了水面的寧靜。偶爾一兩隻水鳥掠過水面，留下一串串清脆的鳴叫聲，更添鄉村的寧靜安逸。堤壩柳

絲輕拂水面，翠綠的葉片在陽光下更顯生機勃勃，彷彿是大自然最精緻的裝飾，為水鄉增添了幾分柔情與詩畫的意象（圖 4-14）。

運河旁邊的村頭有幾棵超百年以上樹齡的古榕樹，這是嶺南農村隨處可見的標誌性符號。村頭大榕樹就像一個庇護者，又像村裏的一個留守老人，在默默召喚或等待那些離鄉背井的遊子，處於古村落村頭的場景，老榕樹暗含了太多的人文意義。直至今天，古樹構建的空間成為社會互動的場所，平時村裏的老人們還喜歡坐在樹下，手捧茶壺，悠閒地聊著天，談古論今、蜚短流長無所不包（圖 4-15）。

↑圖 4-14　從東引運河對岸看下壩村（2011 年）。
資料來源：受訪者 G03 提供照片。

↑圖 4-15　下壩村池塘與村頭的大榕樹（2011 年）。
資料來源：受訪者 G03 提供照片。

不只下壩坊如此，萬江屬於水鄉，以前的村落都是跟著條河興建，河在前面，屋在後面。有些村沒有河，就會在村前面挖個池塘。以前在舊圍（村）住的居民，平時喜歡在家門口、在路邊、在大榕樹下、村頭村尾聊天、聚會和社交（V05-502）。

水鄉的自然景觀符號，構建了一幅讓人忘卻塵世的煩惱，恍若步入了一個遠離塵囂的世外桃源的空間意象，傳達出那份久違的寧靜與美好生活的意義。它以自己獨特的魅力，吸引著那些飽受現代社會壓力的遊客前來體驗過往的優悠。

（二）文化空間到旅遊空間：消費文化符號意義

1.文化創作：村落空間到文化空間的生產

下壩坊的傳統產業是農業，以種水稻為主。1976年，開始種植菊花出口海外，素有「菊花之鄉」的美譽。1978年代初農村實行「分田到戶」的政策後，菊花種植戶不斷增加。隨著個人收入增加，村民開始在現舊村落地方建造房屋。直到2003年，下壩坊與上壩村合併為壩頭社區，然後開始新一輪的農村改造，村民在原來舊村落附近擇地另建新村。後來幾乎所有居民都搬遷至新村，老村即現在的下壩坊只剩下極少數的老人留守。由於少人居住及疏於維護，老村開始衰敗，甚至有些房屋已經破瓦頹垣、蚊蟲孳生、垃圾遍地，境況蕭瑟。這裏成了低收入外來人口落腳和拾荒者的蝸居地，成為城市底層人群棲息地。

下壩坊正因為被廢棄多年，曾一度被納入推倒重建的計劃，例如改造成街心廣場、籃球場、休閒公園等。也有發展商打起收購拆遷的算盤，但由於下壩坊規模面積太小，以及過多數量的民居帶來較高的

拆遷成本，因此在東莞市區最初快速式的房地產開發浪潮中，下壩坊歷史街區的建築群、空間形態與空間肌理得以倖存，以城中村的形式成為都市中的孤島。也就是說，在下壩坊歷史街區旅遊開發前，是一個幾乎沒有居民居住的、被廢棄的和僅存街巷空間結構與空間形態的歷史遺存。

儘管下壩村歷史悠久且建築群整體保存較好，但是這樣的村落在東莞地區中也屬尋常，更因其多年廢棄而殘敗、失去使用價值而幾乎耗盡了建築的生命周期，所以一直默默無聞不為世人所知，寧靜沉默是它幾十年來主要的篇章。

不過，作為水鄉的下壩坊河湧與池塘環繞、古榕與叢林遮掩，網格型巷道與緊密排列的民居，構成一個幽靜的傳統村落空間，有著優雅幽靜的環境氛圍。這種迥別於城市的「村落」環境，正是那些渴望逃離喧囂，可以安靜地創作與生活的文人的「烏托邦」。在這裏，可以擺脫現代社會壓力，是那些臆想著隱世的文人雅士難得的冥思、創作與聚會之處，實現中國文人「採菊東籬下，悠然見南山」那種自古已有的願景。

這裏很純樸、環境很寧靜。感覺整個人的心情和平時都不同，很舒服，很輕鬆，就喜歡上這裏了（B05-101）。這裏環境幽靜，自成一體，感覺遠離世俗。我是設計的，初衷就是在這裏開個工作室（B09-101）。

2010 年 7 月，對於下壩坊來說，是翻開歷史新一頁的時代。時裝設計師沈文達帶著她的設計理念走進了下壩村，她提出與下壩村簽署協議，租用壩頭村原大隊部（文革時村委會的名稱）老辦公樓做設計工作室，年租金 3 萬元，合同期 5 年。當時有村民持異議，原因竟然是懷疑沈設計師租來做些不正規的事，好在村領導力排眾議一錘定音。

壩頭村書記詹文煦一定是覺得文創事業有前途，兩年後他回憶此事仍喜形於色：「我當時跟沈文達說，你就是下壩坊的火種，五年後這裏能有一定規模，就算成功。」

初期有間叫薔薇之光的工作室的設計師，租了我們原來村委會舊址來搞設計工作室，不久之後，還有四、五家搞文化創意這方面的人來下壩村經營工作坊（G02-102）。

沈文達的工作室「薔薇之光」終於開業，一樓是咖啡館，二樓是工作室（圖 4-16）。「薔薇之光」隨著微博的傳播很快走紅，媒體報導之後，下壩坊進入公眾視野。「薔薇之光」在下壩坊是個現象級的事件，下壩坊以前尚未引起政府的足夠重視及推廣，現在被曾光顧這裏的「文青」網友通過博客和微博的傳播，「薔薇之光」快速讓下壩坊成為東莞時尚與情調的休閒文化符號，開業的幾個月裏，幾乎每天都有人來「薔薇之光」參觀拍照。「薔薇之光」的成功，使其他文化人或商人的目光聚焦於有著二百幢老房子的下壩坊及其所蘊藏的文化價值。

很快地，其他文人便開始跟進。2011 年初的幾個月，下壩坊池塘前面的第一排房屋幾乎全部被租用來做文化工作室，下壩坊逐漸成為了文化人的聚集地。古琴協會會長王可遜和音樂家劉漢超也先後租下幾間房子，改造成藝術

▲圖 4-16　下壩坊「薔薇之光」2011 年照片。
資料來源：受訪者 G03 提供照片。

工作室。也在這一年，更多的文化創作人陸續進駐。畫家、陶瓷雕塑家劉炳廷在 2011 年末來到下壩坊，他租下了 5 幢舊屋開設自己的陶瓷作坊「福窯」。2011 年底，下壩坊被政府納入了萬江中央生態休閒區規劃。下壩坊幾個文化人成立了自己的網路公共平台 www.xiabafang.com 網站，宣稱下壩坊的定位為東莞創意生活第一社區，希望打造一個音樂、攝影、設計、漫畫達人的網上平台。同時，菩提灣、藏吧、DEJAWU 相繼開業，分別代表著不同的文化主題，一個自發的文化創意群落初步成型，形成了下壩坊一個線上線下的文化空間。

　　早期富有影響力的文化工作室主要位於下壩坊村落建築群的第一排房屋，地理位置比較優越（圖 4-17）。背靠紅磚灰瓦坡頂的嶺南村落民居建築群，屋前有空地及池塘，遠處是風光宜人的東引運河，頗有「面向大海，春暖花開」之意。他們對舊屋及其周邊環境進行創意性的改造，令下壩坊的景觀空間增加了許多文化符號。起初文人們對民居的建築立面未做太多改動，但花園的精心刻畫卻是設計的重點：小橋橫跨在小魚池上，草坪、卵石與攀藤三角梅構成精緻的園林小品，陶瓷花盆及石雕透露出中式藝術的韻味。有些院子的園林景觀摻雜了藏族風格、日本和式風格、西式現代風格的裝飾。這類後現代主義的人文景觀符號與當今年輕人的消費審美觀不謀而合，也能夠對喜歡獵奇的遊客產生吸引力。下壩坊的發展得益於早期那幾個文化人，他們文化概念帶來了成功，後面別的商家都是抄他們的（G02-111）。這些空間營造的手法，在下壩坊後來的空間生產中被廣泛模仿和抄襲，以致街區的風貌有點雷同化。

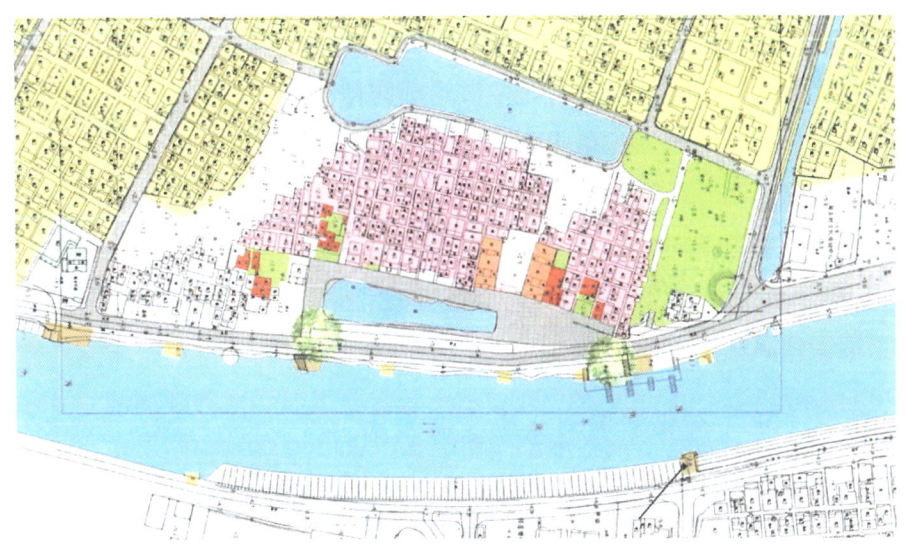

第四章　老街旅遊空間表徵：空間意義差異與話語權失衡　165

↑圖 4-17　文化空間—下壩坊 2011 年開發初期示意圖。
資料來源：作者根據資料整理。
註：紅色所示第一排房屋為早期進入的文化藝術工作坊。

　　當時進入下壩坊的文化人大概分為三類：第一類是以莞鄉文化、異鄉文化體驗為主體的商家，例如「木閣樓床吧」苗族文化體驗館、「38 號矮房子」藏吧、「蘇菲」尼泊爾風情生活館等；第二類是文創與時尚設計文化產業，如 JK 服裝設計、東地素舍畫廊、東廷藝術館、福窯陶藝工作室等；第三類是影視表演藝術培訓，包括音樂教學、創作、演藝創作、傳媒機構等行業，如劉漢超音樂教學學堂、「可琴軒」古琴製作教學室等。文化人除了帶來文藝創作活動外，也在那裏從事文化聚會與學術交流，在社會上頗有影響力。**文化界的朋友喜歡上這兒，一起在這裏玩音樂，畫畫，燒陶……當初這個圈子裏一個共同的夢想：追求慢生活（B09-101）**。他們在一個村落傳統文化場景下的文化創作、學術活動，建構了一個不同尋常的社會空間符號—文化空

間，形成了下壩坊最初的街區空間符號的文化意義。

總而言之，下壩坊的文化空間形成，得益於文人的初次生產，得益於文化意義的植入，**最早來到下壩坊是設計師、音樂家、畫家、雕塑家及攝影師，正是這個圈子的人。沒有這些文藝人，根本不可能有今天的下壩坊**（B09-201）。廢棄衰落的舊村莊下壩坊被符號化成為文化空間，文化資本的力量完成了最初的空間生產，這個空間符號充滿了後現代風格的美學意義。

2.消費文化：文化空間到旅遊空間生產

文化人是這個文化空間的主要生產者，也是使用者。進入下壩坊的文化工作室，主要功能是進行文化藝術創作。有些喜歡喝咖啡、喝酒的文人，在工作室設置了咖啡室與小清吧，最初目的是為了方便自己的文化圈子聚會，也屬於自娛自樂的性質，把酒吟詩、坐而論道之類。**朋友過來了，照例要喝上幾杯，總在外面買酒水很不方便**（B05-102），**當時想的也很簡單……有時順便對外人服務，算是有點收入**（B09-103）。對外銷售經營是次要的功能，純屬順手牽羊、摟草打兔的事情，下壩坊還沒有商業化的影子。

這個階段的工作室還是文化人的半私有空間，但空間性質很快就發生轉變，因為有了自媒體的傳播。當時人們在博客與微博小範圍傳播的照片，在網路引起廣泛的關注與評論，吸引了越來越多的人前來下壩坊文化工作室打卡拍照，原來的半私有空間真正變成公共空間。最初的主要來訪者是小資和文青，後來大眾遊客蜂擁而至。

其實很多人都是看了別人在網上的推介與評價，什麼東莞鼓浪嶼，東莞小麗江（B07-402）。**我都是通過朋友的現場體驗，在朋友圈看到這方面的信息。以前覺得東莞是個工業城市，非常沉悶。當我在**

照片上看到還是有一點像麗江的風景，也想過來實地看看、感受一下（V02-102）。

　　網路將下壩坊再次符號化，建構了下壩坊的旅遊意象。不少學術研究證明，旅遊意象直接影響遊客的旅遊動機，所以越來越多的遊客光顧下壩坊也就不足為奇。於是下壩坊從一個文化人創作與聚會之地，開始演變成文化休閒旅遊景點。

　　當時是無心插柳，開業三個月後就引起了各方注意。先不說每日前來參觀的一輛輛中巴車，單是夜晚亮燈後，進門都要陸陸續續排隊（B05-202）。隨著遊客的增多，工作坊設立的自我服務的咖啡廊、茶室，逐漸轉化成以服務來訪遊客為主的營業性空間，畢竟文人也需要錢去支付工作坊的租金嘛！這是私有空間大規模向公共空間演化的標誌。下壩坊歷史街區空間繼續在市場自主的模式下快速生產，更多的商店相繼出現，從 2011 到 2013 兩年間，酒吧、飯館從原本 10 多家店增加至 60 多家。當人們再次在百度地圖上輸入「下壩坊」搜尋時，赫然出現的字眼竟然是「酒吧街」。

　　短短的兩年間，下壩坊幾乎完成開發，一時遊人如織、摩肩接踵。到底是什麼吸引遊客呢？我們實地考察了那幾間早期開設的最有影響力的工作室。

　　「薔薇之光」，這是一棟建於 20 世紀 70 年代的二層小樓（圖 4-16），四根柱子構成的中軸對稱立面，黃色的油漆，分層的白色線腳與陽台混凝土的廣式花格攔河，嶺南建築與當年蘇聯建築的混合風格。中部高起的弧形的山牆中部雕刻一個紅色五角星，頂部插著五面紅旗。這一切霎時間將人帶回那個驚天動地、熱血沸騰的文革時代，那段既陌生又熟悉、既愛又恨的瘋狂歲月，正好滿足人們撫今思昔的「集體記憶」。但外牆上木制百葉窗以及上面啡色的歐式遮陽

▲圖4-18　薔薇之光的內庭院。
資料來源：作者拍攝整理。

棚，似乎又讓人看到地中海城市或者南亞的殖民地的元素。推開深掩的木門，原來裏面另有一番天地。大廳有製作咖啡的吧檯與幾個座位，穿過大廳到後面的院子，只見擺放著幾組座椅。工業時代的金屬吊燈、黑色的金屬椅子、粗獷的原木桌子上面放著幾組蠟燭，紅瓦白牆的村居前，黃色的沙子與各式各樣的仙人掌組合成一個沙漠的場景。這是一個用符號堆砌出來的，以不同年代、不同地域、現代與傳統的視覺元素組合起來，互相對比與矛盾的跨時空異化空間，符合後現代消費主義的審美觀（圖4-18）。

　　他們富有創意地把原來傳統的民居改造成現代與傳統相結合的風格，既不會顯得陳舊，又不會太現代，兩種元素融合起來。再透過一些植物、擺設點綴，整體感覺很符合我們的審美情趣（V02-504）。

　　再移步不遠處的「矮房子」。一間極其普通的、乏味的廣東農村典型坡頂平房，但對遊客而言，這不是重點，引人注目的是它的前面院子那令人眼花繚亂的裝飾。院子大門框與矮欄柵使用腐朽得發黑的船木製作，造型粗獷及工藝原始，給人一種年代久遠而又神秘的感覺。兩旁柱子上掛著藏族布藝燈，院子上空飄著五顏六色的藏族彩布。建築的白色外牆中央畫有五色金輪，屋頂上矗立著一座金色的雙鹿法輪雕塑，一個來自拉薩布達拉宮金頂的建築符號，被移植到東莞

民居依然具有強烈的儀式象徵（圖 4-19）。走進室內，只見那琳瑯滿目的藏族飾物與擺件：藏式彩繪、珠寶鑲嵌、鐵尖釘封邊及雕刻、獸皮鑲嵌。要知道，藏族裝飾及物件，可是公認的小資最愛，這些符號象徵著淨化和放鬆的心靈與生活意義。

↑圖 4-19　下壩坊矮房子。
資料來源：作者拍攝整理。

　　一位小資對作者說道：平時有一定生活壓力啊，城市的生活節奏快，可能每天往返的就是寫字樓、家、地鐵這些地方。今天到這裏來，心情也會放鬆，視覺也會得到一種享受，整體來說還是比較輕鬆的狀態（V02-202）。許多文青將西藏之旅視為一種心靈的慰藉和淨化的途徑，他們希望能夠暫時擺脫日常生活的壓力和煩惱，通過與自然的親近和對文化的體驗，達到內心的平靜和淨化，這是他們消費主義生活觀的體現，是下壩坊吸引他們的原因，也是他們旅遊的動機。

　　下壩坊還有很多這種後現代主義的時空穿越的空間，它的混合意義正符合當前年輕人的消費文化。消費文化（Consumer Culture）是指人們在社會生活以及消費活動中所表現出來的消費理念、消費方式、消費行為和消費環境的總和。消費已不僅僅是一種滿足基本生存需求的行為，而是逐漸成為彰顯個人身分與價值觀的重要途徑。消費文化強調一種功利的、充分解放自我的處事方式和生活態度。

　　我相信發朋友圈都抱著一種心態，通過朋友圈向大家展現自己非常悠閒的生活狀態，是向大家證實他正在休假，他的生活非常悠閒。

如果你發了得到一片喝采聲，喝采聲可能會激發你到各地拍照，炫燿的心理（V02-1007）。消費文化鼓勵人們追求享樂，追逐眼前的快感，發展自我表現的生活方式，培養自戀和自私的人格類型。會拍一些小玩意，有創意的東西。有時候會自拍，證明自己與眾不同啊，這個地方蠻小資的，可以裝逼啊，證明我自己欣賞的東西跟別人不一樣的。特別是拍一下自己很少去的地方，少吃的菜（V08-1001）。

在消費文化中，商品、產品和體驗不僅具有實用價值，更賦予其新的影像和符號，全面激發人們的消費欲望。這種趨勢使得商品的價值更多地體現在其象徵意義和社會認同上。感覺進去一個平時很少接觸的另外一種生活環境，舊屋、看書、吃飯和聊天，與在外面普通餐廳吃飯的感覺完全不同，比較舒服、放鬆（V19-813）。從旅遊、收藏到網路娛樂、美食體驗，休閒消費文化已經成為現代社會不可或缺的一部分。消費文化作為社會文化的重要組成部分，對人們的生活方式、價值觀念和社會風氣產生了深遠影響。消費文化最有代表性的現象就是符號消費，可以說，歷史街區的旅遊就是一種消費文化的體現。

建構於村落歷史文化場景下的消費空間，村落文化符號也屬於消費的商品。小時候雖然物質缺乏，吃、用、玩都少，但當時開心。小朋友四處走，又安全，去田裏、河裏到處玩，沒玩具就玩泥巴，玩彈弓。現在物質豐富，住得好，但沒有以前寧靜單純的感覺。這裏給人一種懷舊，想起小時候的住的地方（V01-501）。下壩坊的古村落傳統歷史文化符號意義，滿足遊客消解鄉愁、追求自然與人情社會，抵制現代社會工作與城市生活的緊張壓力的異化的心理需求。因此，下壩坊自然而然地吸引大量的遊客，從而形成了旅遊市場。

這個結果同時證實了ROSTCM6網絡模型中與「文化」相關的高

頻詞的內容。由此可見，從最早的文化人聚落到文化空間，最後演變成旅遊空間；從文化人創作，到供文青參觀打卡，最後吸引大眾旅遊消費，文化意義在下壩坊空間生產與符號化過程中起到關鍵的作用。消費文化符號與村落文化符號相結合，形成一個組合文本—下壩坊的旅遊符號空間。

3.符號附加值：生產者的空間文化意義

　　早期薔薇之光、菩提灣、矮房子等清吧的火爆，讓這裏貼上了「東莞 798」、「東莞鼓浪嶼」、「東莞小麗江」等諸多符號標籤，正是這些媒體的宣傳與推薦，加速了下壩坊旅遊市場的形成。隨著遊客日漸增加，旅遊作為一種經濟活動帶來的商機很快引起市場的注意。正如 ROSTCM6 的社會網絡模型顯示的「文化」高頻詞與經營店鋪等密切聯繫那樣，加入了很多藝術家，使下壩坊有了這樣的文化元素。就這樣，原生態的環境、文化底蘊，加上咖啡廳營造的氛圍，吸引了很多投資者進來（G01-107）。商業投資者意識到下壩坊文化符號意義帶來的商機，商業資本蜂擁而入，很多投資者前來尋覓投資機會，到處租用下壩坊的舊房屋來進行經營。

　　由於下壩的環境及文化氛圍令同樣的消費活動有著不同的體驗，除了商品的使用價值、交換價值外，還增加了符號價值。符號的意義大多很實用、可度量、可賣高價的（趙毅衡，2015）。商家的經營動機就是讓商品獲得「文化意義」吸引消費者，以獲得額外利潤，也就是按照文化—符號規律來進行商品社會化符號化的過程。

　　很多時候是靠各個經營者自身營造的文化，在這個城市脈絡裏有不同的新元素呈現。你這次去了，吃完東西走了，或者只待兩、三個小時，下次來又有一個刺激到視覺的新奇文化元素（G03-107）。現在

有很多店鋪設計更多的是圍繞文化青年或者小資的主題來設計，目的很簡單，就是提供一個消費的環境，可以吸引小青年啊，可以買貴一點（B09-602）。

這也是文化創意工作室與餐飲類商業結合的優勢，既是自己的創作作品，也是銷售產品，更是店鋪室內裝飾的文化符號，可以將整個空間符號化而產生符號權力。我自己雖然不喝酒，不喜歡交際，但經營的還是酒吧，青花醉月雖然是酒吧，但我主要焦點不是酒，而是賣文化，文化是附加值（B05-304）。

當商品的附加值能帶來巨大豐厚的利潤時，金融資本便紛至沓來，爭奪空間的事情就自然而然地發生。在有著明確邊界的歷史街區，作為空間生產資源的物業是稀缺資源。當原有的房屋已被先來的資本佔有時，後到的商家便發揮資本的作用，以更高的租金去爭奪資源。當地居民說：以前租給外地民工或者收廢品的人，100-300元左右，剛開始發展的時候，租金很便宜的。後來租的人多了，房子沒剩多少，就開始貴了，後來租到1000-3000多元（R01-103）。

下壩坊空間經過初期生產的文化符號化，使街區原來「拾荒者」的蝸居地搖身一變，成了具有文化符號意義的旅遊空間物業，房屋因而增加了符號價值，被兌現成更加高的租金。

太快了！僅僅兩年之間，大大小小230間老房子全租完了，兩年半開了67家店。現在基本定型，想要發展的空間也沒有了。村委會都來不及做出反應（G02-115）。儘管如此，政府還是亡羊補牢，決心對下壩坊進行總體規劃。區政府書記在網上看到薔薇之光是一個潮人必到的地方，他就帶我過去看……他認為這個地方有潛力可挖，於是請我們給下壩坊村委會做一個規劃（G03-125）。

政府所說的「有潛力可挖」即是文化意義產生的符號價值可利用

性，它帶來地方的經濟發展利益，可以打造萬江區或東莞市的品牌效應。作為政府這個層面，將自己這個地方宣傳出去，我們萬江有一張這樣的名片（G02-116）。

當時，廣東省正在推行所謂「舊城鎮、舊廠房、舊村莊」的改造模式，下壩坊的案例正可以作為政府保護文化遺產的一種「三舊改造」的模範效應。是一種比較好的現象，而且對舊區的保護和活化，在東莞來說是一種比較值得推薦的模式（G01-111）。

下壩坊成為「歷史文化名村」後，居委會可以名正言順地以此為由向上級申請維護經費，這筆費用至少可以整治優化村落的基礎設施。當時市政府有文化建設資金預算，村委會拿報告去申請二千萬做公共區域修補工作（G03-131）。

2012 年，下壩坊被納入龍灣濱江片區整體規劃，目標為「東莞白領的會客廳」。政府提出的口號有：「下壩坊，東莞第一個休閒文化創意村」、「來到下壩坊，享受慢生活」、「下壩坊，白領會客廳」。因而下壩坊的規劃裏又變成「以文藝創作、平面設計等功能為主導、以休閒服務為輔的高效率、慢生活的東莞休閒文化創意村」。一年後的 2013 年，下壩坊入選廣東省歷史文化名村。獲得省裏 100 萬元文化產業發展專項資金。名村稱號確實帶來了實惠，儘管資金未必對下壩坊整體空間產生徹底的變化，但對下壩坊的的公共設施改善確有好處。

文物保護與利用專項資金，是市、街道、村三級按照 1：1：1 組建專項資金。這筆錢將用於下壩坊基礎設施建設。東莞名村專案基金也是市、街道、村三級按照 4：4：2 比例組建資金。這筆錢用於壩頭社區，也會重點用在下壩坊（G02-117）。這正是政府的意圖。於是必須把下壩坊空間生產上升至一個更高的層面，以歷史文化保護的名義，真正以文化意義來符號化這個空間以利用其符號附加值，而且政

治符號權力可以令政府對轄區的空間治理更加順暢。

可見，由於各利益相關者生產動機不同，其對歷史街區旅遊空間符號解讀出不同的意義，但有一個共同點，他們都關注了文化的符號價值，文化符號價值是生產者對歷史街區符號解讀出來的意義。追求文化符號附加值成為歷史街區旅遊空間生產者的生產動機，而這些生產意圖體現在其對旅遊空間表徵中，他們以此主導旅遊空間的生產。

三、老街旅遊空間表徵的生產機制與話語權

（一）旅遊空間表徵承載著生產者的意圖

1.居民空間表現：可租空間增量

居民的空間表徵十分簡單與直接，當作者請受訪者詹伯談談下壩坊旅遊開發中最關注的事情時，他說：租金吧，我自己有兩間屋出租，每棟租金一千多元。誰嫌錢少的，也想收多點租金（R02-201）。租金是物業資本的收益，房屋所處地段越好、面積越大就越能獲得更多的租金。

即便居民未必有專業知識參與歷史街區進行規劃，但他們對房屋的處理方式與使用構想也成為街區空間表徵，體現了他們的生產意圖：大家拼命建房屋，有人乾脆拆了舊房，蓋多幾層，多點面積收租啊，我都想用前面的院子蓋多一點（B02-303）。舊村已經荒廢多年，如果說居民的出發點是出於對歷史村落的保護，可能早就投資與規劃改造，就不用等到街區旅遊開發時一窩蜂進行改建擴建。當年有地產發展商來洽談收購拆遷事宜，居民也是熱切擁護此事，最終因為土地

第四章　老街旅遊空間表徵：空間意義差異與話語權失衡　175

轉讓價格及賠償金額未能達到居民所心目中的利益期望而胎死腹中。居民的生產意圖就是房屋租金的增值，這是物業資源賦予物業權力的效能，也是居民樸素真實的願望。

2.政府空間表徵：文化創意基地

　　下壩坊旅遊帶來的經濟效益及文化影響引起政府的重視。2012年，政府將下壩坊納入區域中央生態區進行初步的規劃，規劃定位是「東莞頂尖、華南極具代表性的文化創意產業基地」，即以打造下壩坊文化創意產業精品旅遊線路、加快下壩坊文化創意產業文化環境升級三大工程為推手，建設綠色低碳、人文水土特色兼具的文化創意產業基地。**以創意文化產業為主導，現代服務業為支撐，構建創意產業、現代服務業兩大支柱產業**（G04-222）。儘管政府聲稱他們的生產意圖是為了社會、經濟與文化的綜合性效益，但從他們的規劃目標卻流露出對經濟收益的偏重。

　　當下壩坊被文化意義符號化成為一個文化旅遊空間符號時，對符號附加值的追求成為旅遊空間生產者的生產意圖，而這種意圖則以空間表徵的方式來呈現。按照 Lefebvre（1991）的理論，即對空間進行規劃。無論是何種開發模式，政府對歷史街區都會進行不同程度與空間尺度的規劃。

　　總體規劃是「兩帶三心三區」，兩帶為東莞水道兩條支流以及沿河岸的人文景觀帶，三區指創意文化產業核心區、文化展示配套服務區以及綜合服務區；三心是指圍繞三個湖區形成的規劃節點（G04-212）。以上的規劃結構反映了政府的空間表徵，如何將空間功能與空間形式合理佈局，規劃重點是將旅遊空間景觀符號附加值最大化。政府的空間表徵具有宏觀性與戰略性，除了下壩坊歷史街區內的規定外，甚至

還設想將下壩坊的文化影響力擴大到社區的其他周邊地方，並制定了產業升級策略：

首先，應進一步加強和扶持文化產業的發展，從而形成地區的特色文化品牌形象。

其次，發展與此相配套的服務性產業，如商業辦公、產品設計研發、客貨運輸服務或者酒店住宿等。

最後，配合旅遊業的發展，結合創意文化園區的環境整治，類文化產業工作坊工藝流程、生產活動的特點，組織開展相關旅遊項目（華工，2015）。

除了宏觀的總體規劃外，重點仍是對歷史街區進行中觀的控制性規劃與微觀的詳細規劃。在《下壩坊規劃》中，下壩村建設控制地帶內除保持歷史建築原有傳統風貌外，要嚴格控制新建建築物、構築物的使用性質、高度、體量、色彩，其建設控制指標如下所述：

高度。建設控制地帶內的新建建築物、構築物，原則上高度不超過二層。

體量。建設控制地帶內的新建建築物、構築物，在體量上（長度、寬度、高度等）應與原有歷史民居院落體量相協調，不應建設過大體量建築。

色彩。建設控制地帶內的新建建築物、構築物，在色彩上要沿用青磚、紅磚、灰瓦等傳統色彩，應以青灰色為主色調。

因此，政府主要在區域總體發展與下壩坊的產業發展及歷史文化保護這個角度，對下壩坊歷史街區進行空間表徵與建構其意圖意義。

3.商家空間表徵：消費文化空間

商家金融資本的生產動機是追逐利潤的擴大化，文化符號不過是

產品符號的組成部分，文化意義是商品附加值的手段，歷史文化街區商家的生產意圖就是增加經營的附加利潤，這與 ROSTCM6 語義 EGO 分析中居民與租金、商家與利益的高頻詞的緊密聯繫相呼應：每個人筆下都有一個心目中的下壩坊，商家心中的下壩坊是賺錢，遊客多點，文化氛圍濃些，更盈利（B01-304）。商家的空間表徵實質上是對空間的策劃（Program）與規劃（Plan）。

首先是滿足遊客需求的消費空間的市場定位。旅遊空間生產主要推動力來自遊客的旅遊需求市場，遊客的旅遊動機之一是對現代社會的疏離感，而下壩坊所保留的傳統村落空間形態、老舊的房屋建築與巷道空間結構成為傳統社會文化的表徵，正好補償了人們的懷舊心理需要，對遊客產生旅遊的吸引力。

這裏可以讓人還是有點懷舊的（B02-201）。現代的東西見得太多，古色古香，懷舊的感覺會吸引人來（B01-302）。下壩坊產生了吸引力，出現了大量慕名而來的自由行遊客，也開始吸引旅遊團。雖然遊客越來越多，但眾多的人流並不一定能給商家帶來直接的經濟效益，從而符合商家的生產目的。旅遊團有導遊，帶他們去某一間店逛一圈，主要是介紹這裏的景色和店鋪特色。遊客消費比較少，團體活動只是遊覽（B03-402）。

但商家的經營目的是要盈利，因此在進行空間表徵時，首先對自己的商業經營進行定位，將目標客戶群定位在某一類遊客類別，或者某一個社會階層。主要面對的客戶群不是公務消費，而是中產階級和白領群體，主要做文青的生意，這是個小眾的市場（B05-403）。這個階層通常是受過一定文化教育的人，對文化符號感興趣的、具有一定經濟基礎、有消費能力的有閒人士。遊客進來後也看看我的產品。小女孩看得多，買的少。真正能成交的是那些 30 多歲的，有一點經濟基

礎的人，所謂中產吧（B01-403）。來這裏消費的人，都是些事業較為穩定的白領階層，看中這裏的文化氛圍，喝飲料、吃飯貴一點問題不大（B10-403）。這樣的定位才能在經營產品中實現文化意義增加的符號附加值，以獲取額外的邊際利潤。

其次，商家對經營場所進行精心的空間規劃設計，例如如何將經營的產品及服務落實到空間功能佈局，下壩坊環境很特別，白天人少清靜，我在下壩坊北面多開一家書吧+咖啡。就算未必賣書，總可以營造文藝氛圍，主要目的是賣咖啡和進行培訓（B02-303）。在歷史街區，複合功能的空間是一個廣泛性的商業空間構思，例如餐吧，將餐廳與清吧結合起來，既可以經營餐飲又可以聽歌喝酒，將營業時間從白天延續到深夜；書吧將書店與喝茶、咖啡結合起來，既可以買書、買文創產品又可以賣茶賣咖啡，這兩者的結合對於吸引小資和文青發揮了重大的作用；還有類似將陶藝工藝培訓和販售工藝品的多種功能組合空間。

再次，空間表徵的另一項重要事情是把不同功能連接起來，以及安排消費者的交通動線。正是這些構思最能體現空間表徵的規約力或符號權力，規劃限定了人們必須從哪裡進來、經過哪些空間、在哪裡停留，然後消費，整個路線規劃都是服從於商業銷售的目的，一切都體現了商家盈利的目的。

最後，將商業功能與文化符號相融合，用文化符號營造空間形式、造型與氛圍，整體空間呈現出一種文化格調。商家必然要建構出符合目標客戶的審美需求的環境，不只是一種懷舊的傳統文化符號，還需要一些符合當代中產階級的後現代審美觀的文化創意元素，以適應現在的消費文化觀。我們這裏的氛圍和別人不一樣的，我們不是走的中國風，來吃飯的部分人是喜歡這裏的裝飾（B07-701）。

下壩坊早期的商家是文化人，直接將自己的文化創作構想作為空間表徵，儘管這些空間是自娛自樂的私有空間。老闆原來是老師，做老師的都有一個文藝的心。店鋪比較文藝咯，自開張以來風格一直沒有變（B06-603）。自己裝修小店，花園裏的流水和小橋，還有這些磚啊，都是我親手砌的。花了8個月時間佈置和裝修，把最心愛的器皿甚至家裏的藝術品都搬到了店裏，下壩坊的每個人都是這樣熱愛自己的店，都反映了老闆本身的人生觀、審美觀等文化價值（B09-601）。雖然後來大多數是有投資性質的商家，但代表他們生產意圖的設計師，也延續了早期下壩坊吸引遊客的裝飾風格來對店鋪進行設計，毫無例外地把文化意義植入到空間中，令消費空間符號化。

　　從以上受訪者表露的內容可知，居民的意圖意義是持有被賦予「文化價值」的舊房屋物業權，並盡可能令出租面積擴大化；商家的意圖意義是將經營環境及活動進行文化符號化以實現其符號價值；而政府則注重如何利用歷史街區的文化價值，通過城市規劃將歷史街區開發成為旅遊景區，還要使之成為城市的一個推動區域經濟發展的引擎。綜上所述，歷史街區旅遊空間表徵作為一個符號系統，承載著生產者的意圖意義，反映了他們的生產動機。

（二）空間權力博弈決定旅遊空間表徵的話語權

　　在 ROSTCM6 內容分析的高頻詞中，除了「文化」外，「下壩」場域與其中的「房屋」資源是歷史街區的最關鍵詞。下壩居民的房屋屬於私有產權，衍生出自主性的使用權；作為在空間生產中的一種生產資料，房屋是商家在歷史街區進行商業經營的必要場所。房屋產生了居民的物業權力。旅遊空間的文化意義又使居民的房屋符號化為攜

帶「文化意義的物業」，符號價值的進一步發展形式就是符號資本，一種自我增值又與商品實體相對脫離的獨佔資源，符號資本產生符號權力。

這裏房子都是我們私有的，都有房產證。土改那時發的，上面有鋼印，有效的。而且現在評為文化名村了，沒人敢動敢拆（R01-403）。房產證是物業權力的表徵，至少保證房屋的所有權、使用權與資本價值，有了歷史文化建築的符號，更加增加了被拆遷與佔用的難度。

經過文化意義符號化的下壩坊，房屋是歷史文物保護的物品，就像古董一樣增加了附加價值。房子是開始炒作起來的東西，就是因為最早那批文化人（帶來的文化影響），房子就值錢了（R03-302）。物業權力是在歷史街區的文化保護語域下成為符號權力。

毋庸贅言，商家的金融資本投資在歷史街區開發與商業經營中，是最必要與最有影響力的。通過租賃方式，金融資本與物業資本交換而獲得房屋的使用權。在下壩坊房屋數量非常有限的條件下，商家對經營場所－房屋使用權的爭奪，價高者得的市場規則使金融權力更是發揮了無可爭議的作用。

陸陸續續很多的投資者進入下壩坊租房子，那時每間 400-600 元，接著到翻倍到 1000 多元。當時就出現大量房東毀約的事情，原先雙方簽了 600 元，房東過幾天反悔，寧願賠你毀約金也要租給後來租金高的人（G03-405）。租金飛漲對追求收益的物業資本產生巨大的誘惑力，居民一方面加速建設，另一方面不惜違約更換能付出更多租金的租客，導致區內經營更替頻繁，最終導致原來進駐的文化產業因不能支付過高的租金而陸續撤出。原來與近幾個房東分別簽了 5-10 年的租賃協定，但一年後，有房東提議要加租金，甚至提高 2 倍，否則他就毀約（B09-204）。

可見在物業資本的逐利性與金融資本的誘惑力面前，足可以把人們的道德底線擊破，可以把商業契約精神拋之腦後。有時候，幾千年道德禮儀教化的農村社會慣習，面對金融資本與物業資本的誘惑力，在旅遊空間這個場域裏面是起不了作用的。後來見生意漸好，別人拿著自己的不動產賺大錢，才想到要提租。再後來見生意好得離譜，又猛然發現原來扯皮就是生產力，不惜撕毀舊約，提新租金和新條件（B09-806）。

儘管居民物業資本與商家的金融資本經過一輪短暫的糾纏，最終這兩種資本聯姻成為下壩坊決定性的經濟資本，經濟權力在市場模式的歷史街區旅遊開發中作用更大。在「自下而上」的市場化開發模式中，文化權力、甚至政治權力在和經濟權力的博弈中也敗下陣來。街區「成名」之後，也吸引了很多知名書法家、畫家和音樂人前來「捧場」，一些文化名家打算在這裏租房開工作室，但是因為村民租金開價太高，只能知難而退。有位音樂家想在這裏租房，結果租金高談不攏，人家就走了（G02-305）。

居委會政府有另外一份心思，如果能留住這些文化名人在此「落戶」，將是一筆寶貴的文化資本，或許會促進歷史街區文化空間的再生產，以阻止下壩坊日益失控的商業化。在「一間房」與「一個街區」的博弈之間，政府希望繼續對村民做說服工作，減弱村民的利益衝動。事實證明這只是一廂情願，自2012年起，原先進駐下壩坊的文人紛紛離場另謀出路。當年10月，藝術家劉漢超因為房租上漲被迫搬離下壩坊。下壩坊整體上文化的含量已經很低。現在變成酒吧為主，與原來的設想完全不同了。最早那間薔薇之光是半經營狀態，創作在另外地方做，這裏變成一個聚會點（G02-402）。

在ROSTCM6語義網絡模型中「下壩」作為一個場域，除了主體

擁有的資源、地位等因素影響，主體的地位即在場域中的具有社會結構表徵的空間位置。歷史上村落形成的傳統文化意識與慣習，構成了場域中居民的社會資本，進而形成街區的社會權力。

下壩坊居民對房屋的私有權、追求眼前利益的小農意識、與傳統村落承傳下來的土地依戀與宗族意識，傳統的村民小組社會組織，與居委會難以割捨社會關係等，形成了下壩坊強有力的社會權力。

村民的參與社會事務熱情很高，也有力量和有話語權。這是東莞特色之一，村裏大部分都是同姓同宗，很多人都是親戚，團結。另外老人家說話很有威嚴，就算村書記又如何？以前我幫過你，帶過你，給過東西給你吃，我現在說句話你不聽？村裏的事情比較復雜。村委里的利益大部分來說都是一致的（G01-105）。團結就是力量，下壩坊正如中國其他農村社會一樣，千百年來鄉村社會結構與網路、社會關係形成的社會慣習，形成了穩固而有效的社會權力。

政府對下壩坊的行政管轄分為三個層面，基層管理部門是居委會（習慣被稱為村委會，按官方的正式說法統一為居委會）、以及所屬的萬江區政府及東莞市政府。下壩坊後期的規劃工作主要是區、市政府領導及推動，代表政府進行相關名村評選的事宜由申遺小組負責。居委會的職能主要組織村民發展經濟、管理本村土地和財產、興辦本村公共事務和公益事業。

在下壩坊初步形成社會及經濟效應的時候，政府意識到這個自發形成的旅遊空間的經濟意義、社會意義與文化意義，政府開始正式憑著公權力以城市管理者角色介入下壩坊的旅遊空間生產。

除了城管、治安、工商稅務等日常性的管理權力外，政府首先是利用對城市規劃的公權力，關鍵是以歷史文化保護與傳承的名義，通過文化遺產申報、規劃、各種法規條例等符號，將政治權力轉化為政

治符號權力：規劃原則是保護人文資源，尊重歷史文化，堅持因地制宜，城市發展目標與戰略，促進區域社會、文化、經濟、環境等方面的可持續發展（G04-205）。

在政府規劃之初，文化人因租金飛漲、居民毀約而紛紛撤離，而文化意義又是下壩的生產動力，這將危及歷史街區賴以發展的根基。下壩坊基層政府設法維持街區物業合理的租金，又嘗試解決酒吧類經營氾濫的局面，由此提出統租、統管的總體規劃設想：政府提議成立一間公司去統籌這個事情。由村委會出面租房子……統一租出去，然後用租金的差額來做公共環境整治，不是想著去賺錢的（G03-702）。這個想法本來是不錯的，至少解決了公共環境整治的費用。但這不是重點，而是想方設法留住文化產業，才能促進下壩坊可持續發展。當第一間店鋪薔薇之光開始經營後，我們都想過將村裏房屋全部租下來，統一管理，統一招租，這樣容易打出下壩坊的品牌。我們曾經跟村民們商量過，由居民小組統一將老房子對外出租，但村民們堅持自己放租（G02-707）。統一規劃與統一管理才能夠完善下壩坊的旅遊設施，維護公共空間服務。但最終村民拒絕了，政府統租統管的設想至今未能實現，政府歸咎於農民意識的慣習影響，然而居民卻一語道破其中要害，是空間表徵的話語權。

統租也行不通的，很難處理利益問題。因為這是農民意識，他們寧願自己租100元，也不讓政府統租（G03-713）。這種明顯就是要擺出「攬抄」的姿態，物業資本目的是收取租金與物業增值而已，難道統一租賃管理會損害自身的利益？反正都是租賃，有人代勞豈不是樂事？為什麼自己要那麼辛苦和麻煩呢？

我們主要是收租金罷，自己租和統租效果都一樣。但政府還不是想撈一筆？他們不可能白做吧，什麼管理費、稅啊！反正交到政府的

手裏，我們會吃虧的（R03-403）。原來居民懷疑政府從他們的租金中分成獲利，會減少自身的收入。居民對於政府的不信任感躍然紙上。另外，還有一個他們深感憂慮的是：如果房子由政府統租，村民就無話語權，變成村委會話語權（B02-808）。

這裏所說的話語權可能關係到自身未來處理物業權是否方便的問題，這還涉及到未來對自己房屋的使用權，甚至擔憂房子的產權是否安全。這涉及到農村裏老人對祖屋的依戀情懷，而且廣東農村人有個習慣，除非走投無路，否則不輕易賣祖屋。不一定是租金問題，作為思想保守的老人有一個情結，還想回自己的老屋終老，所以他們喜歡自己出租，自由靈活些，主動權在自己手上（R02-405）。

政治權力受到社會權力等諸多因素的阻撓和抗拒，很多接受訪談的村民屢次流露出對政府的不信任，箇中緣由究竟為何呢？由以下案例可見一斑：

事件一：當時剛好出了一件事，就是村裏有一塊政府儲備地要收地。因為那塊地是 2003 年村同政府簽的合同，徵地價錢很低，才 7 萬元一畝，無辦法。到 2011 年政府收地時，土地價錢已經很高了，所以群眾相當反感，群眾與政府之間產生很大的衝突，當時幾百個村民在鴻福路邊那塊地靜坐示威，並發生警民衝突，最後抓了 40 幾個人，使群眾對政府喪失了信心。因為村委會肯定要配合市政府工作，所以群眾連同對我們幹部都反感，就算丟空也不租給你，所以我們提這個方案村民沒人同意（G02-708）。

這是一件警民直接衝突的事故，因土地產權爭執引起，事後居民對市政府非常反感，與居委會之間關係也出現了裂縫。居委會這個本來產生於基層選舉的政府，失去了居民的信任，下壩坊的社會權力對基層政治權力出現了公開的抵抗，這在東莞是非同尋常的。

由此可見，在爭奪下壩坊空間表徵的話語權博弈中，政府的規劃行為受阻是多種原因的，包括居民的傳統的意識形態、對政府行政的不信任及反感等。但歸根到底，最關鍵的影響因素就是物業權歸屬。規劃工作受到的限制根本原因是房屋的產權，即房屋所有權，村民認為想怎樣處理房屋是他的權力（G03-603）。

總之，物業資本與金融資本通過租賃方式控制物業私有權形成的經濟權力、村落傳統社會慣習形成的社會權力與政治權力進行空間表徵話語權的博弈，其結果是造成下壩坊空間表徵分化成為公共空間表徵與私有空間表徵的兩個層面。

（三）話語權對旅遊空間表徵的影響

生產者的歷史街區符號意義是符號價值，如何將符號價值融合進空間生產中是關鍵，這是空間表徵的過程。故空間表徵藉助規劃來實現，而空間規劃話語權影響這個符號系統承載的意圖意義。

1. 對旅遊空間總體規劃的影響

下壩坊位於東莞市中心區，毗鄰城市 CBD，具備較好的商業區位。在 ROSTCM6 語義網絡模型中「政府」與下壩、文化、開發等詞的關係表明，政府將其視為歷史街區經濟活化和復興、補充城市功能的引擎之一；同時希望改變東莞幾十年難以消除的「文化沙漠」的城市形象，歷史街區又作為城市文化的載體，保護街區文化形態也成為城市歷史文化傳承及城市發展轉型的重要手段。

如何利用下壩坊歷史街區空間符號的功能價值、社會價值與文化價值成為了政府的生產動機。政府空間表徵的意圖意義，體現在對下

壩坊的規劃定位、規劃內容以及規劃制約力的作用。

　　下壩居委會與萬江區政府對下壩坊的定位有個過程：以前是文化創意街區，現在叫休閒生活街區（G02-401），對於市政府而言：我認為下壩坊偏向是一個歷史文化休閒街區（G01-401）。正常來說，定位反映了旅遊空間的規劃目標，規劃內容總是圍繞著目標來進行，涉及空間結構、功能分區、產業配置、空間形態等方面。通過對政府、規劃師的訪談及最終的規劃文本分析，發覺政府空間表徵的意圖意義各自表達而且處於變化中，體現在規劃的內容、目的和範圍的改變，規劃重點變成對下壩坊歷史資源的保護，從側面反映政府對於空間表徵話語權缺失之無奈。

　　最早代表政府介入下壩坊策劃的顧問 G03，於 2011 年 9 月的規劃文本《嶺南特色街區－下壩坊景觀改造設計》中，將下壩坊定位為「嶺南特色街區」。規劃目標是結合景觀再造，以泛博物館的概念使之成為嶺南特色的街區，以聚集藝術文化人士，創造傳統與現代交融的文化藝術氛圍，使下壩坊成為時尚潮人、創意達人、懷舊友人交往聚集的地方。通篇重點僅著墨於「景點設計」。到了 2015 年，下壩坊已經被開發成型，G03 再次為下壩坊做了一個規劃《萬江壩頭下壩坊文物保護與利用專項設計》，明顯增加了「……保護傳統村落格局及文物古跡，保持歷史建築型制。保護和修繕傳統建築，整合資源，建設城市人文景觀，推動文化旅遊發展」字眼，關鍵詞變成保護與維護。如圖 4-20。

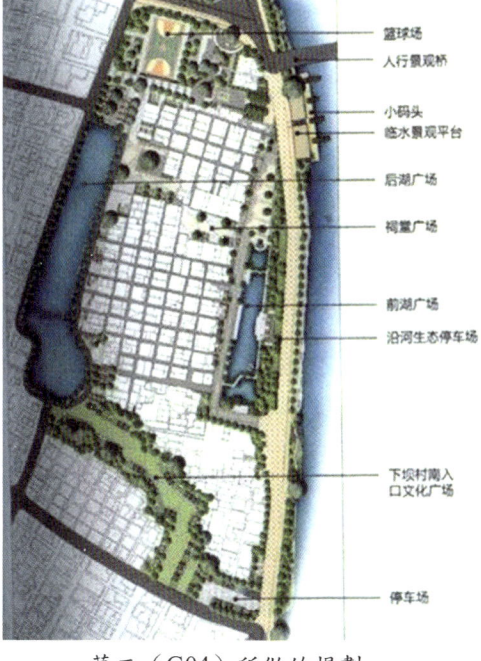

第四章　老街旅遊空間表徵：空間意義差異與話語權失衡　187

政府顧問（G03）所做的規劃　　　華工（G04）所做的規劃
　　　　（2011 年）　　　　　　　　　　（2015 年）

↑圖 4-20　下壩坊 2011 及 2015 年的政府規劃對比。
資料來源：作者根據受訪者 G03 與 G04 提供之資料整理。

　　後期 2015 年市政府委託的華南理工大學所做的《東莞市下壩村歷史文化名村保護規劃文本》中，規劃的重點也是文化遺產的保護，提及的規劃內容也僅僅是：「規劃的內容涉及整體功能形象特色定位，產業的升級改造，名村保護規劃，重點地段的空間設計指引，設定未來交通體系的發展規劃，對特定風貌地區村落實行風貌協調的保護規劃。」其中提到產業規劃已經退至次要的位置：目標是以保護為主，希望能把有價值的資源保護下來，對使用者的使用和改造有了引

導和約束。在這基礎上，再適當提出活化和適當使用（G01-602）。也就是說，政府空間表徵的其中一個意圖意義是從休閒與文化創意產業基地變成一個歷史文化景區。

這也從ROSTCM6語義網絡模型中「政府」與規劃、管控等詞的關係得到證明。「規劃文件……屬於地方行政法規。規劃經政府確認後，對涉及規劃區內的所有建設活動要集中統一的規劃控制和管理，對違規建設行為依法嚴格查處」（華南理工大學，2015）。可見空間表徵具有法律主導、管控、執法及懲罰權力。但政府失去下壩坊總體規劃的話語權，這種政治符號權力的影響便大打折扣。

空間裏面的歷史文脈、文化資產是空間規劃的一個內容，再就是空間裏面的內部組織、活動、經營門類的規劃與管控。我覺得這是個核心的問題。但現在看來只能叫疏導，疏導性管控（G04-104）。這些規劃只能在空間表面形式進行管控，未能對歷史街區的功能佈局產生規約力。資本決定權力的強弱，歷史街區最主要的資源是房屋，而物業權牢牢抓在居民手裏，政府無法支配。其實我覺得那個規劃對下壩坊發展沒有影響力，因為華工做的時候已經成型。我們的思路是統一整治，但是很多空間由房東與商家自行處理了，規劃只是得到穿衣戴帽很初級的實施，不能發揮很大的作用（G03-801）。

從下壩坊的規劃目標、內容及符號權力的作用可知，政府對下壩坊空間表徵的最初意圖意義發生了變化。商家金融資本與居民物業資本連結而成的經濟權力佔有下壩坊最大份量的私有空間，對經營功能與房屋形態進行表徵，而政治權力失去了對下壩坊空間表徵中總體規劃的話語權，轉而只能在歷史文化保護、公共空間配套設施與空間形態的規劃上面進行空間表徵。

2.對旅遊空間功能佈局的影響

　　居民基於出租房屋獲取租金的意圖，其目標在於更高更穩定的租金，並不在乎作為租客的商家經營業種與內容。而政治權力卻失去對房屋私有空間的表徵話語權，無法通過規劃來掌握街區內的旅遊產業及服務功能的科學性與合理性佈局，因此，任由下壩坊的旅遊功能野蠻地自由生長。租賃行為是政府管不了的，商家直接向居民租，與不同的業主簽合同，然後將幾個房子、室內外連在一起，這就是最早期自由生長的狀態（G03-406）。

　　居民與商家都是以經濟利益為目的作為生產意圖，商業經營業種完全按照市場的模式自由發展。這就產生了兩大問題：一方面，初期賦予下壩坊文化意義的那批文人、藝術家的工作坊因支付不了日益飛漲的租金而將實際文化創作業務撤出，對下壩坊的文化意義培植是致命的損失。那些剩下的工作室，真正運作的業務都搬到在外面了，只不過留個店偶爾來這裏和朋友聚會而已（B07-203）。現在有點變味。商業味濃了，畢竟商家都想著賺錢，開店以盈利為目的（B01-201）。金融資本的追逐利潤的本性令下壩坊日趨商業化，文化工作室需要的是安靜的創作環境，文化人難以忍受商業噪音的滋擾而紛紛撤離，原來歷史街區的文化與創意色彩迅速褪去，過度商業化的狀況愈演愈烈。商業元素吸收進來後，商業引發所有的商家目標都是向利益看齊，把文人藝術家趕走，所以現在下壩坊藝術氛圍少了，這是市場主導的一個弊端，沒辦法（G03-305）。

　　另一方面，歷史街區失去了合理配置旅遊功能的條件，無法安排滿足遊客需求的多樣化的旅遊活動。旅遊活動是一種綜合性的活動，涉及到多個方面，其中「吃、住、行、遊、購、娛」這六個方面是旅

遊體驗中不可或缺的元素。這些要素共同構成了旅遊活動的完整框架，為遊客提供豐富多彩的旅遊體驗。下壩坊作為旅遊景點的功能是不夠，現在都是商家自由發展，所以不像其它旅遊區那樣配套和齊全……像這種工藝品店也只有我一家。如果有整體的、規範性的規劃，功能就肯定會配套，有規劃自然會想得比較齊全（B04-205）。

功能分區是否合理是一個問題，更嚴重的問題是有些業態不但令旅遊活動單一，而且能改變整個歷史街區的空間性質，例如夜場和酒吧。金融資本以追尋利潤最大化的為目標，商家自然選擇能夠最快回收投資成本、最大地獲取利潤投資的項目，酒吧就是其中之一。酒吧經營的暴利，使資本趨之若鶩，於是下壩坊的酒吧如雨後春筍般出現。開始只有幾家酒吧，後來一窩蜂上，畢竟開酒吧與文化工作坊、咖啡比利潤高得多。他們使整個下壩坊的味道改變了，下壩已經被人貼上酒吧街的標籤（B04-203）。酒吧不但改變了下壩坊的旅遊業態、空間形態、景觀風貌，更重要的是改變了空間活動的模式，白天遊人稀少，門可羅雀。晚上喧囂鬧騰，噪聲擾民，加劇旅遊街區的主客矛盾，影響社區社會的和諧相處。

政府也意識到下壩坊旅遊功能單一這個問題的嚴重性，在委託華南理工大學所做的規劃中強調了對旅遊空間的產業規劃：構建創意產業、現代服務業兩大支柱產業為目標。進一步加強和扶持文化產業的發展，從而形成地區的特色文化品牌形象。甚至發展與此相配套的服務性產業，如商業辦公、產品設計研發，配合旅遊業發展，根據各類文化產業工作坊工藝流程、生產活動的特點，組織開展相關的產業旅遊項目等（華南理工大學，2015）。

這些產業規劃與調整的空間表徵只是一紙空談。文創休閒空間？實際上文創元素的比例很小，而酒吧太多，就是商業業種太單一。另

外是經營者中外地人多，本地人少……我們更希望的是促進它的是本地人文生態，但是也比較難（G04-301）。居委會也深有同感，難以管控居民將房屋出租給哪些商戶。就算政府層面的總體規劃如何合理科學，也只能是紙上談兵。這個屬於社區居民很多利益問題，政府管控都很不容易，比如說我們要守住規劃的底線得到基本控住，但經營活動還是管控不住的（G04-504）。

綜上所述，並與 ROSTCM6 語義 EGO 關於「商家」與「經營」的分析結果比照，表明下壩坊歷史街區的空間權力博弈的結果，使政府的空間表徵受到經濟權力的抵抗與阻撓，失去空間表徵的主導話語權，從而影響下壩坊總體規劃的制定與實施，未能貫徹政府的空間表徵意圖，繼而影響了旅遊空間功能與空間活動，影響遊客的旅遊體驗與滿意度。

3.對旅遊空間公共配套的影響

旅遊景區配套設施的重要作用是為遊客提供便利和滿足他們在景區內的需求。下壩坊還有一個令人詬病的問題，現在公共設施比較少，比如休息設施、活動設施、環境衛生欠佳，包括停車、出行的交通措施，都是很大的問題（G01-1101）。區內缺少公共活動空間，公共配套設施非常少，缺少如停車場、洗手間、公共休息區，影響了遊客在遊覽過程的舒適感和便利性。缺少遊樂設施、表演場所、文化展示區等設施，無法豐富遊客活動及延長遊客的留存時間。區內衛生清潔管理不善，垃圾亂扔亂放現象比較嚴重，無法提升或保持街區的乾淨和舒適感。作者在實地觀察中發現，下壩坊的側巷與後巷，幾乎成為眾多餐廳後廚的延伸空間，垃圾隨意堆放，污水橫流，散發出陣陣異味。

公共空間與私有空間表徵的話語權分化，導致下壩坊公共空間配

套功能無法按照合理完整的旅遊景區要求和標準進行規劃，但也不是必然的因素。例如上海的田子坊，也存在產權分離的情況，但公共設施很完善，這應該是政策與策略的問題。

也有較為特殊的情況，下壩坊的原生村落建築佈局的空間結構限制，而私有空間如房屋和屋前屋後的院子佔了街區面積的絕大部分，原來就沒有可用的公共空間，只有道路與小巷的交通空間。另外下壩坊的巷子特別狹小，因為原生村落的功能是純居住區，體現了那個時代的空間表徵，難以適應現代商業區的功能條件。那些巷子很窄，連消防車不能通行，內巷基本上不可能開發，有些坍塌廢棄的院子，本來可以規劃一條道路經過，但村民已經租給別人了（G03-403）。

即便政府擁有公共空間的規劃權力，但連基本的消防強制性規範都無法滿足，更不用說設置必需的旅遊公共設施了。基於私有產權的經濟符號權力與社會符號權力阻撓，政治權力無法徵用私人空間進行功能配置，甚至連類似治安、衛生等基本設施都難以保證。下壩坊在發展期治安也出問題，很多小偷偷東西，有一天我在村委會開會的時候，萬江公安局帶了一大群公安過來，要求在這裏設一個派出所，否則治安管不了，叫村里提供地方，但村裏居然沒辦法解決用房（G03-411）。這個我們都會儘量去引導，但問題是，政府只能講引導這兩個字，始終最大的問題是產權，沒辦法，沒人理，例如你叫我拿房子出來做公共廁所，誰肯啊？包括所有管理和其他問題都受制於此（G01-1107），才是影響空間表徵的關鍵。

綜上所述，可以歸納出歷史街區旅遊空間表徵的生產模型如圖4-21：

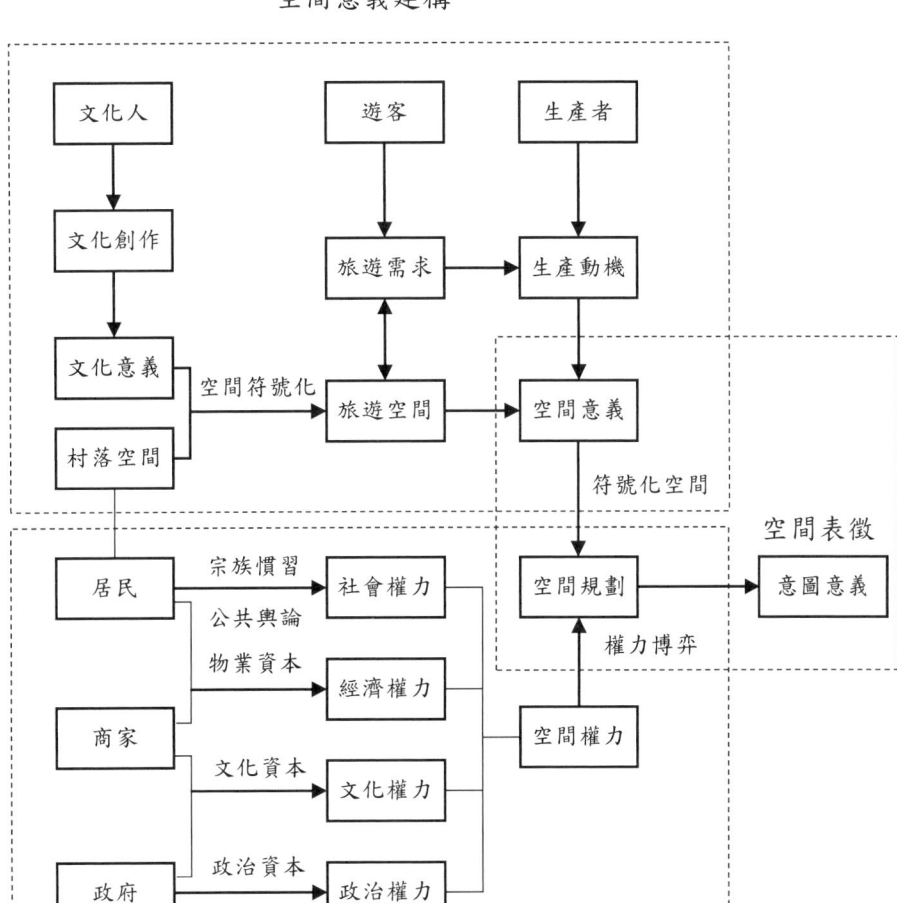

第四章　老街旅遊空間表徵：空間意義差異與話語權失衡　193

空間意義建構

```
文化人 → 文化創作 → 文化意義 → 村落空間
                    ↓ 空間符號化
遊客 → 旅遊需求 ↔ 旅遊空間
生產者 → 生產動機 → 空間意義
                    ↓ 符號化空間
                  空間規劃 → 意圖意義（空間表徵）
                    ↑ 權力博弈
```

空間權力博弈

居民 ──宗族慣習／公共輿論──→ 社會權力
商家 ──物業資本──→ 經濟權力
    ──文化資本──→ 文化權力 → 空間權力
政府 ──政治資本──→ 政治權力

↑圖 4-21　下壩坊旅遊空間表徵生產模型。
資料來源：作者根據研究結果整理

第五章
老街旅遊空間實踐：空間意義形塑與空間權力博弈

一、老街旅遊空間實踐的實證分析

（一）空間實踐資料處理與統計

1.空間實踐資料處理

　　Lefebvre（1991）對空間實踐的定義涉及生產者和使用者兩個主體，根據旅遊空間生產的實際情況，作者將旅遊空間實踐研究分為兩大部分：一是旅遊供應方生產者的空間實踐，名為生產實踐，其中包括生產者的人文景觀空間生產、空間實踐中的生產互動；二是旅遊空間實踐中的旅遊實踐，其中包括遊客在歷史街區內的活動、遊客與景觀的互動、遊客之間及其與生產者之間的旅遊互動，即是通常意義上的主客互動。

　　為了能讓研究有針對性，使訪談文本能夠如實反映研究的對象、主題與內容，必須對原始的訪談資料進行預先處理。第一部分的研究資料主要以生產者的深度訪談內容為主，將生產者旅遊空間生產活動與生產互動歸置在一個 Word 文檔中，以此作為分析的資料。

　　第二部分的分析文本包括生產者涉及的景觀符號建構、經營內

容，以及遊客的全部深度訪談內容，其中涵蓋了遊客的空間感知、空間體驗和空間想象等範疇的資料。遊客的表徵空間也在旅遊空間實踐中形成，這些分析結果可以為下一章表徵空間分析提供基礎資料。

　　下壩坊屬於市場自主開發模式，作者在多年的實地觀察與訪談過程中，未發現類似「自上而下」或開發商主導的景區那樣有專門的景區日常管理活動，也未發現遊客與各級政府及景區管理部門有任何互動。另外，鑒於下壩坊實際上已無常住居民的情況，基本上這是條廢棄的舊村，村民都搬走了，剩下幾個老人家等過世（R01-102）。遊客與原居民之間的互動也可忽略不計。因此，第二部分關於下壩坊主客互動方面的資料只收集商家與遊客符號互動的相關資料，作為下一步分析的資源。

2.空間實踐詞頻統計

（1）生產實踐詞頻統計

表 5-1　生產實踐高頻詞排序

排序	高頻詞	頻次	排序	高頻詞	頻次	排序	高頻詞	頻次
1	房屋	120	21	改造	38	41	模式	20
2	商家	98	22	營業	36	42	噪音	20
3	店鋪	90	23	歷史	36	43	消費	20
4	經營	88	24	餐廳	36	44	傳統	20
5	居委會	86	25	修建	34	45	出租	18
6	居民	86	26	特色	32	46	貴	18
7	政府	80	27	資金	32	47	客人	18

第五章 老街旅遊空間實踐：空間意義形塑與空間權力博弈　197

（續上頁表）

8	下壩	72	28	文藝	32	48	發展	18
9	租金	64	29	賺錢	32	49	清吧	16
10	生意	58	30	費用	30	50	設計	16
11	酒吧	50	31	遊客	28	51	書	16
12	規劃	50	32	公共	28	52	小巷	16
13	管理	50	33	咖啡館	28	53	引導	14
14	問題	44	34	審批	26	54	朋友	14
15	裝修	42	35	設施	26	55	元素	14
16	空間	42	36	利益	26	56	自發	14
17	環境	42	37	夜晚	24	57	整治	14
18	衛生	40	38	花	24	58	商業	14
19	街區	40	39	規定	22	59	價格	12
20	文化	38	40	旅遊	20	60	治安	12

資料來源：作者根據 ROSTCM6 詞頻分析結果整理。

　　通過 ROSTCM6 文本分析軟體，對政府、商家及居民涉及空間生產實踐的綜合文本進行分析。得出前 60 個高頻詞如表 5-1 所示。從高頻詞分佈可知「房屋、商家」是資料中出現最多次數的關鍵詞，其次是「店鋪、經營、居委會、居民與政府」，說明空間生產實踐是生產者對房屋相關的物質世界的生產。印證了 Lefebvre 空間實踐是物質空間，與生產力、生產資料與生產關係的觀點。據此，基於以上表格內容對所有關鍵詞進行初步屬類歸納。

①生產主體

　　商家、政府、居委會、居民；相關者遊客、客人、朋友；

②生產資料

　　物質：下壩、街區、小巷、房屋、書、花；

　　文化：歷史、傳統、設計、元素、文藝、特色；

③生產活動：賺錢、利益

　　商家：商業、裝修、生意、營業、經營、模式、夜晚；

　　居民：自發、改造、出租、租金；

　　政府：發展、公共、資金、規劃、引導、規定、審批、修建、管理、費用、整治、治安、衛生；

④生產結果

　　旅遊、消費、空間、店鋪、酒吧、餐廳、咖啡館、清吧、價格、貴、設施、環境、噪音、問題。

（2）旅遊實踐詞頻統計

　　通過 ROSTCM6 文本分析軟體，對政府、商家及居民涉及空間的旅遊實踐的綜合文本進行分析。因為受訪者數量較多，經過多次分詞高頻分析後，故得出前 120 個高頻詞，以全面地考察遊客的旅遊空間感知，如表 5-2 所示。

表 5-2　旅遊實踐高頻詞排序

排序	高頻詞	頻次	排序	高頻詞	頻次	排序	高頻詞	頻次
1	拍照	121	41	生活	25	81	城市	13
2	店鋪	104	42	生意	25	82	咖啡館	13
3	感覺	102	43	設施	24	83	新奇	12
4	遊客	84	44	空間	24	84	麗江	12
5	酒吧	74	45	價格	24	85	裝修	12
6	房屋	71	46	景觀	23	86	管理	12
7	遊覽	64	47	唱歌	23	87	不夠	12
8	特色	63	48	貴	23	88	喝茶	12
9	舊	62	49	喝酒	22	89	小孩	11
10	朋友	62	50	壓力	22	90	關門	11
11	下壩	60	51	規劃	22	91	歷史	10
12	環境	59	52	整體	21	92	聽歌	10
13	玩	54	53	商業	21	93	服務員	10
14	東莞	52	54	小巷	21	94	保留	10
15	吃飯	50	55	舒服	20	95	小資	10
16	文化	50	56	商家	20	96	廣州	9
17	喜歡	49	57	吵鬧	19	97	休息	9
18	晚上	48	58	文藝	18	98	想像	9
19	氛圍	47	59	網上	18	99	選擇	9
20	旅遊	43	60	看看	17	100	開車	9
21	消費	41	61	照片	17	101	河	9

（續上頁表）

22	裝飾	41	62	清吧	17	102	古典	9
23	客人	40	63	方便	17	103	再來	9
24	景區	39	64	居民	17	104	放鬆	9
25	餐廳	38	65	介紹	16	105	體驗	8
26	賣	38	66	花	16	106	聚會	8
27	咖啡	37	67	經營	16	107	燈光	8
28	吸引	36	68	交流	16	108	滿意	8
29	聊天	36	69	交通	16	109	工藝品	8
30	老闆	34	70	活動	15	110	飲料	8
31	吃	33	71	創意	15	111	政府	8
32	休閒	33	72	擺設	15	112	家人	7
33	元素	31	73	漂亮	15	113	規模	7
34	風格	29	74	傳統	15	114	窄	7
35	安靜	29	75	街區	14	115	主題	7
36	村落	27	76	服務	14	116	看書	7
37	挺好	26	77	設計	13	117	不喜歡	7
38	年輕人	26	78	衛生	13	118	熱情	7
39	白天	25	79	亂	13	119	自拍	7
40	公共	25	80	印象	13	120	值得	7

資料來源：根據 ROSTCM6 詞頻分析結果整理。

　　從表 5-2 可知，高頻詞按頻率分佈大致分為三部分：「拍照、店鋪、感覺」是資料中出現最多次數的關鍵詞，其次是「遊客、酒吧、

房屋」，餘下的關鍵詞之間的頻數較為連續。從高頻詞發現下壩坊景區生產者與遊客共同涉及的空間實踐因素，遊客所關注的旅遊感知與旅遊行為與商家的生產實踐結果相關聯，表中其餘的高頻詞也佐證了以上結果。同時，也印證了 Lefebvre 空間實踐是可感知的世界的觀點。據此，基於以上表格內容及理論，對所有關鍵詞進行初步屬類歸納。

①旅遊特性

年輕人、朋友、小孩、家人；城市、玩、生活、壓力；白天、晚上；廣州、東莞、開車；網上、介紹、選擇。

②遊客感知

物理景觀：下壩、街區、環境、河、舊、房屋、小巷、店鋪、居民、裝飾、擺設、照片、燈光；

文化符號：整體、保留、村落、歷史、傳統、文化、主題、文藝、創意、元素、小資、休閒、氛圍、古典、風格、特色、商業、麗江；

旅遊功能：景區、餐廳、酒吧、清吧、咖啡館、工藝品、規模、活動、公共、休息、設施、不夠、交通、方便、消費、服務、價格、貴、值得；

景區管理：政府、規劃、管理、商家、衛生、亂。

③旅遊互動

商家行為：老闆、經營、生意、設計、裝修、空間、花；服務員、客人、賣、咖啡、飲料、關門；

遊客行為：旅遊、遊覽、看看、拍照、自拍、喝茶、喝酒、吃飯、聽歌、吃、看書；

互動方式：熱情、交流、唱歌、聚會、聊天。

④遊客體驗：感覺、體驗、想象、印象、新奇、舒服、放鬆、安靜、吵鬧、窄；吸引、喜歡、漂亮、挺好、滿意、再來、不喜歡。

（二）社會網絡與語義網絡分析

1. 生產實踐社會網絡與語義網絡分析

運用 ROSTCM 6 軟體對訪談文本的高頻名詞和動詞進行統計後，啟動 ROSTCM 6 的 Netdraw 軟體繪製的社會網絡與語義網絡分析，結果如圖 5-1。

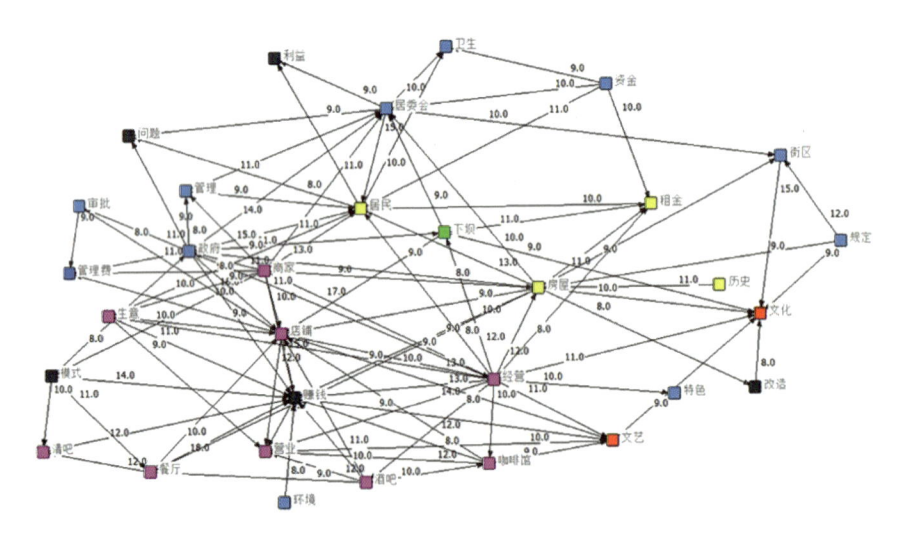

↑圖 5-1　生產實踐－社會網絡與語義網絡分析圖。
資料來源：作者根據 ROSTCM6 語義網絡分析結果整理。

通過上述模型，可以看出「房屋、賺錢、店鋪」等高頻詞成為社會網絡與語義網絡分析圖中聯繫的樞紐。反映生產者的生產實踐意圖

第五章 老街旅遊空間實踐：空間意義形塑與空間權力博弈　203

的趨利性目的，反映生產者在旅遊空間生產實踐的行為特徵以及生產互動過程中的關係，同時也反映了生產實踐的物質結果，以及對歷史街區文化形態的影響。

通過在 ROSTCM6 語義網絡分析模型的 Ego Networks 功能點取最高頻數，或與研究問題、內容與目的最相關的關鍵詞，可以得出該詞與之聯繫密切的其他關鍵詞，以探討它們之間的關係。

（1）資本收益：生產實踐的過程與目的

「賺錢」成為網路模型的核心詞，說明金錢利益是旅遊空間生產實踐的關鍵核心，回應了上一章空間表徵的符號意圖意義是各生產者對文化附加值的利用。點擊「賺錢」，則出現以下模型（圖 5-2）：

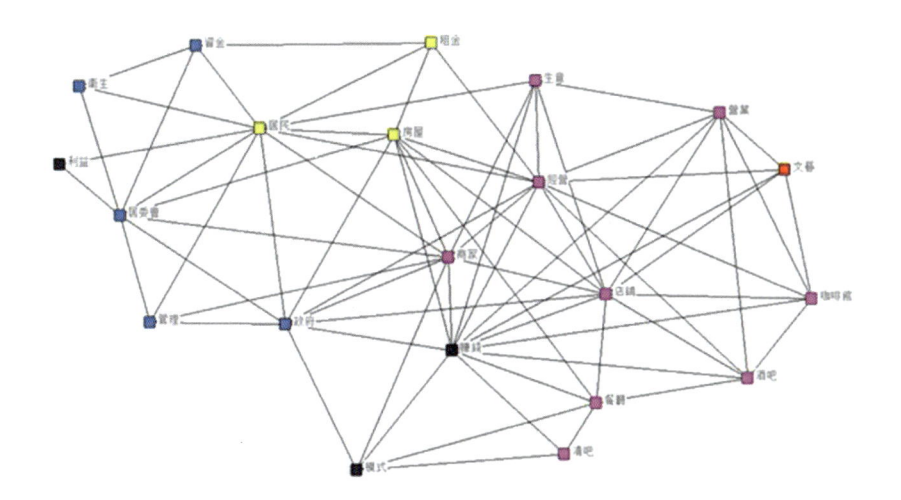

↑圖 5-2　賺錢－社會網絡與語義網絡分析圖。
資料來源：作者根據 ROSTCM6 語義網絡分析結果整理。

首先，居民與房屋、租金聯繫密切，並通過房屋與賺錢連接，很明顯房屋是居民的生產資料，生產成品還是房屋；居民只與商家直接連接，或通過房屋與商家連接，與後者的其他商業活動毫無關係，意味著居民只關心商家是否交租金，而對其經營範圍、內容與效果完全不關注；居民與各級政府及其管理聯繫密切，意味著在空間生產實踐過程中，他們之間有著密切的互動；另外，居民與居委會有著利益的關聯。

其次，商家生意、經營與賺錢的場所是店鋪，店鋪包括酒吧、餐廳、清吧與咖啡館，而以上營業活動、賺錢都與文化直接相關；因此，商家為了賺錢，利用文化符號進行店鋪空間的文化意義建構，以獲得更豐厚的利潤；商家與政府、居委會直接相關，但與後者的管理行為無關係，也就是說在下壩坊的營商環境中，政府與商家的互動甚少。

最後，政府與賺錢、模式有關聯，說明政府更多是考慮以某些開發或管理模式來達到經濟效益；政府、居委會與管理有聯繫，體現了政治權力的職能；居委會與資金、衛生有關聯，意味著居委會的地方管理存在的問題與資金相關。總之，賺錢這個主題涉及到各個主體生產實踐的目的、社會關係及其互動的內容。

（2）店鋪空間：文化符號及經營活動的空間

「店鋪」是頻數最多的詞之一，是下壩坊生產實踐的結果，也是商家利用房屋這種生產資料進行旅遊實踐的空間，從網路分析圖中可以看出與其聯絡的關鍵詞，得出圖 5-3：

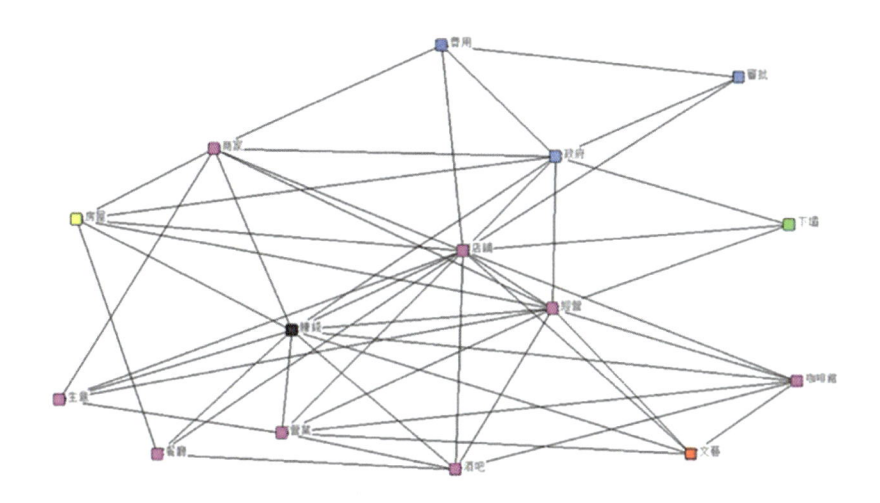

第五章 老街旅遊空間實踐：空間意義形塑與空間權力博弈　205

↑圖 5-3　店鋪－社會網絡與語義網絡分析圖。
資料來源：作者根據 ROSTCM6 語義網絡分析結果整理。

　　店鋪與商家及其商業活動、業種與業態相關，又通過這些關鍵字與房屋與賺錢相關；店鋪與下壩及文藝相關，下壩是個村落文化符號，因而店鋪空間生產實踐與歷史街區的文化符號關係密切；另外，店鋪與政府及費用有聯繫，費用意味著在商業經營成本與政策支持方面，店鋪與政府相關；關鍵字之間的聯繫反映了店鋪的文本意義建構由景觀空間及互動空間構成，其過程是對文化符號進行形塑，主題是打造空間的文藝氛圍，目的是配合經營內容與目標。

（3）生產互動：生產實踐的管理及制約
　　點擊「商家、居民、政府和居委會」等生產者出現以下網絡分析模型。以此分析在生產實踐中生產者之間的關係和影響生產互動的因素（圖 5-4）。

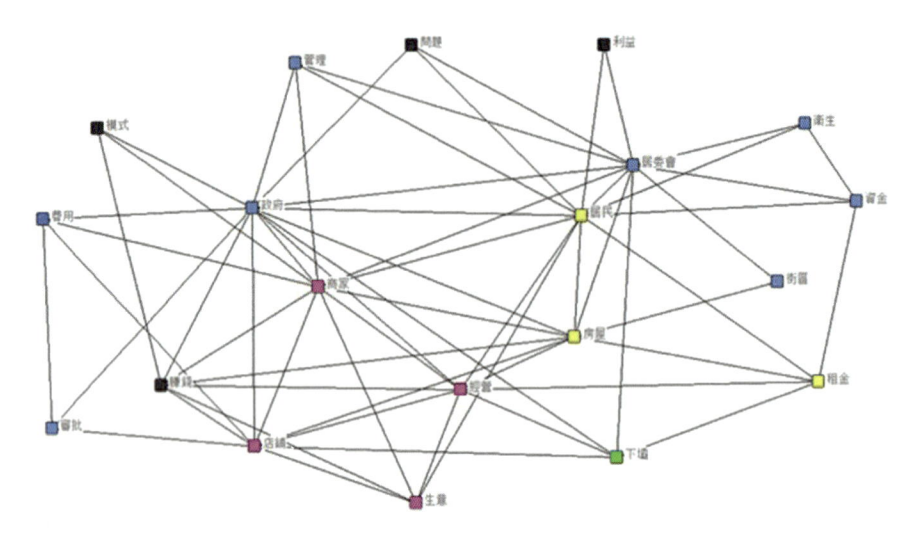

↑圖 5-4　生產者－社會網絡與語義網絡分析圖。
資料來源：作者根據 ROSTCM6 語義網絡分析結果整理。

　　首先，居民與商家在房屋及租金、經營生意狀況相關，但對店鋪沒有關聯，沒有看出居民與商家在生產實踐中的互動，說明居民在房屋出租後，對商家的經營類別與經營活動不太重視，只關注商家的生意與租金相關的事宜。

　　其次，政府、居委會、居民與下壩坊的房屋及其他管理有關聯，但在實際資金使用及衛生方面，居委會是直接關係人與實施者；並且，資金的使用與居民、居委會有利益相關。居委會、商家、房屋及管理方面有直接關聯，在店鋪與經營方面只有間接聯繫，表明居委會對房屋的改造承擔管理義務，然而對店鋪的經營業種沒有直接干預。

　　最後，政府與商家、管理、審批與費用直接相關，而後者與店鋪相連。說明政府承擔管理與審批的職能，商家因政府的某些

職能要負擔費用，且其經營活動也與政府有關聯。下壩坊的「問題」關鍵詞與政府、居委會和居民三者有關係。說明三者是產生下壩坊生產實踐中出現的各種問題的關鍵因素。

2.旅遊實踐社會網絡與語義網絡分析

運用 ROSTCM 6 軟體對訪談文本的高頻詞和動詞進行統計，啟動 Netdraw 軟體自動繪製的社會網絡與語義網絡分析，得出圖 5-5。

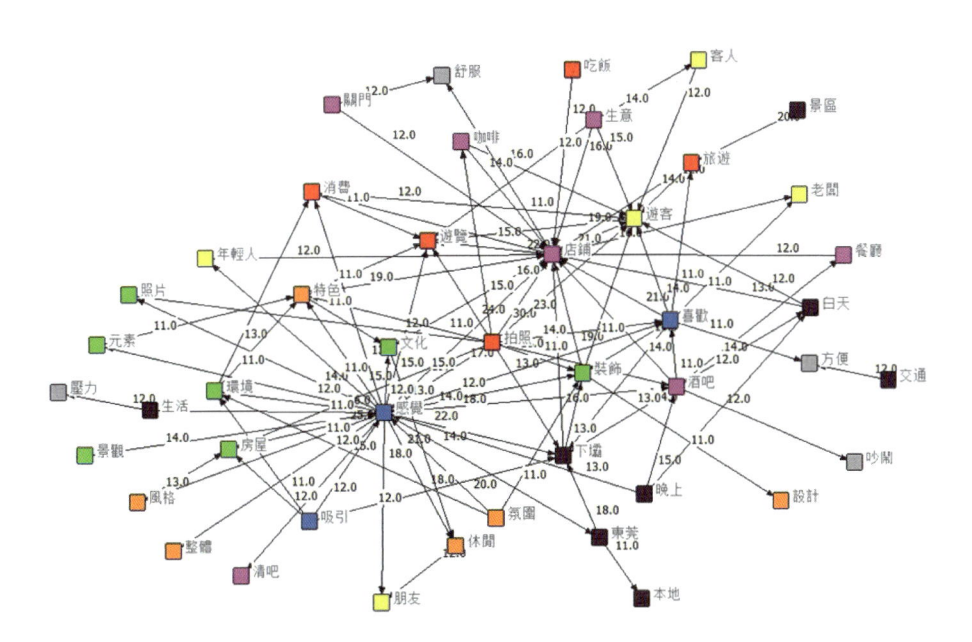

↑圖 5-5　旅遊實踐－社會網絡與語義網絡分析圖。
資料來源：作者根據 ROSTCM6 語義網絡分析結果整理。

通過模型可知生產者旅遊空間生產實踐的結果是如何被遊客所感知，以及初步了解旅遊過程中符號互動的特徵。「遊客、感覺、店鋪」等高頻詞也成為語義網絡分析圖中聯繫的樞紐。旅遊實踐的高頻詞表明，遊客的旅遊感知是在旅遊實踐中形成，感覺與下壩的人文景觀、空間氛圍、旅遊活動（遊覽與消費行為）等相關。

（1）商家：店鋪空間建構文本符號

為了探索生產者商家對空間符號的營造以及產生的影響，點擊「老闆、店鋪、裝飾、風格、氛圍」等詞，得出圖5-6模型：

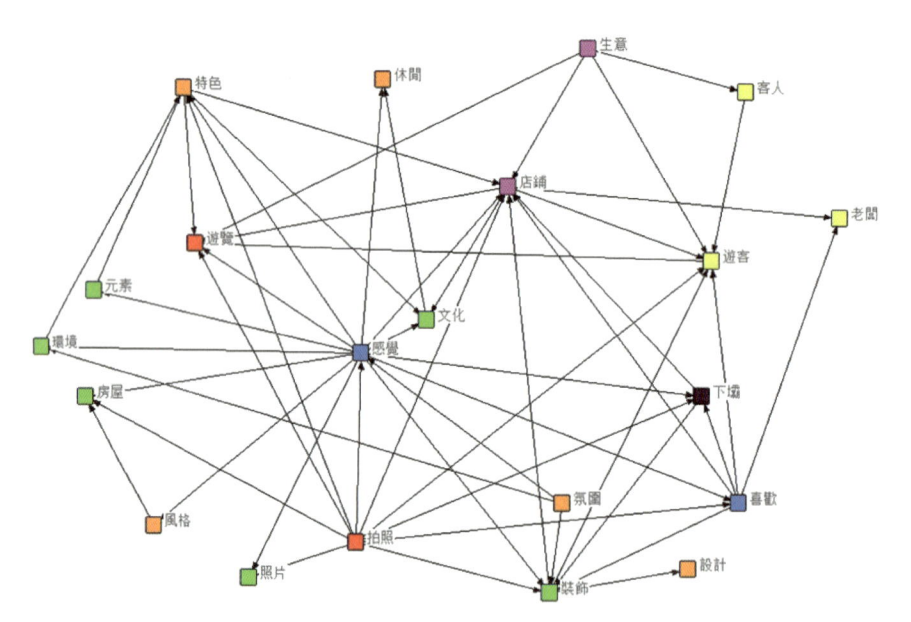

↑圖5-6　商家等－社會網絡與語義網絡分析圖。
資料來源：作者根據ROSTCM6語義網絡分析結果整理。

店鋪與遊客、感覺、喜歡相關，意味著商家的店鋪空間是圍繞著滿足遊客消費者的需求而生產，又體現著商家自身的好惡、興趣與審美傾向。店鋪與遊客拍照、遊覽、生意有聯繫，說明通過遊覽店鋪景觀、與店鋪互動會為店鋪帶來生意，有助於店鋪經營；店鋪、特色與裝飾、設計有關，店鋪又與休閒、文化相關，說明店鋪空間文本符號是由商家以文化意義符號化、以空間表徵來形塑，商家對店鋪消費空間的建構有其生產意圖，從而佐證空間實踐是空間表徵的延續，是符號意圖意義轉化成文本意義的過程與結果。

（2）遊客：遊覽與消費的符號互動

　　點擊「遊客、遊覽、拍照、消費」等動詞，出現圖5-7的語義網絡模型：

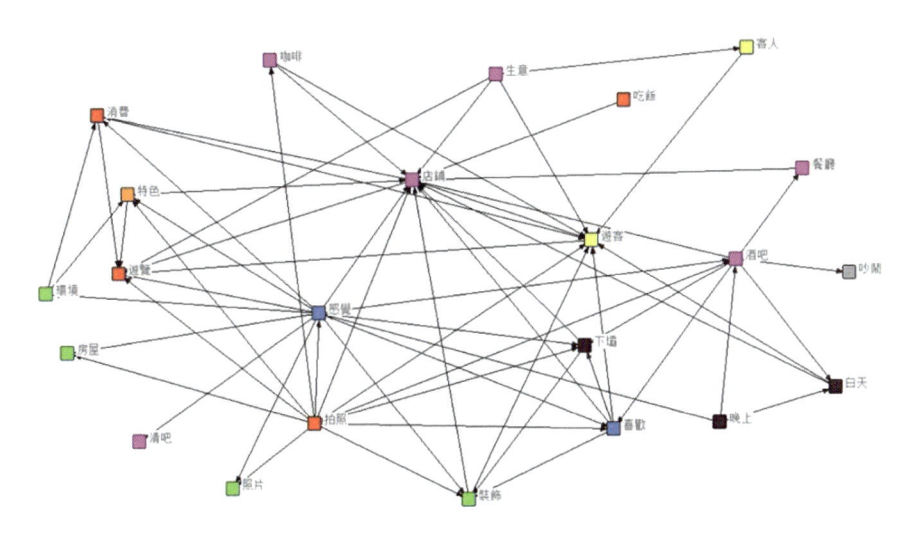

↑圖5-7　遊覽等－社會網絡與語義網絡分析圖。
資料來源：作者根據ROSTCM6語義網絡分析結果整理。

首先，遊客與店鋪、裝飾、遊覽、拍照等關鍵字有聯繫，說明下壩坊遊客的旅遊互動首先是遊覽、拍照，其對象是下壩坊的房屋、環境、店鋪和裝飾物，屬於「人－地」互動；也印證了外界所說的，下壩坊是拍攝基地。

其次，遊客的消費還與店鋪、環境、咖啡、消費等關鍵字有聯繫。遊客的消費受到店鋪環境與特色影響，到店鋪消費最多的活動是喝咖啡與吃飯。遊客與夜晚、酒吧沒有聯繫，說明白天在下壩坊旅遊的消費者與晚上到酒吧的消費者是分開的，事實上據作者多次夜晚去酒吧進行參與式觀察，發覺消費者大多數是下班後去喝酒的本地人。商家這個關鍵字在網路中缺失，商家代表生產者，即是店鋪的老闆，意味著遊客甚少與老闆有直接互動，主客互動大多只發生在與店鋪的工作人員之間，這個現象與麗江和其他旅遊目的地民宿的主客互動很不同。商家與遊客、客人的聯繫是分開的，意味著商家出於生意上的考慮，將前來店鋪的人分成遊客與客人，遊覽拍照的是遊客，有實質消費的才是客人。

最後，遊客通過遊覽、拍照與消費活動來與感覺產生聯繫，說明旅遊活動過程中的感知與體驗產生空間意象；感覺與喜歡、消費有聯繫，表明空間意象對遊客的積極情緒與旅遊消費產生正向影響。

（3）遊客：空間感知的內容與影響

點擊「感覺」，探討與遊客空間感知相關的關鍵詞及其關係（圖 5-8）。

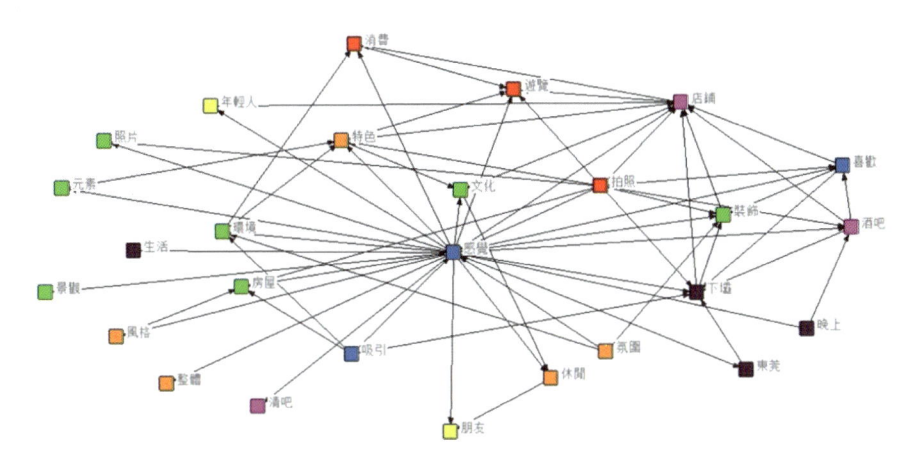

第五章 老街旅遊空間實踐：空間意義形塑與空間權力博弈　211

↑圖 5-8　感覺等－社會網絡與語義網絡分析圖。
資料來源：作者根據 ROSTCM6 語義網絡分析結果整理。

　　在中文語域下，「感覺」二字會被受訪者當名詞與動詞用，是感受與覺得的意思。作者在資料處理上，經過對訪談情境及文脈的分析，將上述兩種意思明確在文字上分清，本語義分析用的「感覺」實質上表達學界所用的「感知」的概念定義。因此，以下都以感知代之。

　　感知與下壩坊的景觀、環境、房屋、店鋪、裝飾等關鍵字有關，這些構成遊客的物質空間符號感知印象；感知與文化、特色和元素，以及年輕人、休閒與氛圍等關鍵字相關，反映了下壩坊的消費文化風格與特徵，構成遊客的精神空間符號感知印象；感知與遊覽、拍照、消費、晚上、酒吧有聯繫，感知與生活、朋友關鍵字相關，構成了遊客旅遊活動中人與空間、人－地與人－人的空間互動符號感知印象。

　　點擊「下壩」以觀察了解遊客對下壩坊的總體空間感知。出現圖 5-9 的網絡模型。

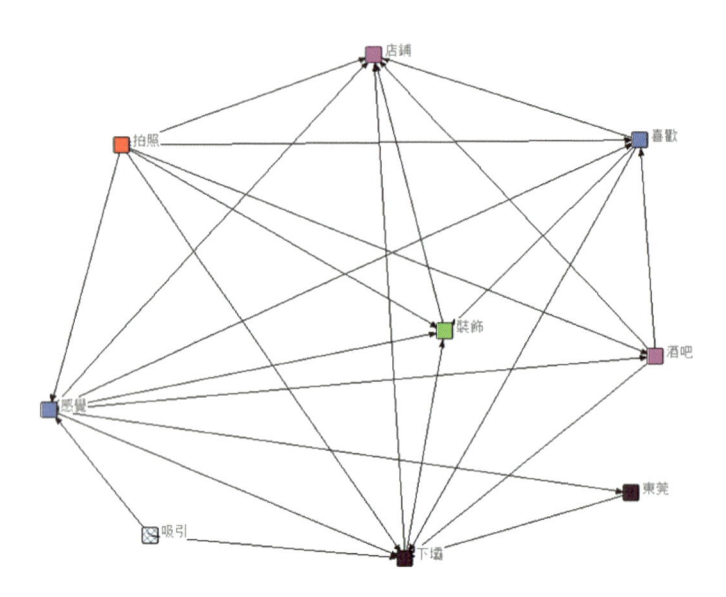

↑圖 5- 9　下壩－社會網絡與語義網絡分析圖。
資料來源：作者根據 ROSTCM6 語義網絡分析結果整理。

　　與下壩相關的感知的關鍵字有東莞、店鋪、酒吧，裝飾與拍照，幾乎集中了上述所有高頻關鍵詞，表明遊客對下壩坊最強烈的感知印象是：東莞的村落、裝飾的店鋪、拍照的地方、酒吧街、商業化的旅遊景點。

二、生產實踐建構景觀空間的文本意義

（一）生產實踐：對旅遊空間表徵的形塑

1.空間表徵意圖意義的延續

　　內容分析的高頻詞與網絡語義分析模型中「賺錢、利益」字詞表

明，利益仍是生產者在生產實踐中最關注的事情，這與前面空間表徵的論述中，生產者通過歷史街區空間符號的文化意義產生的符號附加值，去爭取更多利益的空間生產動機與意圖相一致。

商家與居民的空間表徵，意圖意義分別是追求商業利潤與租金回報，在他們具體的生產實踐裏，首先表現在居民和商家對房屋的加建與擴建行為中。居民的房屋改造大多未經報批，有很多人乘機拆了舊的平房，搶建新屋，爭取多點出租面積（R02-405）。房屋作為居民生產的產品，當然要符合使用者—商家的要求，由於村落的房屋存在著先天不足，滿足不了商業功能的需要，原來三間房子是獨立的，改造的時候把它們連在一起了，否則空間太小，沒法做生意（B06-601）。因而，居民對與租金的渴望，加建與擴建行為勢在必行。

並非只有居民與商家的經濟資本才有追逐利益的動機，從 ROSTCM6 的社會網絡和語義網絡模型中，還看到政府與「賺錢」這個關鍵詞有多路的聯繫。即使政府本來的空間表徵意圖是保護文化遺產，促進社會、經濟與文化效益的協調發展總目標，但在其他生產者的眼中，政府與居委會介入下壩坊的管理事務也是為了追求自己的經濟利益。

商家認為政府平時很少與他們接觸，也不關心他們的經營狀況與困難，而是想方設法從他們身上抽取費用。政府過來聯絡我們的原因是為他們的利益，如催辦營業執照，規定要做房屋鑒定，要收我們的費用（B02-805）。客觀而言，商家有點偏激與自私，打開門做生意理應要持有合法的執照；又因下壩坊的房屋年代久遠且缺乏維護，有可能存在建築結構隱患，房屋安全鑒定是為了保護公眾的生命與財產。另一邊，居民也認為政府、居委會參與下壩坊歷史街區的事務也是為了利益。對下壩坊統租與管理，居委會既然沒利益，為什麼要管……

（G03-413）。其實，統一租賃有利於抑制歷史街區的過度商業化，合理進行業態佈局，對旅遊區的可持續發展是利大於弊的。即使居委會確實關心利益與資金，從完善景區內的公共設施來說也情有可原。**市政府沒給經費，村委會又沒租金收，難道叫我們自己貼錢做（G02-413）**？基層政府對利益的關注確實溢於言表。

上級政府曾劃撥一些維修經費予下壩坊，但商家對居委會的一些行為有比較負面的評價：**政府撥幾千萬基金下來，村委會花錢去給村民分米分油，比如今天，村裏的村民集體吃團年飯，它的錢只會弄這些事情**（B07-806）。這或許是一種猜測，但足可說明區內的商家對政府在下壩坊的作為是質疑的。

以上分析表明，在建築改造、公共設施建設等空間實踐中，利益作為生產者空間表徵的動機與意圖也體現在生產實踐中，並且主導了生產者在旅遊空間的生產實踐，所以說歷史街區的生產實踐是空間表徵的延續，也是實現其意圖意義的實踐過程。

2.空間表徵的符號載體

旅遊活動畢竟是一項社會、經濟與文化實踐活動，具有功能性和物質性，因此在符號化活動中，需要經過符號形塑的過程，就是將空間載體的實用性與符號性結合在一起。

事實證明，旅遊景區的開發或多或少經過規劃設計階段，按規劃內容以工程實施的手段將符號載體呈現出來。這種感知性的符號載體在旅遊空間裏以兩種狀態進行呈現：旅遊景觀空間與旅遊互動空間。

居民的空間表徵在生產實踐中表現得最為直接，下壩坊初起步時的搶建違建行為不是為了滿足自己的居住需要，也不是為了拯救舊村殘破不堪的面貌，只是一種投資行為，只是為了博取高額的租金。而

商家則以同樣的方式，將自己的經營方面的空間表徵以擴建的方式貫徹在改造工程實踐中，有被訪問的商家談起正在改建的商店時說，我也花了10幾萬裝修，自己設計，現在我自己只用地面這層，準備把樓上也用起來，我的構思就是想，如果有時朋友過來聚會，或者其他人需要，可以租出去舉辦小型聚會的（B04-603），擴大再生產的空間表徵體現在改造工程的空間使用的靈活性上。政府利用建築材料將空間表徵落實到景區建築、廣場、道路及其他基礎設施的工程實踐中，按照最初的規劃思路改造部分公共空間、公共通道，修繕下水道，然後用紅磚、花崗石做一些裝飾（G03-406）。在下壩坊旅遊景觀空間生產中，生產者正是這樣將各自的空間表徵落實到生產實踐：居民對房屋進行改建擴建，而商家則利用房屋資源進行空間改造裝修實踐。旅遊空間生產實踐就是生產者將各自的空間表徵進行「形塑化」的過程。

（二）生產實踐：景觀空間文本符號的建構

1.居民生產實踐的文本符號：一棟增加出租面積的房屋

居民常見的生產實踐是拆掉原來的單層民居，改建成為多層的新建築，在原有用地面積基礎上，更直接地達到提高建築容積率，增加更多的可出租面積的目的。在開發初期居民拼命搶建，就算當時已經變成萬江區乃至東莞市的一個名片，村民還拆了自己的平房，加蓋到三、四層（G03-602）。除了拆除重建的行為外還有加建，更有甚者直接在原來的結構上用鋼結構搭建，甚至以鋼筋混凝土結構加建，樓宇安全問題拋諸腦後，以前全是平房，建築高度差不多，現在在上面加建幾層高。可能這樣加建不是很堅固，如果無人用，一、兩年有可能會倒塌（R01-602）。

下壩坊原生村落裏有一些屋前屋後的空地或者菜地農田，從一個完善的旅遊景區總體規劃角度出發，這些空地完全可以被用作景區公共休閒空間或者安排其他旅遊設施的建設。但在租金利益的空間表徵意圖下，也被居民用來擴建成舊屋的附屬建築。除了那些有明確產權的土地或房屋外，甚至有居民打破平時和諧的鄰里關係而不惜引起鄰里紛爭，將有待確權的歷史遺留的閒置土地搶建房屋。一些空置的土地產權模糊不清，運河邊上有個居民，也是想分一杯羹，在別人家門前空地砌起高樓，直接將路堵住了，如今紛爭還在繼續（R03-503）。這類生產實踐的過程與結果，不止改變下壩坊的物理空間，還改變了空間內在的社會關係，村落場域裏面的文化慣習也阻擋不了資本的利益誘惑。下壩居民及商家改建擴建生產實踐的模式見圖5-10：

↑圖5-10 下壩居民及商家改建擴建實踐分析圖。
資料來源：作者根據受訪者G04提供的資料整理。

那些因為家庭財政問題未能對舊房屋拆建與擴建的居民，為了穩定高額的租金，也默許或主動支持商家的加建、擴建行為。即使個別居民偶爾對商家的加層、加建的違章建築的耐用性略感擔憂，但從來沒覺得破壞歷史街區的風貌和空間形態是個問題，反而很認同這些違章建築。所以，居民的生產實踐的目標很簡單，就是實施空間表徵的意圖意義，增加可供出租的空間。

2.商家生產實踐的文本符號：一個消費文化符號空間

　　歷史民居是吸引遊客的旅遊資源，也是商家進行經營的場所，是商家實施其空間表徵的物質載體。基於追求利益的意圖下，在增大營業面積這方面與居民的意圖是不謀而合的。下壩坊傳統房屋空間面積較小，獨門獨戶，難以適應某些經營活動，因而，很多商家以擴建和加建的形式對其進行改造的事情屢見不鮮。以前獨立的小屋只有一層，就算有一個閣樓，面積也太小，都不足以滿足經營面積需要，一定要進行加建（G03-602）。而且，商家的改擴建就不限於獨棟房屋了，因為面積還是不敷使用。如果說居民的生產實踐基本上僅限於單體建築的改造，那麼商家的改造就涉及到街區公共空間的佔用了。

　　首先，商家對歷史建築的改造是化零為整，將幾間房屋連成一體，以滿足餐飲、酒吧等經營規模的需要。下壩坊的每棟老房子面積都很小，不適合作為餐廳這種商業經營的，只能想辦法租下了幾個靠近的舊屋，用天橋把它們連接在一起，將其中的一棟倒塌的民房拆了，改為我們餐廳的演出舞台（B05-601）。天橋連接幾棟房子雖然滿足了商業功能，但佔用了公共空間的空中使用權。尤其是將幾棟被小巷隔開的民宅用作餐廳，佔用公共巷子作為上菜及服務的通道，干擾了公眾的參觀路線。實質上是將公共空間作私有化佔用，侵害了公眾利益，

更令人擔憂的是，本來難以符合消防標準的街區更增加了消防隱患。

其次，未能擴建的商家選擇向高空發展，但又不想花太多的投資拆除重建，直接在屋頂上加建露天平台或帶雨棚的涼亭，用作擺放更多營業性座位的經營空間。這裏的房子都很窄，在花園和屋頂搭建了幾個平台（B05-602）。搭建的平台、亭子增加原有建築物荷載，加劇了房屋結構的危險性，同時商家的生產實踐也改變了傳統建築的造型與風格。下壩坊原來的房屋大多數是一層的灰瓦坡頂的嶺南式民居建築，加建後雜亂的建築外形破壞了村落的風貌和天際線。

再次，除了進行建築改造外，第一輪租客對民宅前後的空地進行臨時性或者永久性的改建。把前面的小院子一起租下來，擺上花，擺幾個室外座位，把氛圍做出來，提供一個喝咖啡的環境（B03-604）。院子承載著傳統村落社會生活的記憶，當它被用作商業用途後，新的功能與商業活動改變了空間內涵，形塑了新的空間形態，也就生產了新的社會空間。空間生產還沒有停止，下壩坊商店倒閉開業、商家頻繁替換的現象屢見不爽，後來接手的商家又根據自己的經營類別和規模進行空間再生產。那間擁有最美的院子的清吧，填平了蛙聲陣陣、綠草依依的池子，改成了小舞臺，鬧騰得一分鐘也待不下去（G03-114）。輪番的拆建與改建，使得原有的空間形態已經面目全非。

最後，除了在租用空間區域進行加建外，商家得寸進尺，還佔用街區的一些廣場空間作經營之用。作者在實地觀察中，發現下壩坊有間最大的餐廳，長年在餐廳外的小巷廣場擺著幾十張座椅，當做室外的營業場所，佔用了遊客的公共活動空間。有些商家佔用很多公共空間，作為經營空間達到他們的經營目的（G03-110）。這些現象說明，商家的生產實踐不止改變歷史街區的局部空間的功能、結構與形式，還影響了空間中人的活動。為了實現空間表徵的意圖，居民與商家在

第五章 老街旅遊空間實踐：空間意義形塑與空間權力博弈

生產實踐中對公共空間進行侵佔，將公共空間的使用權私有化，侵害了社區其他人的利益，反映了物業權力與金融權力結合起來的經濟權力對空間生產的影響。圖 5-11 是作者在下壩坊對商家生產實踐的現場記錄。

公共空地加建樓梯及庭院　　　屋頂改造加建營業座位

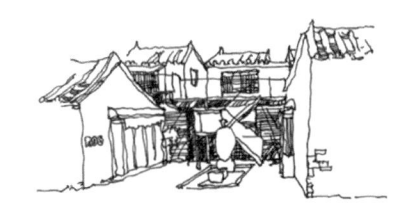

↑圖 5-11　下壩坊改造實況。
資料來源：作者現場寫生。

商家的重建、加建與擴建行為導致舊房屋外觀出現重大的變動。另外嶺南村落的民居佈局排列整齊，每棟建築猶如複製而成，彼此外觀大同小異而缺乏個性。而且經過多年的社會發展變遷，其中還摻雜著上世紀 8、90 年代的「方盒子」建築，外觀更加缺少特色，難以滿足經營上的商業或消費文化審美需要。因此，商家主動對房屋的外觀的改造也是生產實踐的一項重要內容。

作者取得受訪者 G03 提供的 2011 年下壩坊開發之初的照片後，於 2017 年在相同的地點進行拍攝，並根據照片對比分析方法，得出商家對下壩坊建築外觀的改造主要包括：空地擴建；舊建築拆建擴建；佔用公共空間；建築外觀顏色改變等幾方面（圖 5-12）。

↑圖 5-12　下壩 2011 年與 2017 年街區風貌對比分析圖。

資料來源：作者整理。左圖 G03 提供（攝於 2011 年）；右圖本研究攝於 2017 年。

1. 空地擴建
2. 舊建築拆建
3. 建築外觀顏色改變
4. 佔用公共空間。

與 ROSTCM6 的網絡模型結果一樣，商家的生產實踐除了著力進行建築本身的物理空間生產外，他們更注重營業空間的符號生產，為建築空間賦予文化意義，使之成為消費文化符號空間。通常商家採用了舞台化的設置手法：在街區傳統村落空間的大背景下，將店鋪當作整個景區舞台的表演場景，而建築外觀則是演出的佈景，以各種文化裝飾物、花卉和藝術擺設作為配景和道具，旨在建構一個文本符號，以吸引遊客的注意並產生消費的慾望。

如圖 5-13 所示，為了滿足遊客或消費者的審美潮流，商家主要採用舞台化的建構手法，將傳統村落文化符號與消費文化符號組成新的文本符號。

1.地域性的背景

2.主題性的佈景

3.藝術性的配景

4.商業性的道具

↑圖 5-13　下壩商家對建築外觀的舞台化設置分析圖。
資料來源：作者 2017 年拍攝及整理。

（1）村落文化符號：在象徵傳統社會文化的村落環境中，以地域性文化的歷史建築作為舞台背景，賦予空間的村落文化意義，讓空間中的人、物和事沉浸在這個氛圍中，暗示人們身處安全而充滿人情味的慢生活場景。

（2）異域文化符號：配合商業經營策略與產品特點，將大量海外自然符號和城市符號，例如象徵休閒的地中海符號，代表神秘脫俗的西藏符號等作為舞台布景，賦予異域文化意義，暗示人在旅途中的放鬆寫意的主題。地域與異域符號的拼貼產生時空的交錯，還給人們帶來獵奇刺激的感覺。例如，最早進入下壩坊的著名工作室中，薔薇之光走懷舊經典路線，38號矮房子藏吧是濃郁的藏族風情，菩提灣清幽雅致，Dejawu則更偏向歐美風情，花園草坪是它們的特色。

（3）藝術文化符號：在空間中擺設各種飾物作為舞台配景與道具，象徵精緻生活品味的家具，各種花卉植物以示對大自然的熱愛，仿真工藝品與古董透露出品味，書籍再次點題空間的文化性。小尺度而又貼近人們身體的配景最能讓人感受到空間的特質。

（4）商業文化符號：直接與商業關聯的符號也經過文化意義符號化，店鋪的招牌、產品、廣告與介紹無一例外。服務成為舞台表演的內容與過程，有時還會邀請遊客參與，所有的一切只是告訴消費者在這個空間內消費是物有所值的。

商家除了對建築造型及建築形式、周圍環境進行改造外，更重要的景觀符號生產發生在建築內部，下壩坊房屋改造的目的塑造經營與消費空間。因為室內設施及環境關係到產品、銷售與服務，也關係到消費者的體驗，直接影響產品附加值的生產。由於商家店鋪內的景觀空間生產與遊客的旅遊消費活動息息相關，因而，將在後文中結合遊

客感知與體驗進行探討。

3.政府的生產實踐文本符號：一個盡可能完整的景區

政府的空間實踐包括兩部分：社會空間建設及治理，任務是如何將空間表徵通過空間實踐達到預期的目的。在「自下而上」的下壩坊旅遊空間實踐中，體現在政府進行公共空間的投資與對其他生產者的空間實踐管控，以期實現其意圖意義，打造出有影響力的歷史文化景區。

東莞市政府與萬江區政府都劃撥了文物保護與利用專項資金與東莞名村項目基金給壩頭社區。政府的資金投入並非用於商業性開發，主要用於下壩坊旅遊景觀空間的整治環境、更新及完善基礎設施及新建景點等方面。包括公共設施、停車場、沿河堤的一些景觀優化（G01-114）。下壩坊的建設基本按照規劃的方向在逐步進行，正在做修路、環境等美化和改造工程。按照規劃第一階段的構思在實施，北廣場已經按照規劃修好了，正在用石頭來鋪路和修築河堤。但總的進度還是比規劃要慢了（G04-801）。其次建設個牌坊，營造水鄉文化特色（G02-1106）。事實上，當作者於2023年再次回訪下壩坊時，這些項目都已經完成。

對於在下壩坊經營的商家而言，似乎這些都是表面功夫，未能真正提升空間的素質。比如下壩坊後面是已經整修過的，花了幾千萬來鋪的花崗石，沒效果啊……我覺得政府應該把整個下壩的主題推廣出去，讓人知道這個地方，其次就是每條巷子一定要注重衛生，骯髒，真的是很骯髒（B07-809）。

由此可見，政府的空間實踐只是致力於公共空間的物質空間生產，而且只注重公共空間界面的景觀，對於公共空間管理方面有所忽視，例如政府尚未解決當前商家最關心的環境衛生、治安與推廣問

題，更重要的是景區的產業的配置問題，對於一個成功的旅遊景區而言，政府要做的事還有很多。

由於空間所有權與使用權的話語權的分離，使政府的空間實踐範圍受到限制，只能採取了見縫插針的方式，只能在下壩坊對所剩下的空地與周邊道路進行建設活動。如圖 5-14 所示。

集體用地的整治：廣場鋪地與綠化工程

水體道路的美化：池塘欄杆與道路美化工程

↑圖 5- 14　公共空間見縫插針式的環境修整圖（2011 年與 2017 年街區風貌對比）。
資料來源：作者及整理。左圖 G03 提供（攝於 2011 年）；右圖作者攝於 2017 年。

4.景觀空間的文本意義建構

　　下壩坊歷史街區景觀主要成分是村落的歷史建築群，由大量的層數低且建築體量小嶺南風格的村落民居組成，紅磚牆灰瓦坡屋頂是它們的符號。現在，居民的新生產實踐的結果是高達三層的鋼筋混凝土平頂建築，外牆貼著俗氣的釉面磚。所謂現代建築風格與原有舊建築的傳統風格不協調。空地加建的房屋增加了整個小區的建築密度，顯得更加擁擠，巷子的空間尺度更加失衡，令社區的空間肌理發生了變化。從下壩坊入口處的斜坡一看，前面那條大路邊的建築街景就有點亂，遠處可以看到很多新的樓房樓，剛開始的時候是一片片的青瓦坡屋頂，很有村落味道的，現在沒有那種景觀了，有點亂（B10-201）。新舊建築簡單粗暴的混雜方式，使整個村落建築景觀符號減少了村落文化特色的文本意義。

　　如果說居民作為下壩坊原生空間的首次生產者，他們的亂拆亂建、新建擴建的房屋外觀與舊房屋不協調，已經損害了村落空間建築群的傳統風格，那麼在這方面的影響，商家的生產實踐破壞力不遑多讓。有些缺乏資金的居民直接將物業交由商家改造，商家基於商業經營的需要，建築結構或規模、建築造型或形式都進行徹底的改造與裝飾。下壩坊就像在一塊空地上這樣建成的，與以前的事物沒有太大關係，除了有幾間標誌性的建築外，後加的元素與歷史沒關聯（G03-108）。下壩坊原有「六橫十三縱」的巷道空間結構，體現了歷史上的社會空間結構，是傳統農村社會生活、文化習俗及生產技術的真實反映的歷史遺存。商家對原有建築在地面與上空的肆意連接與合拼，擾亂了原有的巷道空間結構，破壞了下壩坊的空間肌理。

　　在商家的生產實踐中，下壩坊的每一個建築、每一間店鋪都已經

以裝飾性的符號拼貼手法進行符號化，諸多景觀符號被組合進下壩坊的符號系統時，產了一個混雜的景觀空間符號文本意義。例如在不同受訪者訪談中，「麗江」是個高頻詞，常用來與下壩的現狀對比。有些商家引進一些麗江那個環境和文化形式，應該是他們在那邊看到那樣的東西，想在下壩加入這些元素，很多人都說有點那樣的感覺（R02-302）。麗江的文化符號，例如建築裝飾、擺設等環境符號在下壩坊隨處可見。商家對建築外觀商業化的裝飾使文化旅遊吸引物失去了原真性，景觀與歷史傳統文化失去內在的聯繫，與外地的景觀有很多相似之處。除了普通的建築景觀符號相似之外，業態也與麗江相似，連居民、商家自己都認為這裏充斥著麗江式的酒吧文化符號。那些酒吧就使整個氛圍改變了，下壩坊已經被人貼上酒吧街的標籤。現在好像麗江那樣，都說可以在這裏邂逅艷遇啊（B04-204）。這些不但失去了自己的特點，還徹底地改變了下壩坊的村落空間氣質，商家的生產實踐結果體現了消費文化意義的商業空間文本符號。圖 5-15 為作者於同一拍攝角度所拍的照片，可以看出酒吧業商家對景觀空間的改造，造成街區空間風貌的變化。

第五章 老街旅遊空間實踐：空間意義形塑與空間權力博弈　227

2011 年的舊房屋　　　　　2017 年的酒吧（同一拍攝角度）

酒吧式的商業符號（2021 年）　　麗江式的文字符號（2021 年）

▲圖 5-15　酒吧業商家對景觀空間的改造（2011 年與 2017 年街區風貌對比）。
資料來源：2011 年照片由 G03 提供；2017 年、2021 年照片為作者拍攝整理。

（三）生產實踐：空間權力衝突與妥協

在空間表徵層面所形成的空間權力同樣延續到生產實踐的社會互動中，儘管如此，各種空間權力在生產實踐層面又表現出一些新的態勢，並影響到生產實踐的結果與旅遊空間符號文本意義的生產。

1.生產實踐中空間權力的態勢

（1）唇亡齒寒：利益建構的經濟權力

居民的物業資本與商家的金融資本連結成經濟資本，從而共同形成經濟權力。兩者除了處理租賃合約產生的事宜外，並無過多的聯繫及衝突。平時村民不會進來，只有每個月交租的時候才看到，如果平時看到，那也是他們觀察一下商家經營狀況如何，有沒有可能倒閉逃跑之類的（B02-811）。也就是說，居民關心商家的經營情況，無非是基於自身利益的考慮。平時很少和房東打交道，有時他過來坐一會，聊聊天，我覺得主要是看看你生意好不好，房東都怕你生意不行，怕你沒能力交房租（B07-803）。

儘管居民與商家的關係淡漠，但為了保證租金收入的穩定性，居民還是希望商家的經營狀況良好。然而，從居民的表現看出，政府希望居民不要因為租金少而放棄一些文化類的企業，這根本是不可能的事情。利益目標的一致性決定經濟權力在對抗政治權力時，顯示出同一立場的影響作用。

（2）貌合神離：商家建構的社會權力

下壩坊原先的社會結構的主要成員是本村居民，場域的社會權力主要建構於原居民的組織結構、宗族意識與傳統村落文化習

俗等因素的基礎上。下壩坊旅遊開發後，商家與遊客成為了旅遊空間的新成員，遊客作為消費者只是短暫在下壩坊停留，對社會關係影響及作用可以忽略不計，但商家長期直接與居民及基層政府相處，那麼，歷史街區社會關係的變化是否會促進新的社會權力形成呢？

下壩坊商家之間沒有廣泛的聯繫，但在微信有一個商家群，在上面發一些好像那間店鋪被偷竊、遺失狗消息等等。彼此沒有真實見面交流，只有在群裏談一些大家有關係的事情，但不覺得對生意有幫助（B07-803）。可見商家之間的關係與傳統社區建立在宗族觀念基礎上的社會關係不一樣，主要是憑藉網絡社交媒體來進行線上維繫。過客的心態導致淡薄的社會聯繫，且下壩坊經營業種雷同，業務單一化，必然會產生很多惡性競爭的矛盾，同行如仇敵，人情薄如紙。當初也曾組織了一個「商家聯盟」，定期開會，共同維護市場秩序，維持價格體系，但並沒有堅持多久，在各種商業力量的相互消解下，聯盟最終消失了（B05-802）。從商業經營上互通有無而言，尤其是遇到一些困難時，確實需要協會之類的團體來解決共同關心的問題。

每天都有毗鄰的商家相互交涉，甚至在微博上相互攻擊。原本大家是想成立一個商家聯盟，但由於彼此之間營業模式類同，都是競爭對手，關係很難理順；而且有些商家存在無證經營的問題，既然已經違規，就難以行使相應的權力，這個聯盟怎麼可能建立得起來（B09-803）。儘管商家在下壩坊有一定的數量，儘管金融資本在旅遊空間生產中具有決定性的影響力，但這個社會網絡尚未形成傳統意義上的社會權力。即便如此，商家的社會權力卻巧妙地利用新媒體的形式發揮作用，以博客與微博等社交網

絡的方式來產生表達公眾意見的符號權力，這是一種脫離了歷史街區現實物質基礎的符號社會權力。

（3）權責分離：各級政府的政治權力

　　　與下壩坊旅遊空間生產相關的政府部門包括東莞市政府、萬江區政府及下壩（壩頭社區）居委會（村委會）。前者為上級政府，主要組織負責空間表徵階段的旅遊空間規劃及文化保護措施制定的工作，以及景區的文化保護及改造資金劃撥；後者為基層政府，主要承擔景區的日常治安、衛生及公共空間管理工作，以及落實公共設施建設工程的管理。市政府這個規劃對下壩未來改善有幫助的，但規劃的實施主體是區政府和居委會，規劃起到多大的作用，要看他們的實施力度（G01-901）。對於違章建築，有商家提議進行整改，同時發放相關合法證書，從此給商家一個合法的名分。違章建築如果說直接拆掉，倒是有對口的部門，就是城市綜合執法局；如果說「體檢」、「整改」、「過關」，則根本沒對口的政策去支持，怎麼改，也沒有相應的部門去審批發證。平時村委會也是主要承擔街區的日常管理工作，例如消防、治安和衛生工作，作為行業規劃與管理方面確實無能為力（G02-202）。可見上級政府是空間表徵層面的主角，而後者則是生產實踐的權力執行者。至於消防安全問題也是懸在心頭之大患，村委會組建了消防巡查隊。下壩坊巷子小，消防車進不去，就改用消防摩托車。同時，每一家店都必須備齊消防器械，駐店負責人就是消防責任人（G02-203）。

　　　權力的分工讓政府部門各司其職，但是規劃與實施的權力分離，必然使下壩坊旅遊空間的規劃與實施監管工作脫節；權責不

符又使政府人員容易敷衍塞責、互相推諉，對旅遊空間生產實踐的結果產生一定的影響。不過，在作者進行社會調查的時候，據說下壩坊專門成立了一個管理辦公室，為審批這些繁瑣的手續提供了一個快捷的途徑，區政府相關職能部門能統一進行相關手續的審批，使區內的規劃與建設工作更加有效。

2.空間權力對生產實踐的影響

下壩坊旅遊場域中主要體現在政府的政治權力與商家、居民締結的經濟權力之間的博弈。權力的實質是其影響力及作用力，體現在管控、推進、規約與抵抗等行為，就如上節 ROSTCM6 的社會網絡分析模型的關鍵詞「管控」所示，以下將權力鬥爭分置於私有空間、公共空間兩大類別空間情境中進行論證。

Lefebvre 的理論中辯證的空間生產三元概念體現在生產的歷時性與共時性，空間表徵的規劃雖然在旅遊景區開發中通常前置，但空間表徵與表徵空間一定在空間實踐層面同時生產，因此，我們在空間實踐的分析中，仍然會同時論及空間表徵階段中的生產互動內容。

（1）房屋改造：政治權力的管控與物業權力的抵抗

下壩坊景觀生產實踐主要是居民房屋的新建擴建及商家對建築的改造，生產者之間的大部分社會互動也出現在這個過程。有些居民的建設行為是違章的，且不論民居改做商業用途已經改變了原先城市規劃的居住功能，單是早期房屋改造大都屬於未經政府審批就自行搶建。作者從訪談中發現，政府原來是有條例和想法去規範居民與商家的改造行為的。

首先，考慮到了對下壩坊歷史景觀原真性的保護：*村委曾規*

定必須在保留老屋原有風格的80%以上，才能進行裝修經營，老屋的青磚、瓦房屋頂不得改變（G02-902）。其次，關注房屋結構的安全問題：這些是舊屋，都要做房屋結構安全鑒定，合格的可以使用五年期限。如果不合格，要根據鑒定報告進行加固、整改等環節才能經營（G02-903）。最後，在房屋改造實施施工階段，政府進行管控：所有建築改造、創意設計必須提請平面設計圖和報告，經審批後才能進行實施等等，施工的時候找人檢查他是否按圖施工（G02-902）。

這些規定基本上對規劃設計審批及施工實施監督的管理全覆蓋，應該能保證下壩坊生產實踐依法進行，但下壩坊出現的問題說明改造管控效果與政府的規定相去甚遠，那麼在生產實踐中發生了什麼？

擁有規劃審批與監管權力的政府將管理工作推託予居委會，但作為下壩坊實際管理者的居委會卻無權批核設計及管控改造工程，因此權力主體混亂、權責分離是造成管控失效的原因。那些違章建築如果要報建，要辦理施工許可證、規劃許可證，本來這些要報規劃局、城管局，現在說是由居委會審批，我們沒審批權嘛，等於我們負了不應該負的責任，肯定辦不了的（G02-104）。在作者進行社會調查的同時也獲知，政府會在居委會成立一個專門的工作組，希望能直接而快速地解決下壩坊房屋設計工程報建及審批的事宜，這將大大有利於規範化下壩坊的改建與擴建行為。

權責不符固然是問題，但對街區改造監督管理產生的責任規避往往又是當地居委會考慮的一個因素。村委會對下壩坊店鋪的改建、設計也不管了，因為這涉及到麻煩事。物業權是業主的，如果我們去管可能有風險的，到時出了事，領導要負責；相反現

在如果出了事就業主自己負責，與村委會和管理部門無關（G03-411）。有權才有責，恐怕這才是根本原因。

既然已經出現那麼多違章建築，甚至有更多的違章建設持續進行，按照政府的政策與法規，對這些現象與個人理應懲罰處理。按說下壩坊在開發之初，政府對違規者也採取處罰、禁止與強制拆除等措施，但違章建設的主體是下壩居民，與前面所講的空間表徵的權力博弈情形相似，居委會的政治權力在生產實踐中持續受到下壩坊居民社會權力的對抗，除了地緣性、傳統宗族的社會權力的影響及阻撓外，還出現受罰的居民採取更為直接的抵抗行為，將政府告上法庭。

事件二：市城管局發現下壩坊居民詹某正在施工的房屋未辦理規劃許可手續，屬於違建，因此向詹某發出《責令改正（停止）違法行為通知書》，責令其立即停工，但詹某並未停止建設，並向法庭起訴市城管局「選擇性執法」，該案件被法院一審判決駁回，其不服判決向市中院上訴。該案引起了社會各界廣泛關注，最終法院二審判決居民詹某勝訴。

作者通過詳細研究訴訟雙方的陳述以及律師的辯護，發覺居民詹某並未否認和迴避未經規劃報建審批的事實，他列舉了還有20多戶居民同時違章建設的事實，主要攻擊目標在於「選擇性執法」，直指政治權力的黑箱操作事實，並彰顯於公眾輿論。由於新聞媒體的參與，令事件影響擴大化，事情很複雜，政府不會積極做，不作為，多一事不如少一事（R03-505）。

下壩坊最初期「自下而上」的急速空間生產，等到政府介入時，整個下壩坊本身就是違章的，要是認真管理整治的力度太大，拆掉誰的都不好，曾經出現過民告官的事情，媒體輿論喧

嘩，最後不了了之，從此之後，政府也只好開一隻眼閉一隻眼（G03-411）。經過這類事情，基層政府對下壩坊民居改造的管控變得小心謹慎。

以上居民對抗政府的事件表明，雖然以建立於私有產權的物業權力與村落傳統宗族文化的社會權力未必奏效，但利用公共輿論的社會力量，也許可以在權力博弈中產生影響力，這是一種新型的基於傳播媒體資源的社會權力在對政治權力進行抵抗。

（2）經營活動：政治權力的規約與經濟權力的越界

ROSTCM6內容分析的高頻詞及實地勘察的情況都表明，下壩坊經營業種非常單一化，主要業種是酒吧，即使有些店鋪是餐廳，但晚上都會設置駐場歌手表演甚至兼做酒吧生意。經過幾年的時間，下壩坊實在產生了很多同質化的現象，經營模式雷同，⋯基本上間間都是清吧，差別在於空間大小、表演節目和產品服務等，大多數是喝酒、吃飯，有時有民族舞表演和自助餐等複合功能（G02-108）。酒吧其實已經佔領了下壩坊最好的地段，每逢夜幕降臨，燈紅酒綠便是下壩坊的主題。可以說酒吧某些方面與旅遊有同樣的效力，人們喜歡去酒吧玩的原因包括但不限於社交、解壓、文化娛樂、生活方式，以及追求獨特體驗和個性表達等方面。這些因素共同作用，使得酒吧成為許多人喜愛的休閒和社交場所，對於年輕人來說，這是一個永恆的市場。酒吧的利潤主要來自於銷售酒水和食品，以及娛樂活動等其他服務，收益潛力相對較大，利潤率一般在50%以上。這一利潤率是吸引人們加入經營酒吧的主要原因之一，酒吧完全體現了金融資本運作的魔力，足以碾壓區內所有的文創企業。

這種商業模式確實和麗江相似，下壩坊規模卻比麗江小很多，但酒吧卻櫛次鱗比，晚上營業時，餐廳、酒吧之間的噪音干擾實在太大。作者在「清花醉月」的平台觀看歌手表演時，耳朵聽到的卻是隔壁酒吧喇叭傳來的歌聲。即使同為商家，其他業種的店鋪生意也深受其害，由於噪音滋擾，有些店鋪晚上根本不敢開門做生意。噪音問題，也是一些文化工作坊撤離下壩的原因之一。下壩坊變得太吵鬧、太喧囂，商業氣息太過濃厚，失去了原有的感覺。從內心不願再在下壩坊待下去，於是選擇離開了下壩坊（B09-202）。另一方面，由於地處城市中心區，下壩坊區外住宅林立，噪音對市民休息也有影響，哪怕是居住在下壩新村的原居民也深受其害、苦不堪言。於是出現了不少投訴，有些輿論指向政府管理不力，政府也採取了對酒吧經營活動的管理，但從管控效果來看，政治權力的作用顯得蒼白無力。

居委會確實有明文規定進行管理的。對於商家經營方式，酒吧請歌手樂隊駐場，居委會不提倡，也沒辦法阻止，不能干涉太多，只能從一些公共管理方面去規範，我們在營業時間上規定每天到了 22 時就要停止唱歌（G02-108）。其他商家也證實政府所言屬實，村治安隊經常過來巡查管理，規定所有店鋪 23:30 不給唱歌，但有些店鋪照樣唱到凌晨 1 點（B03-801）。居民也認為政府的管理行為無濟於事，因為餐吧與酒吧的商家不遵守規則，前面幾排酒吧噪音大，很多商家不自覺。附近的村民提意見叫他們整改，他們會停一會，當你轉身他們又聲音調大了（R01-505）。經濟資本追逐利潤的動機、客流稀少帶來的成本壓力、經營模式同一性帶來的惡性競爭等因素，促使商家盡量延長營業時間，無所不用其極，以各種方法躲避和消減政治權力的管控。

儘管如此，政府的政治權力有自己畫的一根紅線，或者是一條絕對不能打破的政治底線。我們對於經營方面沒有什麼太多限制，有個原則就是黃、賭、毒絕對不允許。我們平時有巡查，見到不對頭的都要制止他（G02-707）。但是，酒吧衍生的負面社會現象路人皆知，至少對當地治安是有影響的。

即使政府對經營已經很少干預，但商家卻不肯罷休，對於政府職責所在的街道行政管理事務，商家還是對政治權力的管控進行各種各樣的抵制。2013年中，在下壩坊發生的一件小事，結果卻影響深遠。商家又一次利用網路公眾輿論力量形成的新型社會權力，對政府的政治權力進行抵抗。以下內容是作者通過訪談了解，並在「下壩坊創意生活網」搜尋當時的微博評論所得。

事件三：2013年7月，下壩坊幾十家店鋪在未事先獲得通知的情況下，被下壩警務區裝上了一面「警務管理責任牌」並收費100元。商家開始在網路和微博上抗議：

@薔薇之光 rano：嚴重關注中，希望不是養肥再宰的舉措，相煎何太急！//@翟智球：看各利益集團怎樣圍剿你們（2013-7-14 01:05 來自 weibo.com）

@ROUTE_66_下壩坊：沒有事先通知，送來一塊牌子連安裝就要收￥100…錢暫且交了，但是感覺下壩管理區開始要從商家抽油水了…且看日後送來的所謂收據上面是何名目，再查相關收費標準吧！

@南都東莞：因為有商戶質疑甚至反對，村委會決定自行支付這筆錢，已交錢的商戶，未來幾天可到村委會退款。//@南都東莞：由此還引起下壩坊商家的揣測和憂慮，是不是「養肥再宰」的前奏？（2013-7-18 16:36 專業版微博）

事態通過網路傳播產生的社會影響有擴大化的趨勢，居委會馬上召集商家們開會解釋了事情緣由，並退回了款項，事件最終以商家的勝利而告終。在這次生產實踐互動中，政府的這個行動符號傳遞給商家的意義是，政府難以承受輿論的壓力，這使商家日後更加善用網路媒體產生的社會權力來抗衡政治權力。

一個獨立事件，在網路上的議論已經擴大到政治權力對商家經營利益的侵蝕，對市場模式的歷史街區活化樣板打擊的指控，從而引起公共輿論的關注。儘管收費未必是政府的真實意圖和目的，但社會議論的壓力足以使政府官員對政治權力的執行產生不少顧慮。**事實上是有很多違規或者該去改進的地方，但政府只好睜一隻眼閉一隻眼，現在沒有誰想發生一些不和諧的事情**（G03-705）。

事件的緣由及最終結果，表明商家正藉著下壩坊是歷史街區市場自主改造模式的典範符號，在佔領輿論話語的制高點，變成一種社會符號權力，來影響或抵抗來自政府的政治權力的執行，對日後政治權力的管控作用與影響力造成弱化的態勢。

（3）無序競爭：社會權力的橫蠻與金融權力的退卻

2012 年下壩坊的遊客與日俱增，餐飲店及咖啡店的生意日益興旺，華燈初上之時酒吧人聲鼎沸。見到如此商機，村民紛紛在祠堂前主要道路、池塘邊與廣場一帶開設廉價的小吃攤，不僅販賣本地的傳統小吃，例如咖喱魚蛋、蘿蔔牛雜、酸蘿蔔、鹵水雞翅、竹蔗茅根水雞蛋仔、缽仔糕、山水豆腐花等，還有在東莞工業區街邊常見的麻辣燙、烤生蠔等，可謂應有盡有。這些大排檔能快速擴張且具有強大的吸引力，除了下壩坊充足的人流外，

還因為價格親民，也與本地遊客的社會屬性，例如收入結構有關。東莞本地人不同大城市人，不是很喜歡文藝的氛圍，寧願去大排檔，他們沒有這個品味和消費意識。外地人生活壓力大，捨得花錢的也人不多（B07-403）。在上述章節提過，商家的市場策劃定位是中高端收入的文青階層，但空間實踐的結果很顯然並未實現商家空間表徵的意圖意義。

首先，這些小吃大排檔改變了下壩坊的空間形態和環境氛圍。小攤販設施簡陋隨意，推著一輛三輪車或者搭個臨時棚子、再放幾張小桌和塑膠凳就開張。這些小吃檔以路邊攤的形式出現，讓我們心理上難以接受，小吃檔與這裏的氛圍格格不入。拉低了整個下壩坊的檔次，也影響了下壩坊整體的精神面貌（B06-802）。商家對此反應極大，稱這些大排檔為城中村走鬼攤檔。他們認為小吃檔甚至「抹殺了文化」。即使不站在商家的立場評論，單憑作者現場觀察親身經歷，那種燒烤攤發出的嗆鼻的煙火味就讓人不舒服，那垃圾遍地和污水橫流的情景更是令人生厭。

其次，大排檔也衝擊了餐吧、咖啡類店鋪的生意。本來銷售各種飲品及小食是下壩坊這類店鋪的主要營業收入，但所有小食都可以在外面的大排檔購買，而且價格便宜得多，很多遊客就不會進入店鋪內消費，大排檔搶奪了市場分額，造成店鋪的營業額下降。遊客手拿著羊肉串，嘴裏喝著蔗汁，大大咧咧地進入店鋪遊覽拍照者不在少數，干擾了店鋪的正常經營，讓下壩坊的商家們有苦難言、煩惱不已，這也是「逼遷」一些商家的原因之一。

商家向村委會反映過大排檔佔道經營及對市場造成衝擊的問題，希望村委會出面進行管理或協調，整治下壩坊的營商環境。但由於攤檔老闆是本地村民，村委會也無可奈何，只能勸誡

而不便驅趕。雖然村民們已搬離了舊村，但他們始終認為自己才是下壩坊的主人，任何時候都可以佔有、使用這個地方。「這裏是我們的下壩坊，是我們世世代代生活的地方，我們只是在自己的家裏擺攤而已。」賣魚蛋的老婦指著一棟被改造到面目全非的老宅子，理直氣壯地對《廣州日報》的記者說。有些不甘心的商家在微博與自創的「下壩坊創意生活網」呼籲「團結起來」抗議居民的「爭奪市場」行為，但最終無濟於事。村民這種忽視商業契約法律效力、對公共空間的私有侵佔的行為，體現了村落文化落後的一面，社會慣習凝煉出來的社會權力化解了基層政府的政治權力，也令商家的金融權力無計可施。

據《廣州日報》記者2013-04-02的報導，社會輿論與專家對此也分成兩派，有專家認為牛雜等傳統小吃雖是地方文化的體現，但散漫經營肯定會影響下壩坊整體的藝術性，的確需要政府在環境和氛圍上進行必要的引導和規範。也有專家認為這是一種市場行為，應該利用經濟手段去調節：「小商販在整體藝術氛圍的影響下，會進行自我調節。」理想很豐滿，現實很骨感。直至2024年，作者回訪下壩坊的時候，祠堂與池塘邊那些十年前開的大排檔依然如故，生意依舊興旺。社會輿論與專家意見也未能形成足夠的影響力，面對居民對下壩坊餐飲市場的侵蝕，政治權力與金融權力選擇了退卻與默許。

（4）環境整治：經濟權力的自私與政治權力的無奈

無論作為一個旅遊景點，或是一個商業街區，環境衛生無疑是影響遊客旅遊體驗的重要因素。環衛工作是政府對城市街區最基本的日常管理職責與義務，但在下壩坊卻顯得不盡人意。

首先，下壩坊存在著管理主體利益分配的矛盾。由於房屋產權私有性的性質，出租房屋所獲得的收入全部歸為居民所有，居委會和政府從下壩坊旅遊開發獲得的直接經濟利益比較少。這些收入全部是私人的，和集體或者村委會無關，不管你有多少間房子，租金全歸你（R01-502）。農民房子租賃的稅收對政府而言，猶如杯水車薪，而政府對商家可謂極其寬容了，幾乎沒有任何的攤派。下壩坊不用收管理費，給租金就可以了。除了交租，沒有其他費用。我這間店暫時還沒辦工商稅務登記，等以後開書吧再去辦吧（B01-801）。連未辦理工商稅務登記都可以開業做生意，政府更不用說可以向當地居民與商家收取其他額外費用。但是，下壩坊還算不上東莞市政府管理級別的旅遊景區，沒有專門的財政支出來處理與日俱增的環境衛生問題，反而要居委會投入資金來進行環境改造與維護環境衛生等公共事業。有些居民也認為這對於居委會不合理：村民自己租了出去的房子開了一個酒吧或者餐廳，帶來很多垃圾，村委會出錢幫你清理，講不過去。你業主的租金越收越高，我村委會裏投入資金越來越多，誰給我這個錢呢？這就產生了利益矛盾（R01-410）。衛生問題也不能全賴政府管理，與商家及遊客本身的公共意識有關，特別是餐廳的後廚，隨意將垃圾雜物堆放在公共巷子裏，任由污水橫流；遊客隨地亂拋垃圾這才是問題的源頭。所以，這是一個系統性的問題。

雖然上級政府撥付款項進行歷史街區的設施維護與升級，卻又可能引致其他內部問題。即使在同一條村落，宗親關係還會依據血緣親疏而劃分出不同的利益圈層，這些資金的使用是否存在著分配不公的問題，也使基層的居委會顧慮重重而進退兩難，我們壩頭社區的財政管轄兩條村，下壩坊只是其中一，還有另一條

上壩村。上壩村民說，下壩坊村民已經有那麼多租金收入了，居委會已經貼錢幫它做了基礎設施，還要貼錢幫它管理？他們意見很大，不行的，政府要平衡兩條村的利益（G02-114）。一方面是本身受到各村資金使用分配問題的困擾，政治權力遭遇社會權力的影響；另一方面居委會始終認為下壩坊的治安衛生管理應該是市、區政府負擔的城市普通公共事務；又或者是居委會本身的財政確實存在困難，各種糾結一起的因素造成下壩坊的公共環境衛生問題得不到重視與解決。因此，下壩坊內店鋪前巷子地面任由商家用各式各樣的材料亂鋪砌，公共通道敗壞失修、廣場雜物亂擺亂放等現象只能放任自流了（圖5-16）。

↑圖 5-16　通道失修及公共空間雜物亂擺。
資料來源：作者拍攝整理。

三、旅遊實踐建構互動空間的文本意義

ROSTCM6 中 Ego Networks 功能中出現「老闆、店鋪、裝飾、風格、氛圍」等關鍵詞，得出的語義網絡模型分析，店鋪內部空間生產實踐通過設計與裝修工程實施，涉及以下因素：環境、房屋的元素，商家通過一些精心設計的特色裝飾符號來打造休閒文化符號。從模型

中可知，店鋪空間與遊覽、拍照等活動的「遊客」相關，也與發生真正消費的「客人」相關，物質空間對旅遊及消費的互動有影響，景觀符號的符號權力發揮作用。

（一）店鋪景觀符號文本意義的建構

商家追求的利潤必須在旅遊實踐中與遊客互動中才能實現，在下壩坊歷史街區內，最主要的消費活動發生在商家的店鋪內。因此，店鋪景觀是商家空間實踐的最重要場域。目的就是建構一種消費文化的商業符號空間。

景觀符號化過程就是將文化意義賦予物理景觀的一個過程。首先，將主題賦予空間，例如下壩坊的「藏吧」與藏族文化相關、「那些記憶」與歷史及傳統文化相關、「清花醉月」與中國青花瓷符號相關等等，店鋪名字就像一齣舞台戲劇的劇名，起到引人注目的效果。店鋪作為一個旅遊目的地，命名也相當重要，這是因為遊客的感知、體驗、意義和概念與旅遊地的命名相關（Poria, Raichel & Cohen, 2013）。幾乎所有的商家都深諳此道：看到我們的店鋪名字 Wanderlust 嗎？就是旅遊成癖的意思。旅遊是我們的主題，擺些旅遊照片裝飾，非洲旅遊的時候拍的（B07-603）。店鋪名字就是符號文本中的伴隨文本，對符號意義的理解有極大的幫助，它與整個消費空間的文化主題及內容是相關的。例如我們上面所提及的「矮房子」，以藏族文化為主題⋯⋯有老闆自己的畫作，有很多原汁原味對象，他從青藏那裏找來的。雖然主業是經營飲食和清吧，但裏面有老闆的靈魂和文化（B01-305）。

其次，搭建舞台化場景是空間符號化的一個手段。店鋪裏經過刻意裝飾的空間成為不斷轉換的戲劇演出場景，每個場景配以不同的佈

景以營造活動的情境氛圍。讓這個空間看起來既有中國味道，又比較豐富。這個公共空間擴大了視野，人都在這裏做個停留，也是餐廳的一個吸引顧客的節點（B05-602）。這就是空間表徵的意圖形塑過程，將規劃構想物化與落實到空間中，設定一些交通、停留與消費空間，引誘、暗示顧客的行為從而達到完成消費的目的。這個角落原來是酒吧的吧枱，我改成茶室。希望客人來買衣服的時候可以過來坐下，聊聊天，聯絡下感情（B04-604），體現了空間的符號權力。空間營造的方法有很多，例如在一間法國菜的餐廳空間，希望顧客坐下來喝咖啡的區域，除了擺放座椅那些基本功能的設施外，重點是實現空間文化意義的暗示，將貼近座位的牆面塗成藍色，上面掛著一組黑白法國都市風格畫，一定少不了巴黎鐵塔。鐵藝椅子與方格檯布，餐桌上精緻的花瓶插著幾支向日葵，讓人想起了普羅旺斯，法式的吊燈散發著柔和的燈光將整個座位區域籠罩著。於是你彷彿身處法國的某個城市，可以想像你與朋友正在經歷一段浪漫與悠遊的生活。這就是空間符號化，這個符號空間攜帶著一個文本意義、生活的品質與格調。

再者，一些體現特定客戶群的消費和文化品味取向的擺設幾乎成為所有店鋪必備的點綴，例如鮮花、盆景與書籍等，就像舞台上的配景，烘托劇情的氛圍。我們在每個座位旁擺幾本書，不是很怎麼吵的時候，客人就會拿本書慢慢看，喝杯東西咯，文青點（B07-604）。其中，書基本上就是每個餐吧、咖啡館必備的陳設，連人來人往的工藝品店也不能免俗。放個書櫃，擺些書在那裏，有朋友過來可以看書、喝茶。書給人就是一種嫻靜的感覺，休閒點，吸收不同知識的時候整個人的氣質都會不同（B01-605）。

最後，與主題相關的用具、工藝品、裝飾畫等物件充當戲劇道具，藉以加強空間主題，向遊客敘述文化消費劇情的文本。例如藏族

文化裝飾物成為符號，隱喻超脫俗世，遠離煩囂的意義。青花瓷符號代表中國傳統文化一種脫俗清新的境界。我這裏的設計構思以青花瓷為主題，將代表中國文化特色比較鮮明的江南特色，融合了麗江納西族的一些開敞空間，再結合一些西方元素，打造成有點像晚清明初的一種混雜風格（B05-603）。混雜的風格是後現代主義的常用的表現手法。「清花醉月」老闆一語道破歷史街區店鋪景觀空間構建的手法：傳統文化符號滿足了人們懷舊的心理，少數民族文化符號引起人們對脫離現實社會的嚮往，西方元素給予小資階層的消費品味，混雜風格和後現代審美觀保持一致（圖 5-17）。

清花醉月與 Wanderlust 從店名到室內空間的文化主題符號化

鮮花、盆景與書籍等擺設充當舞台化的背景或配景

↑圖 5-17　景觀空間的舞台化場景。
資料來源：作者拍攝及整理。

（二）旅遊空間互動文本意義的建構

1.遊覽拍照：旅遊凝視下的意義建構

訪談資料的 ROSTCM6 的高頻詞及語義網絡模型分析中發現，拍照是頻數最多的關鍵詞，並且與遊客感知密切相關，與遊覽、咖啡酒吧等消費行為、房屋、店鋪、裝飾物等吸引物相關。拍照是遊客遊覽活動的經典性動作符號，體現旅遊凝視下的意義建構。

生產者建構的景觀符號成為吸引物，遊客消費了景觀，景觀成為遊客凝視的對象。拍照是一種最常見的旅遊凝視，遊客的拍照體驗令商家實現了景觀符號的文本意義。很多人喜歡站在我店鋪的紅磚牆、招牌前照相，木窗、裝飾和花，我特別擺了玩具的窗最受歡迎。只要有人經過，都會拍照，他們有時將這些當作背景的，也有專挑這些東西拍照的（B02-701）。商家營造的景觀成為遊客拍攝的對象，或者拍照的背景，遊客從觀眾變成參與演出的演員，刻意裝飾的景觀成為佈景，連同花、工藝品一起成為舞台上的道具和配景，遊客在這個充滿符號的舞台空間作表演呈現，人與物的互動產生了空間的文本意義。他們對店鋪內的擺設照相比較多，對那些木頭感興趣，除了照景，他們還擺 pose 自拍（B01-401）。這裏書架有很多書，遊客來都不是看書，一般拿本書在那裏扮靚拍照，然後就買咖啡、喝茶啊（B01-401）。

下壩坊已經沒有常住的原住民，因此遊客看不到居民的生活場景，不存在通常意義上遊客與東道主的人際互動，這方面與那些「自上而下」全搬遷的開發模式的景區類似（圖 5-18）。我就覺得有點可惜，今天看到有一個祠堂，首先祠堂夠大，也是給居民提供一個休閒

的聚會場所。剛才看見很多老人待在外面，如果說能夠讓祠堂每天開放式的展覽，讓原住民可以待在裏面，不管是打牌還有繡花、唱歌，可能讓遊客從多層面體會東莞人民的日常生活，應該把它作為旅遊的窗口展現（V20-1305）。只有祠堂裏的粵劇演唱作為展示下壩坊歷史街區的文化習俗的途徑，不過難能可貴的是，這是一些村民粵劇愛好者自發組織的活動，起碼不是官方組織的虛假的表演。也許這種隨意性的活動缺乏舞台化的美感，很少遊客進入那裏參觀遊覽。

祠堂內本地居民的自娛自樂

下壩坊僅有幾位本地老人留守居住

▲圖 5-18　下壩坊本地居民的活動。
資料來源：作者拍攝及整理。

　　拍照行為並不單純是遊客與景觀、遊客與遊客或者網路上的互動，通常也會發生在遊客間或主客互動中。一方面圍繞著拍照行為，遊客同伴間或與其他路人間進行人際交流，增加同伴關係親密度，或開啟交談話題而達到社交的催化劑作用。

　　另一方面，拍照活動甚至可以引發出商家與遊客之間的符號互動。對於遊客的遊覽拍照行為，有些商家表現出歡迎、開放與冷漠、

禁止的姿勢或行為符號，以及張貼於門口的文字、圖案等標識符號（圖5-19）。有些販賣工藝品、衣服的商家表現的比較寬容，平時有些想拍照的遊客在門口徘徊，東張西望的不敢進來，怕要消費。其實只要他們提出來，我們都會讓他們參觀，拍張照也沒什麼的（B07-703）。有些遊客進我們店的花園拍完照就走，消費與否是客人的權利（B03-404）。本來這些擺設的物品或裝飾符號，就是希望能對消費者產生吸引力，假如顧客沒興趣，怎麼能發展到下一步的購買行為呢？但是，對於咖啡廳、餐吧的商家而言，就要視乎當時的經營情況而定，商家對遊覽的遊客與消費的客人所呈現的不同行為符號，進來我們店拍照的遊客也很多，生意不忙時候肯定讓他們拍。如果客人多的時候就說：請先不要拍。對遊客太多限制，人家下次未必過來（B06-702）。這也無可厚非，當然以不妨礙生意為準則，就算歡迎拍照，往往也帶有培育客戶群的意義。甚至先讓遊客通過拍照活動，對商鋪景觀產生好感，然後引導消費的慾望，這些行為被服務員當成其中一項工作。服務員見到路過的遊客都會熱情地招呼他們，讓他們拍照，叫他們上樓看看環境（B05-701）。

商家邀請遊客參觀及拍照的熱　商家歡迎或拒絕遊客參觀的招貼
情姿態符號　　　　　　　　　文字符號

↑圖 5-19　主客之間旅遊互動的符號。
資料來源：作者拍攝及整理。

　　表 5-3 是作者某次實地觀察遊客在餐廳拍照後消費以及主客互動的行為：

表 5-3　旅遊互動實地觀察記錄

觀察地點	矮房子	店鋪特色	藏族的裝修舊房，主營喝茶、咖啡和簡餐，另外賣藏族工藝品
事件頻率	一次	觀察時間	2016 年 12 月 29 日 15 點-17 點
觀察對象	1 女 1 男，朋友關係，年齡約 40-50 歲		
觀察事件	遊覽，拍照，餐飲，聊天。在餐廳裏待 40 分鐘。		
觀察事態	A.人與景互動 1.室外：女士邊走邊拍照，拍攝對象是建築、室外裝飾，大概花了 10 分鐘。 2.室內：女士進來看大廳裏面的擺設和工藝品。停留 5 分鐘，然後出去。15 分鐘後兩人再次回來，在大廳對住角落的沙發和牆上擺設拍照，然後到後院二樓平台室外座椅坐下來。 B.人與人互動（客代表遊客、生代表服務生） 1.女客：這家漂亮，色彩漂亮。這些東西都是西藏的嗎？ 　生：是的。 　男客：這裏是吃飯、喝酒還是喝咖啡的？ 　生：什麼都有（遞給客人菜單）。 　男客：等一下吧，我們先去逛逛再過來。 2.他們再次進來，服務員帶他們就座，點了咖啡。 3.服務員上咖啡，女士和他聊天： 　女客：這個托盤是西藏的嗎？ 　生：（遲疑了一會，笑）是的，都是西藏的。 　男客：真的？假的？ 　生：（不回答，笑） 4.他們邊喝邊聊天。期間女士對著周圍的遠景拍照，然後拿起咖啡、拿起茶几上面的書，擺出幾個 pose 讓男士拍照。		
觀察思考	1.遊客對下壩坊商店的特別擺設、小道具非常注意，它們是遊客凝視的對象。 2.商店空間景觀符號確實能對遊客的選擇及消費產生吸引力，擺設裝飾道具強化空間氛圍，但裝飾物是否原產地已經不重要。 3.餐廳裏的食物、服務與區外餐廳沒有不同，但價格比外面的稍貴，證明了符號附加值的作用。 4.遊客喜歡在刻意場景化的座位就餐，並以它們為拍攝的背景。 5.餐飲活動伴隨的主—客、客—客聊天行為，能增加人際之間的交流。		

資料來源：作者記錄及整理

正如有些商家往往把遊覽與消費類別的人分別稱呼為「遊客」與「客人」，也有商家對遊客拍照行為採取冷淡、不歡迎甚至限制的態度。我經過並覺得有些店鋪裝修很不錯，在外面照了相，有些不讓進去，是一間咖啡店，門口有一張紙貼著不消費不讓進去（V03-1002）。大多數是因為遊覽類別的遊客沒有帶來直接的經濟利益，又或者對正在店鋪消費的客人造成滋擾，破壞營商環境；也有部分店鋪出於對室內裝飾所謂版權的保護。作者在實地觀察中，發現很多店鋪外面貼在「禁止拍照」與「不外借廁所」之類的標誌，這些文字符號發揮直接的符號權力。遊客只是照相，對生意沒有多大幫助。所以，有些店鋪只准在外面拍照，不讓他們進去裏面拍照。現在遊客多，如果個個進去，會干擾、影響其他客人，所以有些店鋪在門口貼上標誌：謝絕參觀、謝絕拍攝（B02-703）。

2.語言行為中的意義建構

在高頻詞表格中「聊天」也是一個關鍵詞，在下壩坊的店鋪的消費行為中，常看到遊客之間的聊天。我們在這裏吃飯聊天，隨便聊，也聊到工作和家庭（V07-701）。在花園裏坐了一個多小時，喝咖啡、聊聊天。那些開在城市中心的星巴克，是以公務洽談為主題，但是這種開在村裏面的咖啡廳是以休閒為主題，感覺不同，它的氣氛輕鬆一些，節奏也會慢很多（V02-902）。對於遊客而言，這種聊天已非平日的語言交流，可以說是一種增進人際交往的行為符號，因為脫離了平日的現代社會空間，在這種傳統村落文化氛圍中，聊天這個行為符號被賦予休閒、輕鬆的文化意義。

不只是遊客，商家也把聊天看成具有營銷意義的符號互動，至少可以拉近與顧客的人際距離。老闆問我們哪裡來啊，聊了很多。我有

看到她們去旅遊的照片，發現開咖啡廳的人很熱愛生活，他們不在意賺多少錢，只在意有一份可以打發時間的工作，喜歡和別人聊天，和別人交往。她們又和我們的小孩玩一下，聊了很長時間（V03-1102）。商家在搭建的舞台——景觀空間設置中，充當演員對遊客進行引導、介紹、售賣以及服務等表演。有七、八個遊客進到我這裏，我問他們喝不喝茶，他們很意外啊，他們問收不收錢，我說不收錢，累了可以喝杯茶。對物品看中就買走，看不上歡迎下次再來，有時候遊客也轉過來買（B01-701）。如果說店鋪景觀空間提供一種文化消費的物理情境氛圍，那麼商家的行為符號就是直接的符號互動的意義傳達，這兩種符號形成的文本符號所承載的意義更加明確，所產生的符號權力對遊客的消費意向形成與消費行為更加有影響力。

　　遊客進來我會很熱情地上去打招呼，遇到想聊天的就聊起來（B04-701），如果是第一次來的遊客，我會向他們介紹下壩坊，問問他們需要什麼感覺的活動……我會指路叫他們去玩，覺得這樣很開心（B01-703）。商家與遊客聊天所持有的「熱情」態度也是一個高頻詞，儘管這種熱情是 Goffman（2008）所說的職業性的符號呈現，體現商業性的動機，但行為與傳統村落景觀空間符號融合一起，與人們逝去的傳統農村社會那種人情味聯繫起來，使人產生一種與外界俗世社會迥異的感覺，共同構成一個純粹的、單純的、無功利性的文本意義。這些行為確實能產生符號意義，對遊客的旅遊體驗產生正面的影響，感覺店家蠻熱情的，很耐心，不像那些市區的餐廳（V06-1102），這就是遊客將商家的行為置於不同空間符號環境的解釋差異。有時熱情的態度不止體現在語言上，還呈現為商家的行為符號，我的店鋪設了個便利服務站，讓遊客可以給手機充電、喝杯水，這些也不值多少錢。人家也只是出來玩，有急事圖個便利。要是下雨，我會叫他們進

來坐，不用他們消費，反正座位也空在那。生意忙、客人多的時候，遊客也不好意思來佔用座位（B08-701）。

　　類似的例子常出現在麗江，客棧老闆的好客熱情，與遊客之間不厭其煩的聊天成為旅遊的一個內容，屢見於網站博客或遊客點評中，成為麗江旅遊的一種吸引力。透過聊天與熱情關鍵詞分析，揭示了遊客與東道主的主客互動在建構旅遊空間文本意義的重要性。

3.體驗消費後的意義實現

　　下壩坊大多數遊客不只是來遊覽拍照，到餐廳、咖啡廳消費也是一項主要活動，其對消費活動的意義建構在旅遊體驗之上。同時商家的生產動機離不開經濟利益，消費活動就是使文化符號價值到利潤增值實現的過程，而符號附加值體現在產品銷售的價格內。「價格」與「貴」是ROSTCM6分析中兩個出現在遊客或者商家訪談內容的高頻詞。在下壩坊很多餐飲是偏貴的，一杯飲料最少35到40元（B07-301）。有些商家認為下壩坊地理位置註定它無法成為類似商業中心區的步行街，而且東莞這類小資消費的目標消費群體太小，只有提高消費價格，才能有足夠的營業額來抵銷經營成本。地理位置也決定了定位無法面向大眾，缺乏市區的人流，讓商家只得把成本分攤在每一位客人身上（B07-303）。東莞中產階級蛋糕不大，分蛋糕的人多了，競爭必然慘烈（B05-1102）。另一方面，商家認為文化符號的生產也是要有成本的，除了商家融入了自己的的知識資本，那就是花在舊屋建築結構加固與室內裝飾方面的投資。以當前下壩坊的租金和市區商業中心相比，並不屬於太貴，裝修成本才是店鋪投資的最大開銷，你看這些設計、家具、花草都需要錢的啊（B04-607）。為什麼這裏的人會收那麼貴呢？房租不是重點，重點是改造的費用，房子真的殘舊，而且

好的室內環境都是要花錢去裝修，成本就大了（B07-302）。空間景觀的成本分攤到產品與服務中，貴得無可厚非，這也是符號附加值的生產成本之一。

　　旅遊消費的價格既與市場供求相關，也體現旅遊產品的生產成本，但是下壩坊咖啡館、餐廳與酒吧銷售產品的原材料、生產工藝與人力資源成本並非比市區其他地方高，相反，產品的原材料甚至出現以次充好、以假亂真的情況。有些酒吧除了價格貴，還不是貨真價實。我以前在一間酒吧做幫工，洋酒 1000 元一支，批發市場買不超過 300 元，這酒又不是你這裏獨有的，滿大街都是。20 到 30 元一杯檸檬汁、雪梨汁或蘋果汁，而且全部是假的。那時我睡在倉庫裏面，看到他們都是用廠裏成品來調的，當作鮮榨果汁賣（R01-109）。可見即使有符號附加值的加持，商家還是執意通過不法手段來獲得更多的利潤。帶給遊客不良的消費體驗還不一定是貴，而是產品質量脫離了商品價格（V11-801）。

　　就算產品的材料與質量較為普通，如果服務內容及檔次較為特別，消費價格當然會貴一些，就如某些服務場所的 VIP 服務是要付出額外費用一樣，但下壩坊的服務不見得有過人之處。沒什麼特別服務，因為我們吃飯的店鋪規模比較小，只有 2~3 個服務員，如果很多顧客來可能應付不來，上菜比較慢點（V03-802）。也就是說，有些店鋪雖然注重景觀空間的符號塑造，但忽視了服務行為的文化符號化，使遊客對空間感知及體驗發生貨不對板的印象。

　　不過，在對下壩坊的訪談和調查中發現，雖然產品的質量與服務都很普通，還是有遊客認為這個價格不算貴，或消費價格儘管比外面的要貴一些，但大多數表示可以接受它的性價比。東西貴啊，一打啤酒 300 塊，好貴⋯但是，很多外面的酒吧也貴啊！沒有這種環境。我

覺得價值還可以接受，同樣的價格我會選擇這裏（V10-801）。那種懷舊古典那種建築的感覺是其它地方沒有的，都是保存了下來。物以稀為貴，主要是有那裏的氛圍，不是說為了那裏的食物（V06-901）。吃飯價格不算太貴，還是值得的（V01-801）。受訪者一語道出問題的關鍵，是下壩坊店鋪的環境及裝飾與外面的不同，這是產品的差異性，這些差異性來自文化符號。例如以上談到的下壩坊的「那種懷舊古典那種建築」、「舊屋、看書」以及「體驗和感覺不同」，「那裏的氛圍，不是說為了那裏的食物」。依前章節從 ROSTCM6 的語義網絡模型中可知，以上元素正是下壩坊「文化」所涉及的內容。也就是說，下壩坊的文化賦予產品的差異性、稀缺性所產生的附加價值，讓消費價格貴了起來，歷史街區的文化消費特性表露無遺。

在這裏必須指出，也有遊客對下壩坊的村落文化與空間環境及商家的產品服務都不滿意的情況。以下是一位網友於 2013 年 07 月 24 日在《東莞日報》上寫的評論文章〈下壩坊‧桃花源〉節錄：

> 你們彷彿走在一個桃花源，小巷初極窄，才通人，復行數十步，豁然開朗，到了！朋友們歡呼雀躍，新鮮好奇地觀看房前屋後那青磚方瓦，屋裏面新粉刷上的「工業學大寨、農業學大慶」的宋體字，放在桌上的四羊方尊，掛在牆上的西藏唐卡，以及懸掛在屋頂橫樑上展現後工業時代人類困境的鳥籠。
>
> 你們意猶未盡地落座，正討論著裝修這幾間房是如何花掉兩百萬的，上菜了。和每批客人一樣，你們也注意到了盛著德國鹹豬手的雞公碗。你們和蚊子同時開始用餐。但你此刻不知道品嘗完這個洋豬蹄後，心情已經達到了該晚的頂點。隨後每上一個菜你都安慰自己，「陽光總在風雨後」、「不要在意這些細節」，「私

房菜吃的不是菜,是人」,當最後上水果時你內心一萬隻草泥馬終於呼嘯而出。走出窄巷,豬屎味消去,烤串味道襲來。

　　符號消費雖然是當今的消費文化,但生活是實在的,大多數商品的銷售價格仍然不能與使用價值相去太遠。

　綜上所述,商家在店鋪空間的生產實踐中以舞台化的手法構建景觀空間,景觀空間成為遊客旅遊凝視的目標,主客雙方在景觀空間中進行旅遊互動並建構出的旅遊空間的文本意義。遊客正是通過遊覽、消費等活動的感知與體驗,重新解釋了旅遊空間的意義。

(三)遊客空間實踐文本符號的感知

　　生產實踐主體是生產者,遊客基本上無法參與其過程,也不是遊客的旅遊動機所在。在對生產者及遊客訪談資料的 ROSTCM6 內容分析中,生產實踐的高頻詞主要是屬於生產力、生產資料、生產活動及生產結果範疇;生產實踐中政府、居民與商家之間的生產互動與遊客的旅遊感知與體驗極少關聯,唯商家的生產實踐中的景觀空間生產結果與旅遊實踐中的經營行為,與遊客空間互動感知與體驗相關,特別景觀空間既是遊客的遊覽感知的對象,也是發生空間互動行為的場景。

　　因此,遊客對旅遊空間的感知主要發生在旅遊實踐中,感知的對象是生產實踐的結果。即使物質世界是客觀的存在,主體對空間的文本符號感知是意義解釋的基礎,因而不同的主體對符號的意義解釋也不盡相同。了解遊客空間感知既有利於為遊客表徵空間研究提供依據,同時,也可以從感知的層面了解遊客對旅遊空間實踐效果的評價,從側面反映生產者的意圖意義是否被遊客所理解。

根據表 5-1、表 5-2 後續的分類結果，按照遊客的旅遊實踐感知類目為依據，整理出遊客與生產者對下壩坊旅遊空間實踐的感知高頻詞如表 5-4。

表 5-4　遊客與生產者對空間實踐感知因素對比

類目	遊客感知	生產實踐結果
建築環境	景觀、環境、河、房屋、小巷、照片、裝飾、擺設、燈光、店鋪	小巷、房屋、環境、店鋪
社會文化	下壩、舊、歷史、保留、傳統、特色、街區、居民、文化、村落	下壩、歷史、街區、傳統、特色、文化
主題氛圍	整體、商業、文藝、創意、元素、小資、休閒、氛圍、古典、風格、主題、麗江	文藝、元素
功能設施	餐廳、酒吧、清吧、咖啡館、工藝品	酒吧、餐廳、清吧、咖啡
公共設施	景區、規模、公共、休息、設施、不夠、交通、方便	公共、設施、衛生
景區管理	政府、規劃、活動、管理、商家、衛生、亂	資金、規劃、修建、管理、治安
店鋪裝飾	老闆、設計、裝修、空間、花	空間、設計、花、裝修、書、商業、模式
消費特徵	價格、貴、服務、消費、值得、晚上	消費、價格、貴、夜晚
經營行為	遊客、服務員、客人、熱情、賣、咖啡、飲料、經營、關門、吵鬧、生意	營業、經營、生意、賺錢、利益、噪音
遊客行為	旅遊、遊覽、看看、拍照、自拍、喝茶、喝酒、吃飯、聽歌、吃、看書	旅遊
旅遊互動	交流、唱歌、聚會、聊天	

資料來源：作者根據 ROSTCM6 高頻詞分析整理。

從表 5-4 中發現，遊客通過旅遊實踐基本準確地感知到生產實踐的文本符號，主要分為 11 類，包括：建築環境、社會文化、主題氛圍、店鋪裝飾等景觀空間符號；功能設施、公共設施、景區管理、消費特

徵、經營行為、遊客行為與旅遊互動等互動空間符號。

遊客與生產者在旅遊設施、景區管理、旅遊消費、店鋪佈局及經營範圍感知因素從數量到內容比較接近，對旅遊景觀、空間氛圍、公共設施及遊客行為的感知因素數量和內容有差異。可以看出遊客偏向把下壩坊當成一個休閒旅遊景區去感知，而商家在生產實踐中注重的是經營場所、經營方式、經營內容及經營收益等商業方面的感知。遊客對景區文化的感知還包括居民，說明目的地原居民的社會生活、文化習俗也是文化景觀的重要因素。

從表中還發現，構成景觀空間符號與商家的店鋪及其諸多因素有聯繫，而店鋪裝飾、文化主題與空間氛圍相關，表明即便是已經商業化的下壩坊，其文化符號還是吸引遊客的主要因素。對於表中出現的公共設施及景區管理關鍵詞，並不能說明遊客認同，根據對受訪者的訪談內容，只是在負面評論時出現的頻數較多。從這個方面可以看出，只根據詞頻是無法對遊客的真實感知與體驗做出準確的正負面判斷，只有在空間實踐的情境中才能了解遊客的真實體驗與評價。關於遊客對旅遊空間感知與體驗，將在下一章遊客表徵空間的研究中進一步分析。

據以上研究，歸納出歷史街區旅遊空間實踐研究框架（圖5-20）。

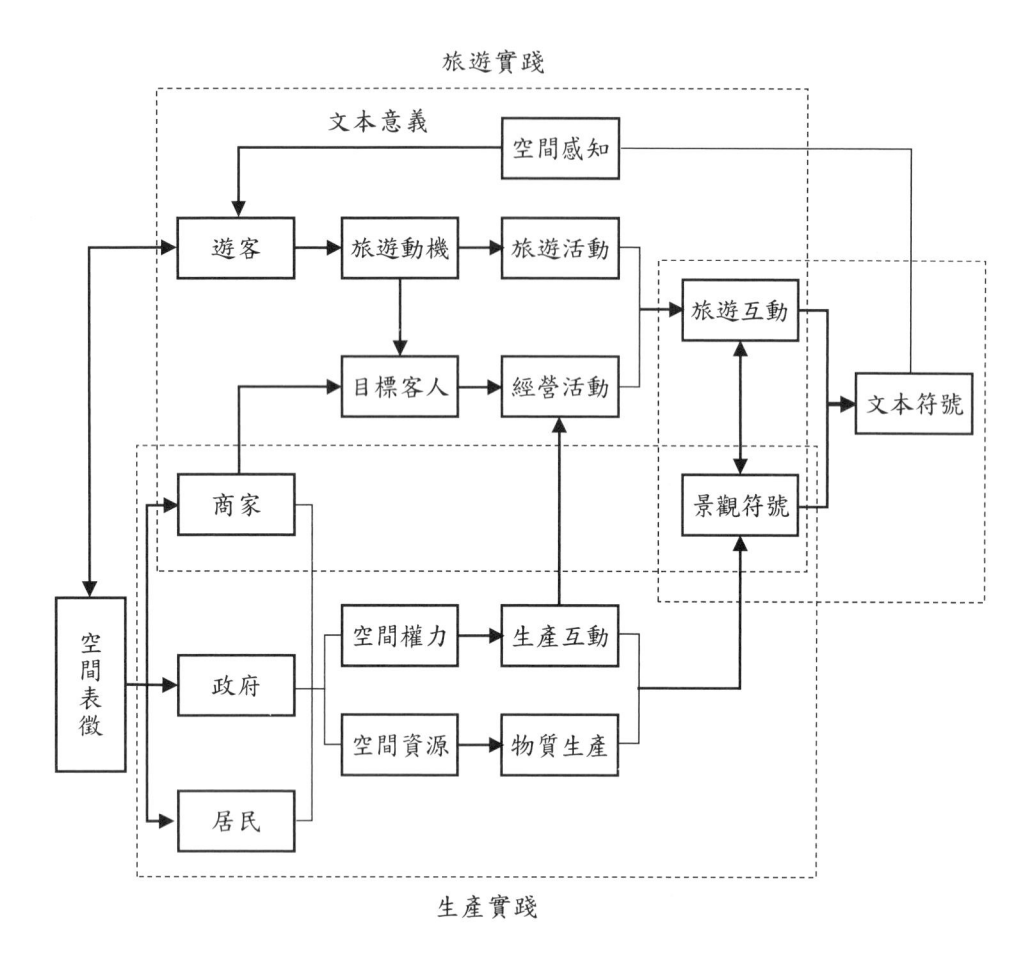

↑圖 5-20　歷史街區旅遊空間實踐研究框架。
資料來源：作者根據研究結果整理。

第六章
老街遊客表徵空間：旅遊空間體驗與空間意象建構

一、老街表徵空間的實證分析

（一）研究假設與框架

根據以上文獻綜述及建構的歷史街區空間生產理論中，關於遊客表徵空間的構成因素及生產機理的內容，再綜合 ROSTCM6 的社會網絡圖箭頭的趨向，以下構建歷史街區遊客表徵空間生產假設模型，該模型包含個三個潛變量和二個觀測變量，是影響歷史街區表徵空間生產模式支援度的主要因素，存在著六種相關關係。如圖 6-1 所示：

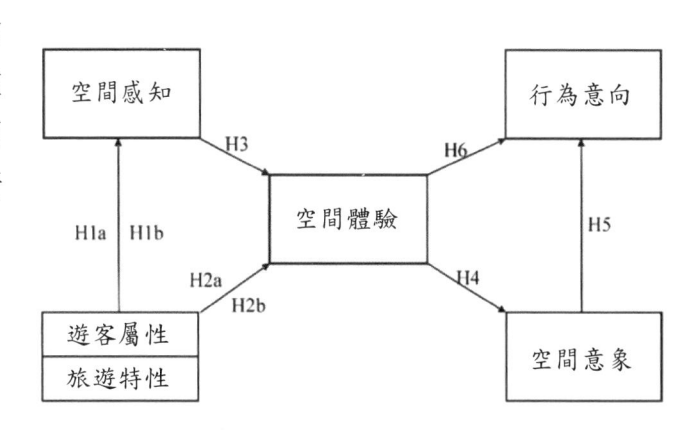

↑圖 6-1　遊客表徵空間生產機理研究框架圖。
資料來源：作者根據研究結果整理。

根據圖 6-1 得出以下假設，旨在探討表徵空間內各因素的關係及其解釋意義對空間再生產的影響。另外通過對遊客特徵的分析，了解遊客社會階層、旅遊特性與生產者空間表徵意圖意義、空間實踐文本意義之間的關係：

H1a：不同社會屬性的遊客對空間感知有顯著差異；
H1b：不同旅遊特徵的遊客對空間感知有顯著差異；
H2a：不同社會屬性的遊客對空間體驗有顯著差異；
H2b：不同旅遊特性的遊客對空間體驗有顯著差異；
H3：遊客的空間感知顯著影響空間體驗；
H4：遊客的空間體驗顯著影響空間意象；
H5：遊客的空間意象顯著影響其行為意向；
H6：遊客的空間體驗顯著影響其行為意向。

（二）研究問卷設計及問卷調查

1.研究變量定義及測量

（1）空間感知

在旅遊空間實踐章節，本文已經基於 ROSTCM6 對遊客深度訪談的資料進行高頻詞，對比表 5-4 雙方對空間實踐的結果，以遊客感知為主要依據，將反映生產者意圖的因素加以補充進去，作為開放式編碼的主要組成內容。並將之置於前節 Ego Networks 得出社會網絡及語義網絡模型圖中進行邏輯檢驗，以檢驗其是否有聯繫，或聯繫的緊密程度。對空間實踐的遊客旅遊空間感知進行編碼（表 6-1），以此為依據，並參考第二章的文獻綜述中學者的觀點，得出操作性概念和定義為空間形式、空間功能及空間互動。

表 6-1　下壩坊遊客空間感知編碼表

核心編碼	關聯編碼	開放式編碼	數據來源
空間形態	街區環境	下壩、景觀、環境、河、村落、小巷、	表 5-4、圖 5-6
	建築風貌	保留、舊、房屋、店鋪	表 5-4、圖 5-5
	店鋪裝飾	設計、裝修、空間、裝飾、擺設、花、燈光	表 5-4、圖 5-6、圖 5-7
	街區文化	歷史、文化、傳統、特色、街區、居民	表 5-4、圖 5-5
空間功能	旅遊設施	餐廳、酒吧、清吧、咖啡館、工藝品	表 5-4、圖 5-3
	配套設施	景區、規模、修建、公共、休息、設施、不夠、交通、方便	表 5-4、圖 5-3、圖 5-5
	景區管理	政府、規劃、活動、管理、商家、治安、衛生、亂	表 5-4、圖 5-3、圖 5-4
空間互動	旅遊活動	旅遊、遊覽、看看、拍照、自拍、喝茶、喝酒、吃飯、聽歌、吃、看書、照片	表 5-4、圖 5-7
	經營活動	賣、咖啡、飲料、經營、關門、生意、晚上、吵鬧、消費、價格、貴、值得	表 5-4、圖 5-2、圖 5-8
	主客互動	遊客、服務員、服務、客人、熱情、交流	表 5-4、圖 5-6
	遊客互動	唱歌、聚會、聊天	表 5-4、圖 5-6

資料來源：本研究根據 ROSTCM6 分析結果整理。

（2）空間體驗

　　針對表徵空間的涵義，Harvey（2006）曾經明確地給出一些說明，例如圍繞著壁爐的滿足感；氛圍所致的安全感或監禁感；擁有、指揮與支配空間的權力感；其他狀況下的恐懼、焦慮、驚駭、挫折；運動的緊張或歡快；幻想、慾望、記憶、夢想、幻象、心理狀態等。

謝彥君（2010）從遊客的精神或心理需求和對環境的反映方面來理解和衡量旅遊體驗，Russell（1980）在研究中用感情的環狀模式「愉快、興奮、放鬆」等形容詞表示旅遊者不同程度的情感。Schmitt（1999）提出的一套衡量旅遊體驗因子的量表，以感官、情感、思考、行動、關聯等五個方面作為分類：

感官體驗（Sense）：以視覺、聽覺、嗅覺、味覺、與觸覺五種感官為訴求，透過感官刺激提供愉悅、興奮、與滿足的情緒知覺體驗，即刺激（Stimuli）—過程（Processes）—反應（Consequences）的「S-P-C」模式。

情感體驗（Feel）：遊客對體驗媒介所誘發出來的溫和心情（情感）到強烈的感情（情緒）的態度反應，情感在消費期間發生的。目標是創造情感體驗，是訴求於遊客內在的情感與情緒。

思考體驗（Think）：遊客對體驗媒介的刺激引發對訊息產生驚奇（如顧客獲得比他們要求的還多）、誘發（活動激發遊客的好奇心）與刺激感的思考。

行動體驗（Act）：行動體驗是身體、行為模式與生活形態相關的體驗，包括與他人互動結果所發生的體驗。遊客以行動來展現自我觀感與價值。

關聯體驗（Relate）：關聯體驗是使遊客透過體驗媒介與其他的遊客，甚至整個群體及社會與文化的環境產生關聯。

參照 Schmitt（1999）的觀點，將 ROSTCM6 的分析結果中的形容詞、情態動詞：新奇、想像、舒服、放鬆、安靜、吵鬧、窄、吸引、喜歡、漂亮、挺好列出。在 Ego Networks 功能點擊「吸引」、「舒服」等關鍵詞，出現以下模型（圖 6-2）：

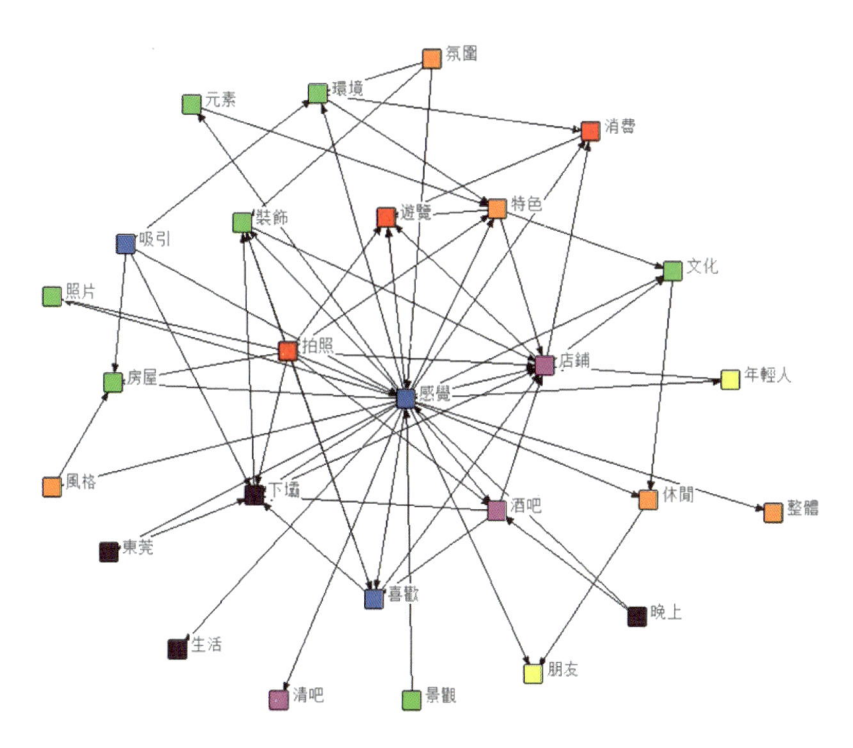

第六章　老街遊客表徵空間：旅遊空間體驗與空間意象建構　263

↑圖 6-2　高頻形容詞的社會網絡及語義網絡。
資料來源：作者根據研究結果整理

　　基於以上形容詞、名詞、動詞，再結合高頻詞表 6-2 中具有意義關聯性的詞，構成與空間體驗的開發式編碼，最後在遊客訪談文本中以 Word 的查找功能加以驗證得出空間體驗編碼如表 6-2：

表 6-2　旅遊空間體驗編碼

核心編碼	關聯編碼	開放式編碼	遊客訪談舉例
感官體驗	視覺	窄、漂亮、挺好；小巷、環境、景觀等等	主要是風景，環境漂亮、幽靜（B20-901）。
	聽覺	吵鬧、安靜；酒吧、關門、白天、晚上	咖啡和酒吧一個安靜一個吵鬧，吸引不同遊客（B03-1301）。
情感體驗	心情	舒服、放鬆、熱情、店鋪	與在外面吃飯的感覺完全不同，比較舒服、放鬆（B19-804）。
思考體驗	引發	新奇、模式	就主要是新奇，看看周圍的環境（B09-102）。
行動體驗	呈現	吸引、照相、再來、遊覽、消費	吸引年輕人在那裏照相，放上網，大家都將店鋪作為一個景點參觀（B03-702）。
關聯體驗	聯想	想像、村落、懷舊等	經過巷子時，產生很多聯想，這是村莊，是胡同，是緊密的村民之間的鄉情（B03-507）。

資料來源：本研究根據訪談內容及 ROSTCM6 分析結果整理。

（3）空間意象

　　Baloglu 與 McCleary（1999）認為旅遊意象是一種表示旅遊者個人態度的概念，是個體對旅遊目的地的認識、情感和印象。本研究在進行深度訪談時，還對每個受訪者追問：「請你用一句話或一個詞來概括（或評價）下壩坊？（遊客 V-801，生產者 G/B-3X）據遊客及生產者受訪者對下壩坊的評估的詞語統計如表 6-3：

表 6-3　遊客及生產者對下壩坊意象描述對比

下壩坊意象	遊客	下壩坊意象	生產者
一個有特色的地方	V01、V02、V14、V19	一個歷史文化休閒街區	G01
一個可以觀光的景點	V01、V05、V19	東莞文化休閒街區	G02
一個娛樂的地方	V01、	嶺南特色街區	G03
一個文化創意的地方	V02、	文創休閒空間	G04
一個比較雜亂的地方	V03、V15、V17	一個觀光休閒的地方	B01，B02、B03、B04、B07
一個約會必去的地方	V05	休閒娛樂的地方	B05、B08、B10
一條的城中村	V06、V12、V13	一個文藝的地方	B06
一個商業化歷史街區	V07	一個特色酒吧街	B04、B09
一個小資氛圍的地方	V08、V06		
一個有點文藝的地方	V09		
一個有氛圍的酒吧街	V10、V16		
一個可以休閒的地方	V10、V11、V18、V19、V20		
一個傳統古典的地方	V11、V14、V18、V07		
一個充滿煩囂的地方	V04		

資料來源：作者根據訪談內容歸納整理。

　　從文獻綜述可知旅遊意象包括基於個別屬性和基於整體的兩個成分，分別都含有功能的或有形的和心理的或抽象的特徵（Baloglu & McClearly, 1999）。因此，本研究參考此觀點，將旅

遊空間意象定義為遊客在旅遊空間活動過程中形成的個別屬性和整體的印象。從表 6-3 可以看到受訪者對下壩坊的意象評價各有側重點，遊客對下壩坊的空間意象多數涉及一個甚至幾個層面，據此得出旅遊空間意象編碼結果如表 6-4：

表 6-4　遊客空間意象編碼

核心編碼	關聯編碼	開放式編碼	訪談資料
空間特性	空間風格	特色	一個有點特色的地方
		傳統、歷史	一個傳統古典的地方
		村落	一個的小村落
	空間氛圍	小資	一個小資氛圍的地方
		文藝	一個有點文藝的地方
空間內涵	空間類別	商業、街區	一個商業化的歷史街區
		文化、創意	一個文化創意街區
		休閒、觀光、旅遊	一個可以休閒觀光的景點
	空間活動	喝酒、聽歌	一條酒吧街
		娛樂	一個娛樂的地方
		聊天、聚會	一個約會必去的地方
空間品質	空間視覺	感覺、亂	一個比較雜亂的地方
	空間聽覺	感覺、吵鬧	一個充滿煩囂的地方

資料來源：作者根據訪談內容歸納整理。

政府人士及規劃師的觀點包含他們對下壩坊的定位及評價，是他們的空間表徵，再與遊客感知體驗後的空間意象相互比

較。因此將其作為整體意象為：一個歷史文化休閒街區。

（4）行為意向

對遊客做訪談時，曾就遊客的行為意向作為開放式訪談的補充問題（遊客訪談問題之 V-1401）。另外，也就遊客的遊後反映對商家進行訪談，以下將訪談資料摘錄如表 6-5。

表 6-5　遊客空間行為意向歸納

遊客重遊意向	遊客	遊客推薦意向	遊客
我還會來這裏玩	V01、V05、V10、V16、V19	會帶朋友來玩	V01、V02、V10、V16、V19
不專門過來	V02、V04、V06、V07、V08、V11	會推薦他們來	V05、V06、V07、V19、V20
不會再來	V03、V12、V13、V15、V17	不會推薦朋友來	V03、V04、V17
有機會會再來的	V02、V07、V08、V09、V14、V18、V20	有條件的推薦	V09、V11、V18

資料來源：作者根據訪談內容歸納整理。

發覺大多數遊客不會專門來，相當於有機會再來。無論何種狀況，對於旅遊目的地來說，效果都一樣，而且就算是被動而來，也包含著推薦及重遊的過程，例如遊客王女士所說的：不會專門過來看了。如果下次有朋友看到我的照片，有興趣，有空的時候我可能也會帶他過來（V02-14）。

另外，網路分享是一種新的資訊傳播行為，網路點評會深深

影響旅遊選擇或消費意願，現代資訊傳播力度與氛圍甚至比傳統的口口相傳更為重要，旅遊者個人旅行經歷的線上自我表徵，通過補充旅遊目的地的預測意象成為旅遊業一種更有效的軟實力（Hunter, 2016），尤其在旅行博客和媒體共用網站上拍攝的照片，影響遊客對目的地的態度和他們訪問的意願（Kim & Stepchenkova, 2015）。因此，本研究特別將網路分享作為一項單獨的問項提出，以令調查資料更為準確。綜上所述，本研究以遊客的重遊意願、推薦意願與分享意願作為衡量空間行為意向的因素，如表 6-6：

表 6-6 遊客空間行為意向編碼

意向類別	行為意向	高頻詞	遊客訪談資料舉例
重遊意願	我願意再來下壩坊旅遊	再來	我會再來的（V19-1402）。
	我願意再來下壩坊玩		如果有朋友提出來這裏，可能也會陪他過來（V05-1401）。
推薦意願	我很願意推薦他人來下壩坊玩	介紹	我還是會推薦他們來的（V05-1402）。
	一定條件下，我願意推薦他人來下壩坊玩		如果有外地的朋友過來，還是會推薦的（B11-1403）。
分享意願	我很願意在社交網分享下壩坊的旅遊心得	網上	照相放在QQ裏，朋友看到都提到下次帶去玩（V19-1402）。
	我很願意在社交管道於下壩坊的評論點讚		如果網路上有人議論評價下壩坊的時候，我的評價應該是有好有不好（V06-1402）。

資料來源：作者根據訪談內容歸納整理。

（5）遊客屬性及旅遊特性

根據張宏梅與陸林（2006）的研究，一般以下面因素分別作為了解遊客的遊客屬性和旅遊特性。包括：性別、婚姻、年齡、教育程度、月均收入、職業和現在居住地區、旅遊資訊、旅遊目的、遊伴性質、來遊次數、交通工具、旅遊費用等。

以上作為檢驗下壩坊旅遊空間的消費群體社會階層提供依據。還將下壩坊遊客的曾去過的歷史街區、拍照的目標、參與的活動作為選項置於旅遊特性的問項中進行調查，以考察過往經驗對遊客影響，以及遊客行為與空間實踐結果的關係。

總結本節分析，得出本研究的操作性概念定義內容如表 6-7 所示。並將此內容作問卷設計的依據之一。

表 6-7　操作性概念和定義

概念	定義	測量內容	測量尺度	參考來源
空間感知	對結構、實體和空間關係的內心描繪或認識	空間形態、空間功能、空間互動	定距尺度	周瑋等（2014）、陳崗（2013）、宋秋與楊振之（2015）
空間體驗	遊客與事件作用產生的知識、愉悅和滿足感和心理快感。	感官體驗、情感體驗、思考體驗、行動體驗、關聯體驗	定距尺度	Schmitt（1999）、蔡鳳兒（2006）、劉靜艷與靖金靜（2015）
空間意象	遊客對旅遊空間的屬性和整體印象	空間形態、空間內涵、空間品質	定距尺度	李璽、葉升與王東（2011）、徐國良與萬春燕（2012）
行為意向	遊客慾重遊、推薦及點讚歷史街區的意向	重遊意向、推薦意象、網路點讚	定距尺度	白凱與郭生偉（2010）

（續上頁表）

遊客屬性	遊客因不同的社會背景對目的地形象和體驗有所差異。	性別、年齡、職業、教育程度、婚姻狀況、現居住地	定類尺度	李璽、葉升與王東（2011）
旅遊特性	遊客參與旅遊活動性質或特點。	資訊來源、旅遊目的、遊伴關係、交通工具、旅遊次數、旅遊活動	定類尺度	李璽、葉升與王東（2011）、蔣婷與張峰（2013）

資料來源：作者根據內容分析與學者觀點整理。

2.問卷調查

根據以上變量研究，經過初始問卷生成、問卷預測試及探索性分析後，對問卷問項進行刪減，確定最終問卷。分為以下五部分：

第一部分為空間感知問卷。參考唐文躍與沈蘇彥（2014）、宋秋與楊振之（2015）研究設計問項，主要是測量受訪遊客對歷史街區空間感知，包括空間形態、空間功能、空間互動三方面共 32 題的問項。

第二部分為旅遊體驗。以功能性、情感性、認知性、社會性體驗價值作為問項，也是從 Schmitt（1999）的觀點變化而來，因此，遊客心理體驗參考 Schmitt（1999）、劉靜艷與靖金靜（2015）研究設計問項。分別為感官體驗、情感體驗、思考體驗、行動體驗與關聯體驗等五方面共 21 個題目。

第三部分為空間意象問卷。參考 Baloglu 與 Mccleary（1999）、李璽、葉升與王東（2011）、徐國良與萬春燕（2012）研究參考設計問項，主要是結合遊客對旅遊環境的體驗測量受訪遊客對目的地形象之

感知，設計包括空間特性、空間內涵、空間品質三方面共 11 題的問項。

第四部分是行為意向。在訪談過程中了解到商家更為關注消費的遊客，因此遊客的重遊意願細化為再次旅遊和再次消費兩項。另外旅遊受到網路評價的影響是顯而易見的，因此特別增加遊客在網上的分享意願，參考白凱與郭生偉（2010）以重遊意願、推薦意願、分享意願三方面 6 個問題來測量遊客的行為意向。

第五部分為遊客屬性和旅遊特性。參考李璽、葉升與王東（2011）的量表，包括性別、婚姻、年齡、教育程度、月薪、職業和居住地區，信息來源、旅遊目的、以往經歷、旅遊行為、遊伴性質、遊覽次數、交通工具、停留時間、旅遊花費等 19 個問題。

二、老街遊客與表徵空間生產

（一）遊客社會屬性及旅遊特性之分析

1.下壩坊遊客社會屬性分析

下壩坊遊客中女性占 53.5%，男性占 46.5%，兩者基本持平，女性比男性略多 7%。已婚者佔 57.3%，未婚者佔 42.7 %，已婚遊客稍多。在年齡分佈方面，24-30 歲遊客以 48.1%最多，幾乎佔一半；其次 31-40 歲的佔 36.8%，兩者共佔 84.9%；18-23 歲的佔 7.7 %，61 歲以上遊客最少，僅佔 1.8%。在遊客客源地方面，東莞本地遊客最多，佔 73.2%，其中東莞市區遊客 39.4%，鎮區 33.8%，其次來自廣東省內其他地方的佔 15.6%；來自國內廣東省以外和港澳台地區分別佔 7.2%和 4.1%。

從以上比較可知，下壩坊是一個地方性、區域性特點顯著的景區。

在教育程度方面，具有大專本科學歷的遊客以 81.1%最多，佔受訪人數過半。其次高中學歷佔 14.3%。碩士以上佔 3.1%與初中以下僅佔 1.0%。可見遊客的教育程度呈中間大兩端極小的狀態，最為明顯的是遊客絕大多數是受過高等教育的。

在職業方面，以技術人員佔 31.5%、文員 17.1%、服務銷售人員佔 14.8%居多，三者共佔旅遊者近 63.4%。在月平均收入方面，5001-8000 元收入的遊客最多，佔 35.0%，其次是 3001-5000 元的遊客有 26.1%，8001-10000 元與 10001 元以上的各佔 12.0%；月入 3000 元以下的遊客最少，僅僅佔 4.6%。詳見表 6-8：

表 6-8　遊客屬性統計分析

遊客基本資料		人數	百分比（%）
性別	男性	182	46.5
	女性	209	53.5
婚姻	單身	167	42.7
	已婚	224	57.3
年齡	18-23	31	8.0
	24-30	188	48.1
	31-40	144	36.8
	41-50	19	4.9
	51-60	9	2.2
教育	初中	4	1.0
	高中	56	14.3
	大專本科	317	81.1
	碩士以上	12	3.1

（續上頁表）

常住地	東莞市區	154	39.4
	東莞鎮區	132	33.8
	廣東省內其他地區	61	15.6
	廣東省外地區	28	7.2
	港澳臺	16	4.1
職業	工人	5	1.3
	文員	67	17.1
	學生	12	3.1
	技術人員	123	31.5
	服務銷售人員	58	14.8
	政府機關	9	2.3
	教師	9	2.3
	企業主	7	1.8
	農林漁牧	5	1.3
	待業	5	1.3
	家庭主婦	9	2.3
	其他	82	21.0
收入	3000元以下	57	14.6
	3001-5000元	102	26.1
	5001-8000元	137	35.0
	8001-10000元	47	12.0
	10001元以上	47	12.0

資料來源：作者根據研究結果整理。

　　由表6-8及圖6-3可知，遊客的年齡、教育程度與收入狀況呈正態分佈，主要遊客由24-40歲的遊客構成；他們都受過高等教育；月平均收入在3001-8000元之間，這部分人佔所有遊客的81%以上。

| 年齡分佈 | 教育程度 | 收入狀況 |

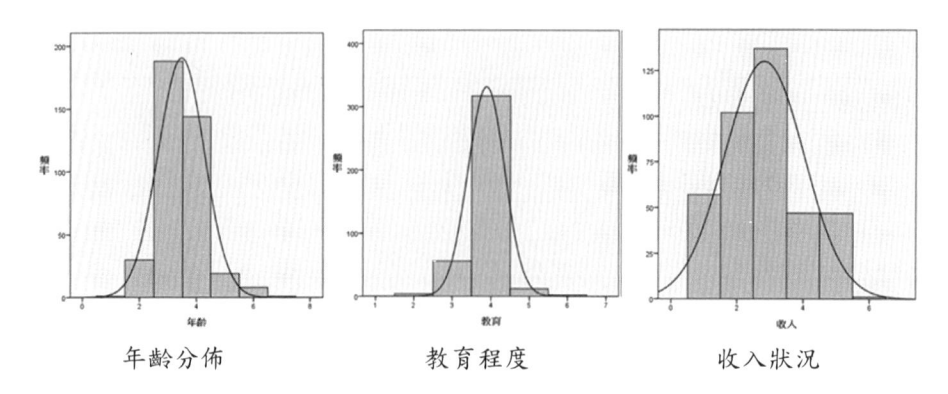

▲圖 6-3　遊客的年齡、教育與收入正態分佈圖。
資料來源：作者根據據統計結果整理。

據《2016年秋季東莞雇主需求與白領人才供給報告》稱，白領階級指企業中以從事腦力勞動為主的中上層被雇傭人員。如管理人員、技術人員、公司職員、事業單位職員、機關職員以及公務員等。東莞白領階層平均薪酬為稅前 7314 元，也就是在 8000 元左右。下壩坊以平均收入低於 8000 元的遊客最多，佔 76.0%，而 8000 元以上的遊客佔 24.0%，表明屬於真正意義上的白領階層的遊客並不多。

2.下壩坊遊客的旅遊背景及消費水平分析

（1）遊客旅遊經驗與獲取信息渠道

從親朋介紹中獲取旅遊信息的遊客最多，佔 69.3%，其次為社交媒體（如微信）佔 21.0%，從網頁瀏覽獲得資訊的人僅佔 4.9%。以上兩種方式屬於社交渠道獲得旅遊資訊，說明下壩坊品牌的公共宣傳力度小，另外，通過網路方式以獲取資訊的遊客約 26%，也說明網路自媒體對下壩坊推介的重要性。詳見表 6-9。

表 6-9　遊客旅遊特性統計分析

遊客旅遊特性		次數	百分比（%）
旅遊信息	電視廣播	3	0.8
	旅遊書籍	6	1.5
	親朋介紹	271	69.2
	團體安排	10	2.6
	網頁瀏覽	19	4.9
	社交媒體（如微信）	82	21.0
停留時間	1（含）小時以下	6	1.5
	1-2（含）小時以內	187	47.8
	2-3 小時以內	152	38.9
	3（含）小時以上	46	11.8
交通工具	自駕車	283	72.4
	公共巴士	64	16.4
	計程車	11	2.7
	旅遊巴士	10	2.6
	其他	23	5.9
旅遊花費	無消費	9	2.3
	50 元以下	53	13.6
	51-100 元	174	44.5
	101-150 元	82	21.0
	151 元以上	73	18.7
旅遊次數	1 次	191	48.8
	2-3 次	153	39.2
	4-5 次	22	5.6
	6 次以上	25	6.4

資料來源：作者根據研究結果整理。

　　接受調查的遊客約有 95%去過其他歷史街區旅遊經驗，其中去過鼓浪嶼的 22.0%，陽朔的 20.5%，去過麗江與江浙古鎮的 16.9%與

14.3%，去過其他街區旅遊的 21.1%。他們對下壩坊的旅遊想像建立於過往的經驗與資訊。詳見表 6-10。

表 6-10　遊客旅遊特性統計分析

遊客旅遊特性		人次	百分比（%）
旅遊經歷	麗江	150	16.9
	鼓浪嶼	195	22.0
	陽朔	182	20.5
	江浙古鎮	126	14.3
	其他歷史街區	187	21.1
	未去過	46	0.52
旅遊目的	參觀	237	30.0
	娛樂	230	29.0
	餐飲	119	15.0
	聚會	41	5.2
	陪親友	118	14.9
	其他	47	5.9
旅遊動機	懷舊	58	8.2
	增長見識	209	29.6
	放鬆身心	282	40.0
	聯絡感情	104	14.7
	接觸社會	53	7.5
旅遊活動	遊覽	79	8.1
	吃飯	176	18.0
	喝飲料	212	21.7
	酒吧喝酒	166	17.0
	品嘗小吃	141	14.4
	聊天	131	13.4
	看書	42	4.3
	其他	31	3.1

（續上頁表）

旅遊同伴	單獨	42	8.4
	家人親戚	159	31.7
	同事	86	17.2
	朋友	183	36.5
	旅遊團	10	2.0
	其他	21	4.2
拍照對象	房屋外觀	224	19.0
	自然環境	294	24.8
	室內裝飾	230	19.5
	食物	143	12.1
	工藝品	108	9.1
	人物	97	8.2
	其他	87	7.3

資料來源：作者根據研究結果整理。

（2）遊客旅遊消費能力屬於中等消費水平

以自駕車作為交通工具的遊客最多，佔 72.4%，其次乘搭公交巴士佔 16.4%，而計程車、旅遊巴士和其他方式的僅佔 11.2%。人均花費以 51-100 元佔 44.5%為最多，其次 101-150 元佔 21.0%，151 元以上與 50 元以下的各佔 18.7%與 13.6%，無消費的遊客最少，僅佔 2.3%。故此，下壩坊的遊客及消費者大多擁有私家車，並且消費能力屬於中檔的消費水平，與前述的白領階層社會屬性相呼應。

3.下壩坊遊客旅遊行為特徵分析

（1）以休閒娛樂與參觀為目的、放鬆身心與增長見識為動機

以參觀及休閒娛樂為目的遊客最多，分別佔了 30.0%及

29.0%，其次是餐飲、陪親友分別佔 15.0%與 14.9%，以聚會及其他目的的遊客最少，各佔 5%左右。旅遊動機方面，出於放鬆身心為旅遊動機的遊客最多，佔 40.0%，增長見識的次之，佔 29.6%，聯絡感情的佔 14.7%，懷舊及接觸社會的各佔 8.2%和 7.5%。從以上統計結果可知，佔最大比例的變項中，遊客的旅遊目的與動機之內涵相呼應，例如休閒娛樂與放鬆身心、參觀與增長見識；餐飲、陪親友與聯絡感情分別約佔 15.0%。表明下壩坊旅遊的文化性與社會性特徵。

上述目的與動機的關聯同樣反映在旅遊同伴方面，與家人親戚為伴的最多，佔 31.7%，其次與朋友來的佔 36.5%，與同事來的佔 17.2%，單獨前往的佔 8.4%，旅行團及其他方式僅 6.2%。下壩坊遊客的同伴關係多是現實中的家庭、生活與工作的私人社會關係為主，旅遊團方式的遊客很少，說明下壩坊不是一個熱門的旅遊景點。

（2）遊客的旅遊活動的單一化

遊客在下壩坊的以喝飲料咖啡（21.7%）、吃飯（18.0%）、酒吧喝酒（17.0%）、品嘗小吃（14.4%）等餐飲消費活動為多數，共佔 71.1%，這也和下壩坊實際的空間功能及店鋪經營業種相對應。另外聊天佔 13.4%、遊覽的遊客佔 8.1%，看書及其他的旅遊活動佔 7.4%。對應第 2 點旅遊動機與目的，結果表明遊客通過餐飲活動來達到一定的社會關係建構的目的。詳見表 6-11：

表 6-11　遊客旅遊目的、動機及行為對比

旅遊目的	旅遊動機	旅遊活動
參觀、休閒娛樂、餐飲（74.0%）	增長見識、放鬆身心、懷舊（77.8%）	遊覽及飲食（79.2%）
陪親友（14.9%）	聯絡感情（14.7%）	聊天（13.4%）

資料來源：作者根據研究結果整理。

（3）旅遊停留時間短與遊客重遊率低

　　停留時間方面，停留 1-2（含）小時以內為最多佔 47.8%，其次 2-3 小時以內佔 38.9%，可見停留 3 小時以內的遊客佔了 86.7% 之多，3（含）小時以上的佔 11.8%。這也和第 3 點大多數遊客進行餐飲內容的旅遊活動特徵有關。

　　在旅遊次數方面，在過去一年到下壩坊旅遊 1 次的佔 48.8%，2-3 次的 39.2%，兩者合計高達 88.0%，4 次以上的佔 12%。以上數據說明下壩坊的重遊率偏低，作為一個地區性的以餐飲消費功能為主的休閒旅遊景點，意味著商家的經營狀況不理想。

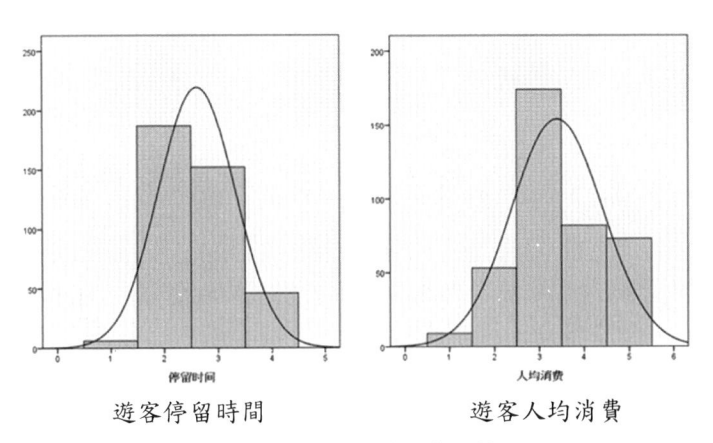

遊客停留時間　　　　遊客人均消費

▲圖 6-4　遊客的停留時間與人均消費正態分佈圖。
資料來源：作者根據統計結果整理。

從圖6-4對遊客的停留時間與人均消費的旅遊特性描述性分析可知，無論最初政府的空間表徵意圖意義是「白領的會客廳」，還是從商家是實現文化符號價值，即利潤的附加價值的生產動機看，顧客必須有對空間或產品的文化符號解讀能力。下壩坊遊客的受教育程度大多數有大專、本科以上學歷，遊客群體滿足目標客戶群的條件。然而，從遊客收入分析結果可知，未完全達到目標客戶群體的收入水平，因此，才會出現遊客遊覽拍照者甚眾，而消費者寥寥無幾的局面。從遊客客源地分析可知，下壩坊屬於地方性與區域性的旅遊景點，擴張能力有限，造成旅遊客流比較少，旅遊市場狹窄之原因。總之，生產者的空間表徵意圖意義與旅遊空間的遊客社會因素不完全一致。

（二）遊客表徵空間因素之描述性分析

1. 空間感知信度及描述性分析

首先對空間感知問項作信度分析，遊客對空間感知之 Cronbach's α 信度值為 0.935，在項目分析中刪除後之信度值亦無項目大於 0.935，分析結果為均大於 0.7 的高信度標準，因此表示信度相當良好，顯示問卷變項具內部一致性與穩定性。

根據表 6-12 平均值分析得知遊客對下壩坊空間感知的感受程度，平均值越高代表認同程度越高。平均值最高的前四分別是「下壩坊有很多酒吧」（4.31）、「下壩坊保留了很多舊房屋」（4.29）、「下壩坊很多店鋪晚上營業」（4.26）、「下壩坊有很多窄的小巷」（4.23）。而認同度最低的四項分別是「有足夠的停車場」（2.39）、「有足夠的公共憩息設施」（2.56）、「下壩坊有文化展覽活動」（2.62）、「下壩坊有東

莞民俗活動」(2.63)。

研究結果顯示，整體的空間感知平均值為3.56，顯示遊客對下壩坊的空間感知認同度中等偏高。超過整體平均值的有15項，其中9項四屬於空間形態的佔60%，其次是空間活動、空間功能3項各佔20%。認同度低於3.0的有9項，空間功能佔了8項，佔89%。整體上反映了遊客對下壩坊空間形態的感知認同度比較高，而對下壩坊的空間功能與空間活動的實踐結果不認同，尤其是對空間功能認同度非常低。也就是說遊客對生產實踐的結果中景觀空間感知比較認同，對空間表徵的功能配套評價極差，這些分析結果與前章節對空間表徵及空間實踐的質化研究中的結論相吻合。

表 6-12　空間感知描述分析

序號	項目	最小值	最大值	平均值	標準差
1	下壩坊有很多酒吧	1	5	4.31	0.912
2	下壩坊保留了很多舊房屋	1	5	4.29	0.901
3	下壩坊很多店鋪晚上營業	1	5	4.26	0.923
4	下壩坊有很多窄的小巷	1	5	4.23	1.014
5	店鋪內有多種裝飾風格	1	5	4.04	1.016
6	下壩坊有很多老榕樹	1	5	4.01	0.961
7	下壩坊有河湧和池塘	1	5	3.95	1.017
8	商家歡迎遊客在店鋪拍照	1	5	3.91	0.999
9	下壩坊有很多餐廳	2	5	3.87	0.910
10	店鋪內佈置了花卉	1	5	3.86	1.050
11	店鋪內佈置了很多藝術擺設	1	5	3.85	1.048

（續上頁表）

12	店鋪外有別致的小庭院	1	5	3.83	1.008
13	下壩坊有農村的景致	1	5	3.74	1.047
14	下壩坊有很多咖啡館	1	5	3.72	0.932
15	商家對遊客態度熱情	1	5	3.63	0.967
16	下壩坊有悠久的歷史	1	5	3.55	0.998
17	下壩坊有藝術工作坊	1	5	3.39	1.034
18	商家會和我聊天交流	1	5	3.37	1.009
19	餐吧的餐飲品種多樣	1	5	3.36	0.851
20	下壩坊的治安良好	1	5	3.23	0.998
21	商家的餐飲品質很好	1	5	3.17	0.813
22	下壩坊的祠堂有居民粵曲表演	1	5	3.02	1.153
23	餐吧的消費價格合理	1	5	3.01	0.962
24	下壩坊環境衛生乾淨	1	5	2.96	0.990
25	下壩坊看見有居民的社會活動	1	5	2.88	1.088
26	下壩坊有旅遊娛樂活動	1	5	2.75	1.087
27	有足夠的指示導覽標識	1	5	2.65	0.991
28	下壩坊公共交通方便	1	5	2.65	1.113
29	下壩坊有東莞民俗活動	1	5	2.63	1.048
30	下壩坊有文化展覽活動	1	5	2.62	1.041
31	有足夠的公共憩息設施	1	5	2.56	1.117
32	有足夠的停車場	1	5	2.39	1.180

資料來源：作者根據研究結果整理。

2.空間體驗信度及描述性分析

關於旅遊體驗的心理體驗分析共五個組成部分：「感官體驗」、「情感體驗」、「思考體驗」、「行動體驗」和「關聯體驗」。空間體驗的 Cronbach's α 信度值為 0.947，均大於 0.7 為中高信度，在項目分析中的刪除後之信度值亦無項目大於 0.947，表明信度相當良好，顯示問卷變項穩定性較好。

表 6-13　空間感知描述分析

序號	項目	最小值	最大值	平均值	標準差
1	看到喜歡的景觀，我想與他人分享	1	5	3.92	1.040
2	看到喜歡的景觀，我想拍照留念	1	5	3.89	1.127
3	下壩坊旅遊使我覺得歷史保護重要	1	5	3.77	1.127
4	在下壩坊旅遊，令我心情很放鬆	1	5	3.68	1.007
5	下壩坊店鋪裝飾很漂亮	1	5	3.62	0.998
6	來下壩坊旅遊，我舒緩生活壓力	1	5	3.59	1.026
7	在下壩坊遊玩，我和別人關係融洽	1	5	3.56	0.990
8	下壩坊舊建築很吸引人	1	5	3.53	1.042
9	在下壩坊旅遊，令我感到很高興	1	5	3.52	0.928
10	來下壩坊旅遊，我想起去過的景點	1	5	3.49	1.111
11	在下壩坊旅遊，令我感到很親切	1	5	3.48	1.010
12	下壩坊的環境很安靜	1	5	3.45	1.039
13	來下壩坊旅遊，引發我的好奇心	1	5	3.42	0.999
14	來下壩坊旅遊，勾起我懷舊的回憶	1	5	3.41	1.041
15	看到店鋪的環境，我有消費的欲望	1	5	3.35	1.096
16	在下壩坊旅遊，令我感到很興奮	1	5	3.23	0.972

（續上頁表）

17	來下壩坊旅遊，使我獲取新知識	1	5	3.21	0.971
18	下壩坊的活動內容很豐富	1	5	3.15	0.948
19	下壩坊旅遊令我重新考慮人生價值	1	5	2.97	1.132
20	在下壩坊遊玩，使我認識了新朋友	1	5	2.89	1.083
21	下壩坊公共設施使用方便	1	5	2.88	1.007

資料來源：作者根據研究結果整理。

　　首先，根據表 6-13 平均值分析得知遊客對下壩坊旅遊的空間體驗認同程度，平均值越高代表認同程度越高。平均值最高的前三項分別是「看到喜歡的景觀，我想與他人分享」（3.92）、「看到喜歡的景觀，我想拍照留念」（3.89）；其次是「下壩坊旅遊使我覺得歷史保護重要」（3.77）。認同值最低的是「下壩坊公共設施使用方便」（2.88）、「在下壩坊遊玩，使我認識了新朋友」（2.89）、「下壩坊旅遊令我重新考慮人生價值」（2.97）。

　　研究結果顯示，整體的空間體驗平均值為 3.40，顯示遊客對下壩坊的空間體驗認同度中等偏高。超過整體平均值的有 14 項，其中五個體驗類別數量比較平均，感官體驗、情感體驗、行動體驗和關聯體驗各佔 3 項，思考體驗佔 2 項。但行動體驗及關聯體驗排名相對比例較高，特別是前兩項都是行動體驗，反映遊客注重參與性，體現了歷史街區旅遊的互動空間特性；反映了遊客偏向較為高層面的體驗，另外證明遊客在下壩坊旅遊活動中拍照與分享的行為特徵。

　　得分低於平均值的項目集中在與空間功能相關的感官體驗、空間活動相關的消費體驗和關聯體驗，說明下壩坊的空間功能體驗較差，從表面上看，與遊客對空間功能的感知相一致，歷史街區旅遊對遊客

自身的社會價值及擴大社會交際體驗認同度低。

3.空間意象信度及描述性分析

對本研究的空間意象問項作信度分析，遊客對空間意象之 Cronbach's α 信度值為 0.882，在項目分析中的刪除後之信度值亦無項目大於 0.882，分析結果為均大於 0.7 的高信度標準，因此表示信度相當良好，顯示問卷變項具內部一致性與穩定性。

表 6-14　空間意象描述分析

序號	項目	最小值	最大值	平均值	標準差
1	下壩坊是東莞的一條酒吧街	1	5	4.07	1.046
2	下壩坊是一個適宜聚會的地方	1	5	3.95	0.957
3	下壩坊是一個傳統小村落	2	5	3.94	0.922
4	下壩坊是一個地方特色街區	1	5	3.86	0.992
5	下壩坊是一個適宜娛樂的地方	1	5	3.85	0.926
6	下壩坊是一個商業化的舊街區	1	5	3.78	0.996
7	下壩坊是一個有文藝格調的街區	1	5	3.75	0.947
8	下壩坊是一個有小資氛圍的街區	1	5	3.69	0.930
9	下壩坊是一個歷史文化街區	1	5	3.57	0.977
10	下壩坊是一個環境整潔的街區	1	5	3.15	0.996
11	下壩坊是一個環境安靜的街區	1	5	3.04	1.116

資料來源：作者根據研究結果整理。

根據表 6-14 平均值分析得知遊客對下壩坊空間意象的感受程度，平均值越高代表認同程度越高；平均值最高前五分別是「東莞的

一條酒吧街」（4.07）、「適宜聚會的地方」（3.95）、「傳統小村落」（3.94）、「地方特色街區」（3.86）、「適宜娛樂的地方」（3.85）。而認同程度最低的三項分別是「環境安靜的街區」（3.04）、「環境整潔的街區」（3.15）、「文化創意產業區」（3.57）。

　　研究結果顯示，整體的空間意象平均值為 3.58，顯示遊客對下壩坊的空間意象認同度中等偏高。超過整體平均值的有 8 項，其中空間特性與空間內涵類別各佔 4 項，但空間內涵項目排名相對比例較高，尤其佔據了排名前兩項，反映遊客對現在下壩坊的空間功能性的內涵特徵印象深刻。但對空間品質的印象比較差，認同度數值遠離平均值。其中對政府最初的空間表徵的「文化創意產業園」意圖意義基本否定，同時，也反映下壩坊旅遊空間文化意義的退化。

4.行為意向信度及描述性分析

　　遊客行為意向問項信度分析的統計結果顯示，Cronbach's α 信度值為 0.926，在項目分析中的刪除後之信度值亦無項目大於 0.926，大於 0.7 的高信度標準，表示信度良好。

表 6-15　行為意向描述分析

序號	項目	最小值	最大值	平均值	標準差
1	我願意向他人介紹下壩坊	1	5	3.82	0.997
2	我願意向他人推薦下壩坊	1	5	3.75	1.009
3	我願意再來下壩坊遊覽	1	5	3.65	1.027
4	我願意再來下壩坊消費	1	5	3.57	1.023
5	我願意在社交網關於下壩坊評論點讚	1	5	3.39	1.134
6	我願意在社交網分享下壩坊旅遊心得	1	5	3.37	1.118

資料來源：作者根據據研究結果整理。

表 6-15 平均值分析得知遊客行為意向的程度，平均值越高代表意願程度越高；平均值最高分別是「向他人介紹下壩坊」（3.82）、「推薦下壩坊」（3.75）；意願程度最低分別是「在社交網分享下壩坊旅遊心得」（3.37）、「在社交網關於下壩坊評論點讚」（3.39）。

整體的行為意向平均值為 3.59，顯示遊客對下壩坊的行為意向認同度中等偏高。超過或低於整體平均值的分別有 2 項，而接近平均值的有「再來下壩坊遊覽」（3.65）、「再來下壩坊消費」（3.57）。研究結果顯示遊客願意向他人介紹與推薦下壩坊，但不會主動再來下壩坊遊覽或消費，印證了前章節深度訪談的實際情況。至於遊客不願意在社交網站對下壩坊進行分享及點讚，則需要進一步分析。

三、表徵空間生產的模型構建

（一）空間感知、空間體驗與空間意象因子分析

以下對空間感知、空間體驗與空間意象問項作因子分析，採用主成份分析法抽取因素，利用最大方差法進行因素軸旋轉，並以 Bartlett's 球型與 KMO 適切性抽樣檢驗進行因素分析，其中 Bartlett's 球型考驗結果分別皆達到顯著，且 KMO 係數值分別為 0.890、0.911 和 0.837，顯示旅遊形象選擇因素之問項具有良好的抽樣適切度。

1. 空間感知因子分析（EFA）

經因子分析得出表 6-16 空間感知因素負荷量表，按照量表的自動劃分，根據問卷內容劃分為六因子，命名為村落景觀、歷史景觀、文化景觀、旅遊功能、消費設施與旅遊互動，恰好反映下壩坊從文化空

間演化到旅遊空間所具備物理條件、歷史與文化因素。

因素一說明遊客觀賞由自然環境、傳統巷道和民居景觀構成的村落環境，命名為「村落景觀」；因素二反映出遊客在遊覽過程中感受街區歷史符號與民俗文化；命名為「歷史景觀」，下壩坊的文化植入包括文藝創作及商業文化；因素三反映構成歷史街區文化符號的店鋪外觀、室內裝飾等景觀，命名為「文化景觀」；因素四反映關注作為一個標準意義上的旅遊景區必需的交通設施、公共活動設施及旅遊活動內容，綜合地命名為「旅遊功能」；因素五關注下壩坊實際的旅遊消費活動設施，故命名為「消費設施」；因素六反映遊客在景區遊覽及消費時發生的活動及旅遊互動，故命名為「旅遊互動」。各項因素的累積解釋變異量達 64.8%。

表 6-16　空間感知因素負荷量表

	村落景觀	歷史景觀	文化景觀	旅遊功能	消費設施	旅遊互動
下壩坊有很多窄的小巷	0.703					
下壩坊有農村的景致	0.672					
下壩坊保留了很多舊房屋	0.651					
下壩坊有河湧和池塘	0.645					
下壩坊有很多老榕樹		0.662				
下壩坊有悠久的歷史		0.660				
下壩坊祠堂有居民粵曲表演		0.643				
店鋪內佈置很多藝術擺設			0.764			
店鋪外有別致的小庭院			0.759			
店鋪內佈置了花卉			0.727			

（續上頁表）

店鋪內有多種裝飾風格	0.717	
下壩坊很多店鋪晚上營業	0.687	
下壩坊有藝術工作坊	0.633	
有足夠的公共憩息設施	0.820	
下壩坊有東莞民俗活動	0.781	
有足夠的指示導覽標識	0.747	
有足夠的停車場	0.738	
下壩坊有文化展覽活動	0.729	
下壩坊有旅遊娛樂活動	0.683	
下壩坊有居民的社會活動	0.674	
下壩坊公共交通方便	0.664	
下壩坊有很多餐廳		0.772
下壩坊有很多咖啡館		0.682
下壩坊有很多酒吧		0.602
商家的餐飲品質很好		0.762
餐吧的消費價格合理		0.760
餐吧的餐飲品種多樣		0.684
商家對遊客態度熱情		0.678
下壩坊環境衛生乾淨		0.656
商家會和我聊天交流		0.655
下壩坊的治安良好		0.654
商家歡迎遊客在店鋪拍照		0.609

資料來源：作者根據研究結果整理。

2.空間體驗因子分析（EFA）

經空間體驗因子分析，空間體驗劃分為五個因子，命名為感官體驗、情感體驗、思考體驗、行動體驗和關聯體驗。詳見表6-17。

表6-17　空間體驗因素負荷量表

	感官體驗	情感體驗	思考體驗	行動體驗	關聯體驗
下壩坊舊建築很吸引人	0.739				
下壩坊店鋪裝飾很漂亮	0.719				
下壩坊公共設施使用方便	0.715				
下壩坊的活動內容很豐富	0.676				
下壩坊的環境很安靜	0.578				
在下壩坊旅遊，令我感到很高興		0.838			
在下壩坊旅遊，令我心情很放鬆		0.787			
在下壩坊旅遊，令我感到很親切		0.762			
在下壩坊旅遊，令我感到很興奮		0.637			
來下壩坊旅遊，我舒緩生活壓力		0.606			
下壩坊旅遊令我重新考慮人生價值			0.734		
來下壩坊旅遊，使我獲取新知識			0.729		
來下壩坊旅遊，引發我的好奇心			0.503		
在下壩坊遊玩，我和別人關係融洽				0.699	
看到店鋪的環境，我有消費的欲望				0.610	
在下壩坊遊玩，使我認識了新朋友				0.578	
下壩坊旅遊使我覺得歷史保護重要					0.739

（續上頁表）

來下壩坊旅遊，我想起去過的景點	0.682
看到喜歡的景觀，我想拍照留念	0.649
看到喜歡的景觀，我想與他人分享	0.645
來下壩坊旅遊，勾起我懷舊的回憶	0.640

資料來源：作者根據研究結果整理。

因素一說明遊客在下壩坊旅遊所產生的遊覽觀光和活動的感官體驗，故命名為「感官體驗」。因素二反映出遊客通過遊覽所產生的情感上的體驗，涉及對景觀的驚奇感、旅遊的快樂感，故命名為「情感體驗」。因素三反映遊客通過歷史街區的旅遊時，所產生的涉及對見識、社會和人生等方面的思考和聯想，故命名為「思考體驗」。因素四是關注遊客行為的體驗，命名為「行動體驗」。因素五是體現遊客遊後行為體驗，包括記憶、回憶、懷舊及聯想體驗，命名為「關聯體驗」。各項因素旅遊體驗累積解釋變異量達71.5%。

3.空間意象因子分析（EFA）

經對空間意象進行因子分析，空間意象劃分為四個因子，分別命名為空間特徵、空間性質、空間用途和空間品質。詳見表6-18。

因素一表明遊客旅遊體驗產生的對下壩坊旅遊空間地域性、歷史、文化及的空間特質的印象，故命名為「空間特徵」。因素二反映遊客對下壩坊旅遊空間的產業類別、功能用途的印象，故命名為「空間類別」。因素三反映遊客對空間環境品格、質量的評價，故命名為「空間品質」。各項因素的累積解釋變異量達64.9%。

表 6-18　空間意象因素負荷量表

	空間特徵	空間類別	空間品質
下壩坊是一個歷史文化街區	0.834		
下壩坊是一個地方特色街區	0.776		
下壩坊是一個有文藝格調的街區	0.721		
下壩坊是一個有小資氛圍的街區	0.626		
下壩坊是一個商業化的舊街區		0.734	
下壩坊是東莞的一條酒吧街		0.721	
下壩坊是東莞一個傳統村落		0.629	
下壩坊是一個適宜聚會的地方		0.622	
下壩坊是一個適宜娛樂的地方		0.568	
下壩坊是一個環境安靜的街區			0.898
下壩坊是一個環境整潔的街區			0.804

資料來源：作者根據研究結果整理。

4.驗證性因子分析（CFA）

更進一步探討建構效度，通過 Amos 檢測到組合信度（composite reliability, CR）均大於 0.5，大多數高於 0.7；而二階模式的 VE 值也顯示本研究各構念量表具有區別效度。如圖 6-5。

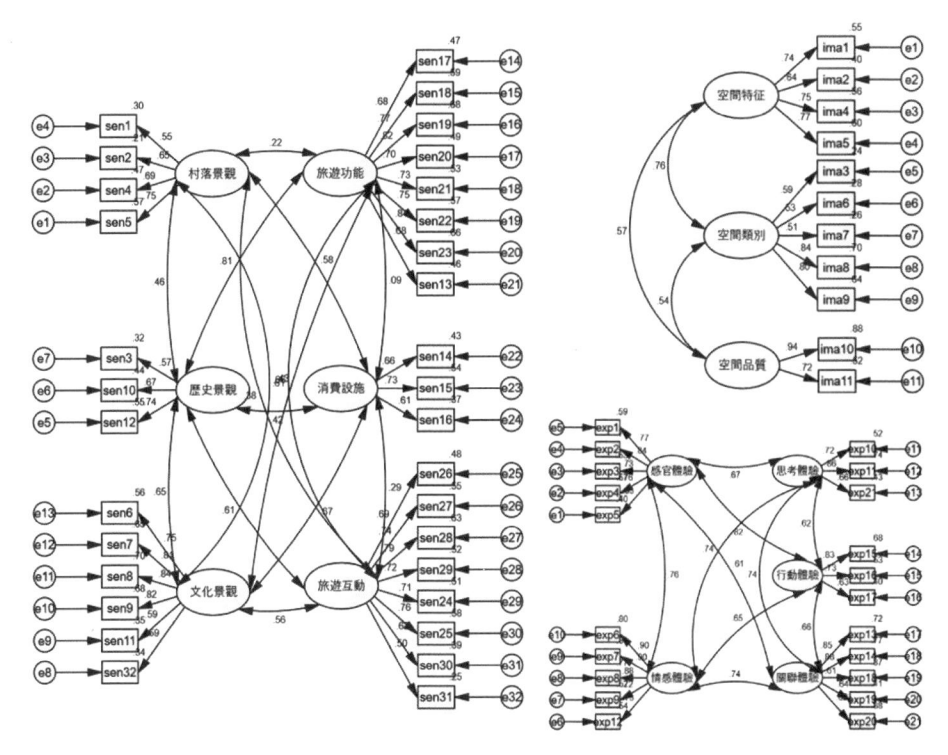

第六章　老街遊客表徵空間：旅遊空間體驗與空間意象建構　293

左：空間感知 CFA；右下：空間體驗 CFA；右上：空間意象 CFA

↑圖 6-5：空間感知、空間體驗和空間意象驗證性因子分析。
資料來源：作者根據研究結果整理。

（二）遊客特徵對空間感知及空間體驗之分析

1. 遊客性別與婚姻狀況 t 檢驗

由表 6-19、表 6-20 性別和婚姻在空間感知上均無達到顯著差異水平（$p< 0.05$）。

表 6-19　性別與婚姻狀況對空間感知 t 檢驗表

項目	性別 F	性別 T	性別 顯著性	婚姻 F	婚姻 T	婚姻 顯著性
村落景觀	0.012	-1.839	0.912	2.721	1.098	0.100
歷史景觀	0.253	-0.419	0.615	2.572	1.224	0.110
文化景觀	7.343	1.450	0.007	1.713	0.305	0.191
旅遊功能	0.423	-0.228	0.516	0.242	-0.124	0.623
消費設施	7.725	1.116	0.006	3.431	2.899	0.065
旅遊互動	0.114	2.324	0.736	6.620	-0.199	0.010

註：其中性別之文化景觀、消費設施與婚姻之旅遊互動在均值等同性 t 檢驗未能達到顯著水平（$p<0.05$）。
資料來源：作者根據研究結果整理。

表 6-20　年齡與婚姻狀況對空間體驗 t 檢驗表

項目	性別 F	性別 T	性別 顯著性	婚姻 F	婚姻 T	婚姻 顯著性
感官體驗	2.242	1.157	0.135	0.864	2.540	0.353
情感體驗	0.396	0.338	0.529	1.659	0.206	0.198
思考體驗	1.206	2.791	0.273	0.007	-0.185	0.933
行為體驗	3.688	1.270	0.056	2.564	0.884	0.110
關聯體驗	0.327	-1.960	0.568	4.865	-0.824	0.028

註：婚姻之關聯體驗在均值等同性 t 檢驗未達到顯著水平（$p<0.05$）。
資料來源：作者根據研究結果整理。

2.遊客特徵對空間感知、空間體驗的方差分析

（1）遊客屬性對空間感知、空間體驗的方差分析

表 6-21　遊客屬性對空間感知方差分析表

項目		年齡	教育	地區	職業	收入
村落景觀	F	1.897	1.247	2.530	1.216	2.830
	P	0.080	0.290	0.040	0.270	0.025
歷史景觀	F	2.473	3.364	0.260	2.452	2.436
	P	0.023	0.010	0.904	0.004	0.047
文化景觀	F	1.556	1.593	0.833	1.464	1.848
	P	0.159	0.176	0.505	0.135	0.119
旅遊功能	F	1.026	2.309	2.073	2.192	2.799
	P	0.408	0.057	0.084	0.012	0.026
消費設施	F	1.208	2.738	4.494	1.390	1.200
	P	0.301	0.029	0.001	0.168	0.310
旅遊互動	F	0.512	2.338	2.005	2.140	0.917
	P	0.799	0.055	0.093	0.014	0.454

資料來源：作者根據研究結果整理。

①職業與收入對空間感知有較多影響，歷史景觀受到遊客屬性影響較大。根據表 6-21 遊客屬性對空間感知差異性分析，以及通過 LSD 檢驗，可知 18-23 與 24-40 歲，41-50 歲與 31-40 歲、碩士或以上教育程度遊客與本科、高中畢業的遊客、企業主與文員及技術人員；收入處於 3000 元以下與其他收入的遊客的感知有顯著差異；故此可見，年齡、受教育程度、職業階級與收入因素均影響其對「歷史景觀」的感知認可度。

企業主、銷售人員分別與文員、技術人員與待業人員在景區功能與旅遊互動有顯著差異。在收入10001元以上的遊客與其他所有遊客在「旅遊功能」上呈現較大的差異。除8001-10000元月均收入外，3000元以下的遊客與其他遊客；來源地屬於港澳地區遊客比來自東莞市、鎮區以及廣東省內其他地方的遊客對「村落景觀」感受差異度大；同時，港澳遊客與碩士或以上教育程度遊客與本科、高中畢業的遊客在「消費設施」感受差異度大。

因此，可以得出遊客的社會屬性中職業與收入對空間感知有較多影響，而歷史景觀感知受遊客社會屬性影響最大。

表6-22 遊客屬性對空間體驗方差分析表

	項目	年齡	教育	地區	職業	收入
感官體驗	F	1.838	2.919	0.506	1.304	3.306
	P	0.091	0.021	0.731	0.213	0.011
情感體驗	F	1.568	3.493	0.500	2.254	2.394
	P	0.155	0.008	0.736	0.009	0.050
思考體驗	F	2.645	6.073	1.620	2.466	1.559
	P	0.016	0.000	0.168	0.004	0.185
行為體驗	F	0.601	1.932	0.349	1.375	1.278
	P	0.730	0.104	0.845	0.175	0.278
關聯體驗	F	3.008	4.900	2.788	2.844	3.058
	P	0.007	0.001	0.026	0.001	0.017

資料來源：作者根據研究結果整理。

②職業與教育對空間體驗有較多影響，關聯體驗受到所有遊客屬性的影響。根據表 6-22 遊客屬性對空間體驗差異性分析，以及通過 LSD 檢驗，可知：年齡、教育、地區、職業、收入對「關聯體驗」均有影響，在年齡方面，18-23 歲與 24-40 歲對「思考體驗」及「關聯體驗」感知差異都大，51-60 歲與 24-30 歲之間對「關聯體驗」有差異。

大專本科與碩士、高中畢業的遊客在「感官體驗」、「情感體驗」、「思考體驗」與「關聯體驗」上有顯著差異；在職業方面，銷售人員與文員、技術人員及其他職業對「情感體驗」、「思考體驗」與「關聯體驗」上有顯著差異。

收入 10001 元以上的遊客與其他所有遊客在「感官體驗」上呈現較大的差異。除 8001-10000 元月均收入外，3000 元以下的遊客與其他遊客對「關聯體驗」上有顯著差異。在客源地方面，東莞市與省內其他地方、港澳地區在「關聯體驗」上有顯著差異。因此，可以得出遊客的社會屬性中職業與教育對空間體驗有較多影響，而關聯體驗受遊客社會屬性影響最大。

（2）遊客旅遊特性對空間感知、空間體驗的方差分析

①旅遊同伴與停留時間對空間感知影響最大

根據表 6-23 旅遊特性對空間感知差異性分析，以及通過 LSD 檢驗，可知：旅遊動機中增長見識、放鬆身心與懷舊對「歷史景觀」、「文化景觀」感知有顯著差異；接觸社會與懷舊、增長見識、放鬆身心的旅遊動機對「旅遊功能」感知差異大；聯絡感情與其他旅遊動機對「旅遊互動」感知有顯著差異。

表 6-23　遊遊特性對空間感知方差分析表

		旅遊動機	旅遊目的	旅遊同伴	信息來源	停留時間	旅遊花費	遊覽次數
村落景觀	F	1.696	0.754	4.705	1.748	6.839	1.572	1.436
	P	0.150	0.584	0.000	0.109	0.000	0.181	0.232
歷史景觀	F	7.645	2.992	3.621	1.366	20.16	4.209	2.139
	P	0.000	0.012	0.003	0.227	0.000	0.002	0.095
文化景觀	F	2.809	2.131	3.680	1.528	12.37	1.111	3.317
	P	0.025	0.061	0.003	0.168	0.000	0.351	0.020
旅遊功能	F	4.423	4.397	5.365	2.028	13.95	3.590	10.31
	P	0.002	0.001	0.000	0.061	0.000	0.007	0.000
消費設施	F	2.332	1.008	3.439	3.759	4.988	0.851	4.533
	P	0.055	0.413	0.005	0.001	0.002	0.493	0.004
旅遊互動	F	6.576	4.861	2.918	1.139	24.67	4.769	7.510
	P	0.000	0.000	0.013	0.339	0.000	0.001	0.000

資料來源：作者根據研究結果整理。

旅遊目的中參觀與陪親友、聚會的遊客對「歷史景觀」、「旅遊功能」感知差異大，陪親友與參觀、娛樂、聚會的遊客對「旅遊互動」感知有顯著差異。獲得資訊中親朋介紹與社交媒體、電視廣播與其他所有資訊渠道對「消費設施」差異最大。與朋友為伴的遊客與單獨、家人、同事為伴的遊客對「村落景觀」感知差異大；同時，不同的遊伴組合對「文化景觀」和「旅遊功能」感知都不同；旅遊團與其他所有遊客對「消費設施」的感知有差異。朋友作伴與其他遊客對「旅遊活動」感知有顯著差異。

停留 3 小時以上比所有的時間段對空間感知所有項目都有

差異，1 小時與所有時段對於「旅遊互動」的感知有差異，與停留 2 小時以上的遊客對「文化景觀」感知有差異，1-2 小時與 2-3 小時的遊客對「歷史景觀」感知有差異，總之，停留時間越長對空間感知差異越大。在旅遊中花費 151 元以上與 150 以下及無消費的遊客對「歷史景觀」感知差異大，無消費的遊客與其他遊客對「旅遊功能」、「旅遊互動」感知有顯著差異。到下壩坊旅遊 6 次以上的遊客與其他遊客對「文化景觀」、「旅遊互動」的感知有差異，1 次與 2 次以上的遊客對「消費設施」有差異。

以上分析可知，遊客的遊伴與停留時間對空間各個因子的感知都有不同程度的差異，故旅遊同伴與停留時間對空間感知影響最大。

②旅遊次數與停留時間對空間體驗影響最大

根據表 6-24 旅遊特性對空間體驗分析可知：懷舊與增長見識、放鬆身心、聯絡感情等動機對「情感體驗」、「思考體驗」及「關聯體驗」有差異。參觀與娛樂、餐飲與聚會對「感官體驗」有差異。

表 6-24　遊遊特性對空間體驗方差分析表

項目		旅遊動機	旅遊目的	旅遊同伴	信息來源	停留時間	旅遊花費	遊覽次數
感官體驗	F	1.948	2.697	1.958	1.378	13.140	1.680	14.237
	P	0.102	0.021	0.084	0.222	0.000	0.154	0.000
情感體驗	F	3.032	2.005	5.484	.871	31.026	1.852	8.847
	P	0.018	0.077	0.000	0.516	0.000	0.118	0.000
思考體驗	F	5.691	1.357	4.874	3.067	13.077	1.736	7.556
	P	0.000	0.240	0.000	0.006	0.000	0.141	0.000
行動體驗	F	.090	1.959	1.535	1.471	15.749	5.352	9.007
	P	0.986	0.084	0.178	0.187	0.000	0.000	0.000
關聯體驗	F	5.547	1.298	3.693	1.613	9.691	1.084	4.487
	P	0.000	0.264	0.003	0.142	0.000	0.364	0.004

資料來源：作者根據研究結果整理。

　　朋友與家人、同事、旅遊團方式對「情感體驗」、「思考體驗」有差異；以朋友為伴與單獨方式、陪家人對「關聯體驗」有差異。親朋介紹與旅遊書籍對「思考體驗」差異最大。無消費與其他有旅遊花費的遊客對「行為體驗」有顯著性差異。除了停留時間 1（含）小時以下與 1-2（含）小時外，所有時間段對「感官體驗」有差異，所有時間段之間的遊客對「情感體驗」、「行動體驗」、「關聯體驗」有顯著差異，1-2（含）小時以內與 2-3 小時以內的遊客外，其他時間段對「思考體驗」有顯著性差異。到下壩坊旅遊 1 次的遊客與其他 2 次或以上的遊客對「感官體驗」有差異，6 次以上的遊客與其他遊客對「感官體驗」、「思考體驗」有差異，6 次以上的遊客與 3 次以下的遊客對「情感體驗」、「行動體驗」、「關聯體驗」有顯著性差異。因此可知旅遊信息、旅遊目的與旅遊花費對下壩坊空間體驗的差異性較少，旅遊次數

與停留時間對空間體驗影響最大。

（三）空間感知、體驗、空間意象和行為意向影響分析

1.相關分析

從表 6-25、6-26、6-27 可知，空間感知與空間體驗、空間體驗與空間意象、行為意向的相關係數檢驗概論 p 值都近似 0。當顯著水平 α 為 0.05 或 0.01 時，都應該拒絕相關係數檢驗的零假設，認為總體存在線性關係。故得知本研究的以上因素之間存在著很好的相關性。

表 6-25　空間感知對空間體驗相關分析

		感官體驗	情感體驗	思考體驗	行動體驗	關聯體驗
村落景觀	皮爾遜相關性	0.415**	0.372**	0.368**	0.398**	0.533**
	顯著性（雙尾）	0.000	0.000	0.000	0.000	0.000
歷史景觀	皮爾遜相關性	0.472**	0.385**	0.429**	0.427**	0.438**
	顯著性（雙尾）	0.000	0.000	0.000	0.000	0.000
文化景觀	皮爾遜相關性	0.615**	0.509**	0.473**	0.475**	0.493**
	顯著性（雙尾）	0.000	0.000	0.000	0.000	0.000
旅遊功能	皮爾遜相關性	0.519**	0.376**	0.512**	0.446**	0.340**
	顯著性（雙尾）	0.000	0.000	0.000	0.000	0.000
消費設施	皮爾遜相關性	0.308**	0.244**	0.121*	0.232**	0.293**
	顯著性（雙尾）	0.000	0.000	0.017	0.000	0.000
旅遊互動	皮爾遜相關性	0.679**	0.578**	0.544**	0.643**	0.425**
	顯著性（雙尾）	0.000	0.000	0.000	0.000	0.000

註：**. 在 0.01 級別，相關性顯著。*. 在 0.05 級別，相關性顯著。
資料來源：作者根據研究結果整理。

表 6-26　空間體驗對空間意象、行為意向相關分析

		感官體驗	情感體驗	思考體驗	行動體驗	關聯體驗
空間特徵	皮爾遜相關性	0.665**	0.592**	0.536**	0.554**	0.630**
	顯著性（雙尾）	0.000	0.000	0.000	0.000	0.000
空間類別	皮爾遜相關性	0.591**	0.489**	0.342**	0.517**	0.473**
	顯著性（雙尾）	0.000	0.000	0.000	0.000	0.000
空間品質	皮爾遜相關性	0.543**	0.450**	0.430**	0.520**	0.366**
	顯著性（雙尾）	0.000	0.000	0.000	0.000	0.000
重遊意願	皮爾遜相關性	0.582**	0.665**	0.528**	0.579**	0.593**
	顯著性（雙尾）	0.000	0.000	0.000	0.000	0.000
推薦意願	皮爾遜相關性	0.542**	0.577**	0.480**	0.562**	0.592**
	顯著性（雙尾）	0.000	0.000	0.000	0.000	0.000
分享意願	皮爾遜相關性	.507**	0.543**	0.550**	0.492**	0.597**
	顯著性（雙尾）	0.000	0.000	0.000	0.000	0.000

註：**. 在 0.01 級別，相關性顯著，*. 在 0.05 級別，相關性顯著。
資料來源：作者根據研究結果整理

表 6-27　空間意象對行為意向相關分析

		空間特徵	空間類別	空間品質
重遊意願	皮爾遜相關性	0.578**	0.493**	0.436**
	顯著性（雙尾）	0.000	0.000	0.000
推薦意願	皮爾遜相關性	0.627**	0.603**	0.407**
	顯著性（雙尾）	0.000	0.000	0.000
分享意願	皮爾遜相關性	0.560**	0.513**	0.415**
	顯著性（雙尾）	0.000	0.000	0.000

註：**. 在 0.01 級別，相關性顯著，*. 在 0.05 級別，相關性顯著。
資料來源：作者根據研究結果整理

2.空間感知對空間體驗的影響分析

　　通過逐步迴歸分析來了解空間感知對空間體驗的影響，將空間感知設為自變量 X，而將空間體驗設為因變量 Y，以標準化判定係數 R^2 來診斷其自變量對因變量的解釋能力。如表 6-28 所示，各迴歸式自變數係數的正負符號合理，自變量係數的 T 檢定及迴歸式的 F 檢定均達顯著水平。同時 VIF 值均在 3 以下；CI 值均低於 30，顯示共線性問題緩和；在本線性因果關係中 DW 值皆相當接近 2，即表示誤差項之間並無自我相關的現象存在。

　　村落景觀、文化景觀、旅遊功能與旅遊互動對下壩坊的感官體驗具有顯著影響。村落景觀、文化景觀與旅遊互動等空間感知對下壩坊的情感體驗具有顯著影響。村落景觀、文化景觀、旅遊功能、消費設施與旅遊互動等空間感知對下壩坊的思考體驗具有顯著影響。村落景觀、歷史景觀與旅遊互動等空間感知對下壩坊的消費體驗具有顯著影響。村落景觀、歷史景觀、文化景觀與旅遊互動等空間感知對下壩坊的行為體驗具有顯著影響。

　　研究發現遊客在旅遊實踐的空間感知確實影響旅遊體驗。村落景觀與旅遊互動對所有空間體驗變量都產生影響，文化景觀在四項體驗中有影響。證實旅遊空間由景觀空間與互動空間構成之論點，同時證明下壩坊村落環境與文化植入是旅遊空間生產的關鍵因素。

表 6-28　空間感知對空間體驗的回歸分析表

Y_1=0.147	+0.095X_1	+0.284X_3	+0.143X_4	+0.408X_6		R^2=0.752
T 值	2.442	6.438	3.435	9.009		F = 125.58
P 值	0.015	0.000	0.001	0.000		P=0.000
VIF 值	1.355	1.693	1.533	1.820		DW = 1.78
CI 值	18.750	15.382	16.165	8.932		
Y_2=0.346	+0.112X_1	+0.226X_3	+0.415X_6			R^2=0.396
T 值	3.601	4.391	8.750			F = 84.73
P 值	0.000	0.000	0.000			P=0.000
VIF 值	1.395	1.255	1.442			DW = 1.72
CI 值	16.823	14.390	12.435			
Y_3=0.445	+0.166X_1	+0.223X_2	+0.244X_4	−0.151X_5	+0.261X_6	R^2=0.416
T 值	7.762	3.949	5.010	−3.205	4.972	F = 54.78
P 值	0.000	0.000	0.000	0.001	0.000	P=0.000
VIF 值	1.242	2.110	1.568	1.465	1.820	DW = 1.71
CI 值	16.878	18.133	16.838	22.672	9.074	
Y_4=−0.164	+0.169X_1	+0.104X_2	+0.534X_6			R^2=0.455
T 值	4.038	2.326	2.614			F = 107.76
P 值	0.000	0.021	0.000			P=0.000
VIF 值	1.326	1.411	1.349			DW = 1.54
CI 值	11.746	12.067	12.257			
Y_5=0.228	+0.344X_1	+0.138X_2	+0.160X_4	+0.150X_6		R^2=0.387
T 值	7.347	2.738	2.906	3.050		F = 60.89
P 值	0.000	0.006	0.004	0.002		P=0.000
VIF 值	1.594	1.320	1.913	1.525		DW = 1.53
CI 值	12.959	14.336	16.539	18.829		

註：X_1=村落景觀，X_2=歷史景觀，X_3=文化景觀，X_4=旅遊功能，X_5=消費設施，X_6=旅遊互動。Y_1=感官體驗，Y_2=情感體驗，Y_3=思考體驗，Y_4=行為體驗，Y_5=關聯體驗。

資料來源：作者根據研究結果整理。

3.空間體驗、空間意象和行為意向的路徑分析

很多學者認為空間體驗分別影響空間意象和行為意向，而文獻回顧時發現空間體驗通過空間意象對行為意向產生影響，這是一個多元的線性方程，為了證實哪種路徑在研究中起更關鍵的作用，因而，藉助 Amos 21.0 軟體對這個研究模型進行路徑分析。

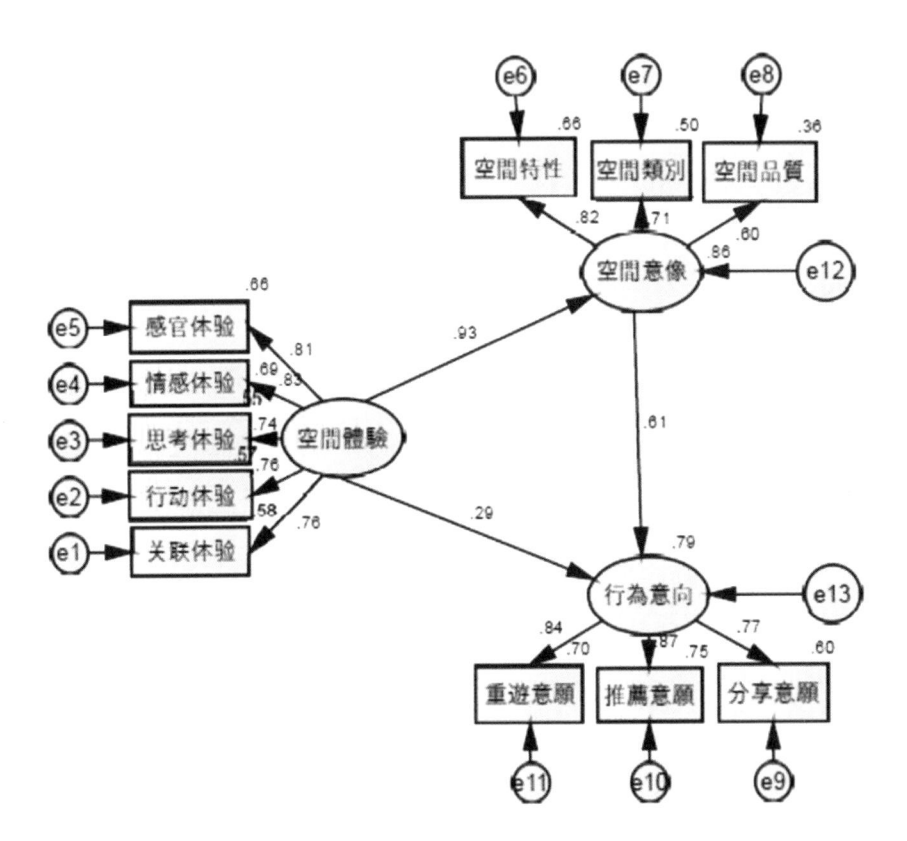

↑圖 6-6　空間體驗、空間意象和行為意向原模型分析結果。
資料來源：作者根據 Amos 結果整理。

表 6-29 初始模型 Regression Weights 等指標

	Estimate	S.E.	C.R.	P	Label
行為意向←空間體驗	0.375	0.255	1.470	0.142	par_11
Model	GFI	AGFI	RMR	RMSEA	NFI
Default mode	0.891	0.824	0.034	0.116	0.909
Model	RFI	IFI	TLI	PNFI	
Default mode	0.878	0.923	0.896	0.678	

資料來源：作者根據 Amos 結果整理。

圖 6-6 與表 6-29 分析結果發現，所有的觀察變量都達到顯著性標準，唯有「空間體驗→行為意向」的路徑 p=0.142，而且在模型適配指標中多項未達標或不盡理想。根據對修正係數分析，本文對初始模型進行修改，刪除以上路徑後再次進行分析，結果如圖 6-7。

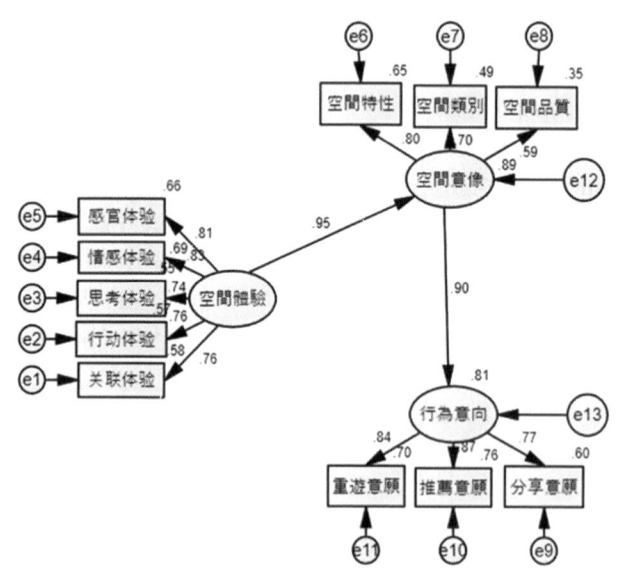

▲圖 6-7 空間體驗、空間意象和行為意向最終模型分析結果。
資料來源：作者根據 Amos 結果整理

表 6-30　最終模型 Regression Weights 等指標

	Estimate	S.E.	C.R.	P	Label
行為意向←空間體驗	0.898	0.058	15.507	***	par_9
行為意向←空間意象	1.214	0.081	14.896	***	par_10
Model	GFI	AGFI	RMR	RMSEA	NFI
Default mode	0.901	0.897	0.034	0.115	0.909
Model	RFI	IFI	TLI	PNFI	
Default mode	0.903	0.922	0.912	0.694	

資料來源：作者根據 Amos 結果整理。

　　從圖 6-7 與表 6-30 分析結果看出調整路徑後模型的適配指標較理想，本文將初始遊客表徵空間生產模型改為圖 6-8 所示。據此，以下以回歸的方式對空間實踐、空間意象與行為意向的關係做分析。

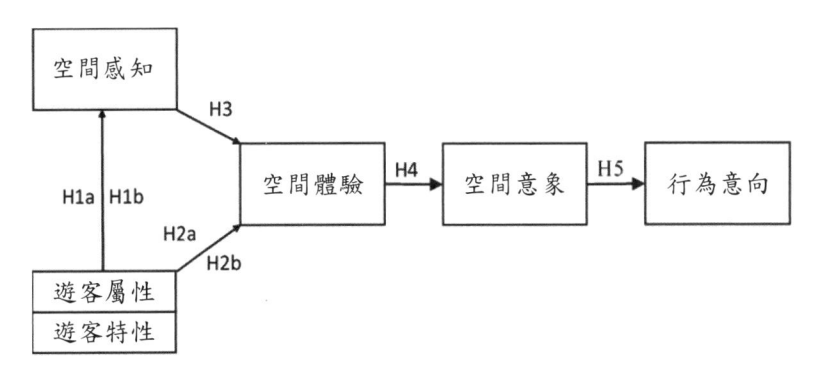

↑圖 6-8　遊客表徵空間研究最終模型。
資料來源：作者根據上述 SPSS 與 Amos 結果綜合整理。

4.空間體驗、空間意象和行為意向的影響分析

　　遊客空間體驗對空間意象、空間意象對行為意向之影響分析，將空間體驗設為自變量 X，而將空間意象設為因變量 Y，如表 6-31 所示。研究結果發現：

（1）感官體驗、情感體驗與關聯體驗影響空間特性；
（2）感官體驗、思考體驗、行動體驗與關聯體驗影響空間類別；
（3）感官體驗、行動體驗與關聯體驗影響空間品質。

　　其中感官體驗和關聯體驗是影響空間意象的關鍵因素，體現感官引發的聯想符號意義解讀的過程。如空間氛圍是遊客對景觀觀賞引發情感反應，產生空間特性符號意義上的關聯解釋而形成的想像。

　　將空間體驗設為自變量 X，空間意象為因變量 Y，研究發現：空間意象的空間特性、空間類別與空間品質都影響行為意向（表 6-32）。

表 6-31　空間體驗和空間意象的回歸分析表

Y_6=0.924	+0.445X_7	+0.38X_8	+0.377X_{11}		R^2=0.555
T 值	9.361	2.708	8.445		F = 161.43
P 值	0.000	0.004	0.000		P=0.000
VIF 值	1.969	2.068	1.740		DW = 1.74
CI 值	11.098	12.398	16.410		
Y_7=1.851	+0.435X_7	-0.165X_9	+0.165X_{10}	+0.266X_{11}	R^2=0.412
T 值	7.786	-2.988	2.934	4.892	F = 67.60
P 值	0.000	0.003	0.002	0.000	P=0.000
VIF 值	2.052	2.010	2.086	1.945	DW = 1.76
CI 值	11.668	15.093	16.813	11.915	
Y_8=0.528	+0.307 X_7	+0.126X_9	+0.245X_{10}		R^2=0.348
T 值	5.236	2.451	4.256		F = 68.99
P 值	0.000	0.015	0.000		P=0.000
VIF 值	2.038	1.568	1.975		DW = 2.17
CI 值	10.508	14.291	11.052		

註：X_7=感官體驗，X_8=情感體驗，X_9=思考體驗，X_{10}=行動體驗，X_{11}=關聯體驗，
　　Y_6=空間特性，Y_7=空間類別、Y_8=空間品質
資料來源：作者根據研究結果整理。

表 6-32　空間意象和行為意向的回歸分析表

Y_9=-0.108	+0.422X_{12}	+0.283X_{13}	+0.161X_{14}	R^2=0.527
T 值	9.322	6.314	3.995	F = 143.46
P 值	0.000	0.000	0.000	P=0.000
VIF 值	1.673	1.639	1.324	DW = 1.73
CI 值	8.634	13.876	17.148	

註：X_{12}=空間特性，X_{13}=空間類別，X_{14}=空間品質，Y_9=行為意向
資料來源：作者根據研究結果整理。

四、表徵空間對生產實踐影響

量化分析結果表明表徵空間生產是遊客對景觀空間及旅遊互動的空間感知、空間體驗，最後形成空間意象，即旅遊空間的解釋意義的過程。不同社會屬性與旅遊特性對遊客空間有著不同的空間感知與體驗，從而影響遊客的空間意象，即符號空間的解釋意義。其次，遊客的空間體驗及空間意象對遊客的遊後行為意向有影響。遊客表徵空間隱含的行為意向對生產者的空間生產有影響。

（一）表徵空間過程：感知－體驗－意象及行為意向

1.遊客特徵影響其對空間實踐結果的評價

（1）遊客特徵對空間感知、空間體驗的認同度分化

整體的空間感知平均值為 3.43，顯示遊客對下壩坊的空間感知認同度中等偏高。超過整體平均值的有 16 項，其中空間形態的占 62%，整體上反映了遊客對下壩坊空間形態的感知認同度比較高，對空間功能認同度非常低。也就是說，遊客對生產實踐的結果中景觀空間感知比較認同，對空間表徵的功能配套評價極差，這些分析結果與前章節對空間表徵及空間實踐的質化研究中的結論相吻合。

整體的空間體驗平均值為 3.40，顯示遊客對下壩坊空間體驗認同度中等偏高。超過整體平均值的有 14 項，其中五個體驗類別數量比較平均，但行動體驗及關聯體驗排名相對比例較高，特

別是前兩項都是行動體驗，反映遊客注重參與性，體現歷史街區旅遊的互動空間特性；反映遊客偏向較為高層面的體驗。得分低於平均值的項目集中在與空間功能相關的感官體驗、空間活動相關的關聯體驗，說明下壩坊的空間功能配置較差，與遊客對空間功能的感知相一致。

（2）遊客特徵對空間感知、空間體驗的影響

通過遊客屬性對空間感知（表 6-21）與空間體驗（表 6-22）之差異性分析，以及通過 LSD 檢驗，遊客屬性對空間感知與空間體驗均有影響，尤其是職業與收入對空間感知有較多影響，歷史景觀受到遊客屬性中年齡、受教育程度、職業階級與收入因素影響較大。遊客的社會屬性中職業與教育對空間體驗有較多影響，而關聯體驗受遊客社會屬性影響最大。

通過旅遊特性對空間感知與空間體驗之差異性分析，以及通過 LSD 檢驗，旅遊特性對空間感知與空間體驗均有影響，尤其是遊客的遊伴與停留時間對空間感知有較多影響。遊客的旅遊特性中旅遊信息、旅遊目的與旅遊花費對下壩坊空間體驗的差異性較少，旅遊次數與停留時間對空間體驗影響最大。所以表徵空間主體遊客對空間實踐之感知與體驗的假設部分成立，詳見表 6-33：

表 6-33　遊客屬性與旅遊特性對空間感知、空間體驗假設檢驗表

假設	內容	結論	參考數據
H1a：不同社會屬性的遊客對空間感知有顯著差異		部分成立	表 6-21
H1b：不同旅遊特徵的遊客對空間感知有顯著差異		部分成立	表 6-23
H2a：不同社會屬性的遊客對空間體驗有顯著差異		部分成立	表 6-22
H2b：不同旅遊特性的遊客對空間體驗有顯著差異		部分成立	表 6-24

資料來源：作者根據研究結果整理。

2.空間感知對空間體驗的影響

通過迴歸分析對空間感知對空間體驗的研究發現，村落景觀與旅遊互動對所有空間體驗都產生影響，文化景觀在四項體驗中有影響。遊客在旅遊實踐的空間感知確實影響旅遊體驗，假設 H3 證明成立（表 6-31）。同時證實旅遊空間由景觀空間與互動空間構成，下壋坊村落環境與文化植入是旅遊空間生產的關鍵因素。

3.空間體驗、空間意象和行為意向的影響

藉助 Amos 21.0 軟體對這個研究模型進行路徑分析，分析結果發現，所有的觀察變量都達到顯著性標準，唯有「空間體驗→行為意向」的路徑 p=0.142。而且在模型適配指標中多項未達標或不盡理想，根據對修正係數分析對初始模型進行修改，取消關於 H6：遊客的空間體驗顯著影響其行為意向之假設。

遊客空間體驗對空間意象、空間意象對行為意向之影響分析，研究結果發現，空間體驗中各項變量不同程度地影響空間意象，其中感官體驗和關聯體驗是影響空間意象的關鍵因素，體現了感官引發的聯想符號意義解讀的過程；空間意象的空間特性、空間類別與空間品質

都影響行為意向。證明表 6-34 假設成立。

表 6-34 空間感知、空間體驗、空間意象與行為意向研究結果

假設	內容	結論	參考數據
H3	空間感知正向影響空間體驗	成立	表 6-28
H4	空間體驗顯著影響遊客空間意象	成立	表 6-31
H5	空間意象正向影響行為意向	成立	表 6-32

資料來源：作者根據研究結果整理。

（二）表徵空間對空間表徵、空間實踐的反應與影響

1. 遊客特徵與空間表徵的生產意圖不匹配

（1）遊客與供應方目標客戶之社會屬性有差異

對遊客社會屬性的描述性分析可知，下壩坊遊客中 76.0%以上受過高等教育的 24-40 歲，月平均收入在 3001-8000 元之間的範圍，而達到東莞時白領階層月收入 8000 元以上的遊客只佔 24.0%。分析結果顯示，形成下壩坊旅遊需求市場中符合商家的目標客戶群的比例較少，換句話說，就是市場需求實際與生產者的空間表徵有差異。

（2）遊客與供應方目標客戶之旅遊特性有差異

①以休閒娛樂與參觀為目的、放鬆身心與增長見識為動機

以參觀及休閒娛樂為目的遊客最多，分別佔 30.0%及 29.0%；出於放鬆身心為旅遊動機的遊客最多，佔 40.0%；增長見識的次之，佔 29.6%。上述目的與動機的關聯同樣反映在

旅遊同伴方面，與家人親戚為伴的最多，佔 31.7%，其次與朋友來的 36.5%。遊客選擇的同伴關係多是現實中的家庭、生活與工作的私人社會關係為主，旅遊團方式的遊客很少，也說明下壩坊不是熱門的旅遊景點。

②遊客的旅遊活動單一、停留時間短與重遊率低

遊客以喝飲料咖啡、吃飯、酒吧喝酒、品嘗小吃等餐飲消費活動為多數，共佔 71.1%。在景區停留停留 3 小時以內的遊客佔了 86.7%之多，這和大多數遊客進行餐飲內容的旅遊活動特徵有關。在過去一年到下壩坊休閒旅遊 1 次的佔 48.8%，2-3 次 39.2%，兩者合計高達 88.0%的絕大多數，說明下壩坊的重遊率偏低，作為地區性以餐飲消費功能為主的休閒景點，商家的經營生意狀況不理想。因而未能實現生產者當初空間表徵的意圖意義。

2.遊客感知與體驗對空間實踐的評價普通

下壩坊遊客整體的空間感知平均值為 3.56，顯示遊客對下壩坊的空間感知認同度中等。整體上反映了遊客對下壩坊空間形態的感知認同度比較高，而對下壩坊的空間功能與空間活動的實踐結果不認同，尤其是對空間功能認同度非常低。整體的空間體驗平均值為 3.40，顯示遊客對下壩坊的空間體驗認同度中等。空間實踐是生產者空間表徵的形塑，是旅遊空間生產的意圖意義轉化為文本意義作為中介，以供遊客去解讀，必然會影響遊客的空間意象及行為意向。

3.遊客空間意象與空間表徵的意義有差異

研究結果顯示，整體的空間意象平均值為 3.58，顯示遊客對下壩

坊的空間意象認同度中等水平。遊客對現在下壩坊的空間功能性的內涵特徵印象深刻。對空間特性印象認同度也較高，但對空間品質的印象比較差。遊客空間意象偏向商業化及業種單一化，尤其是「下壩坊是東莞的一個酒吧街」這個空間意象的解釋意義，是對政府最初的空間表徵的「文化創意產業園」意圖意義基本否定，也反映下壩坊旅遊空間文化意義的退化。

4.表徵空間對供應方空間再生產的影響

（1）遊客行為意向對生產者的空間表徵的抗拒

　　遊客整體的行為意向平均值為 3.59，顯示遊客對下壩坊的行為意向認同度中等水平。超過平均值有 3 項，包括願意向他人介紹、推薦下壩坊和再來下壩坊遊覽，低於整體平均值的分別有 3 項。研究結果顯示，遊客即使願意再來下壩坊「遊覽」，但對「消費」的慾望較低，這對歷史街區旅遊空間的主要生產者商家而言是至關重要的，體現了遊客行為意向對下壩坊旅遊空間表徵的抗拒。

　　由此說明了遊客空間意象所承載的解釋意義，對生產者空間實踐，特別是旅遊實踐中的結果，文本符號的文本意義不盡認可，以及產生的行為意向對生產者空間表徵的意圖意義的否定與抗拒。遊客不再來、不推薦導致下壩坊遊客稀少，導致歷史街區旅遊經營狀況每況愈下，下壩坊商家生意難以為繼，歷史街區有些商家結業倒閉，店鋪轉手率甚高；導致歷史街區景觀空間不斷演化，旅遊空間良性再生產難以持續進行；更重要的是遊客不願意在社交網站對下壩坊進行分享及點讚。這些行為意向對促進歷史街區旅遊及空間再生產的良性發展缺乏正面的宣傳。作者於

2024 年再次到下壩坊實地觀察，發現 Wtwo 咖啡店已經搬走兩年，而原店鋪尚未再次出租，院子敗落雜草叢生，一片荒蕪。而之前訪談過的 wonderlust 咖啡廳也不在原來的地方，而是搬到村頭的小屋，但白天仍然鎖門閉戶，門庭羅雀。可見，這些普通餐飲類店鋪難以生存。而池塘邊的第一排房屋，多了幾間酒吧，原來的一間承辦企業團建與私人聚會的茶室業已不知去向。

（2）生產者空間表徵與實踐對遊客表徵空間的反應

下壩坊的商家經營狀態不樂觀，商家與政府的空間表徵意圖意義無法較好地體現。對於遊客的表徵空間的作用，生產者對遊客行為意向的抗拒做出反應，這可以從訪談資料的內容分析結果看出來：

表 6-35　商家對表徵空間行為意向的理解及反應

遊客行為意向	資料來源	商家的反應	資料來源
回頭客	B03、B07、B09，G01	用心去做	B01
遊客的認可	B01、B04、B09、B10	提高水平	B02
別人的口碑	B01、B02、B03、	跟進和管理	B05、B10，G02
遊客的態度	B08	改進和調整	B08，R01，R03
網上的點評	B06、B07	要檢討一下	B04，R01

資料來源：作者根據訪談內容歸納整理。

從表 6-35 發現，遊客的行為意向的確對商家的空間生產造成影響，商家對遊客的行為意向有著積極的反饋，反映了生產者或在空間表徵方面檢討現行的經營方式、經營內容。在空間實踐的經營環境，

服務態度等方面,進行改進或調整。

居民也調整自己對歷史街區旅遊空間的表徵,不再盲目追求高租金回報,理性地看待租金對商戶經營帶來的衝擊,陸續在新的租賃合約中調整租金數額。事實上,作者於 2024 年到壩坊再回訪時,採訪一位在廣場附近的開餐廳的商家,他說現在的租金已經回落很多了。

政府調整了歷史街區空間表徵的開發定位,從「文化創意平台」變成「歷史文化休閒街區」,同時檢討了街區的空間功能配置,意圖加快通過文化遺產保護申報,以權力來加強對歷史街區旅遊空間生產實踐的行為進行規控。在空間實踐方面增加投資,美化下壩坊的公共景觀、增加公共休憩設施、改善道路和增加停車場等等,以達致一個有完善旅遊功能的休閒旅遊空間。

綜上所述,遊客表徵空間對生產者的空間表徵與空間實踐確實存在影響,空間生產不只是供應方的實踐,無法忽略遊客在歷史街區旅遊空間生產中的作用與地位,從而證明了 Lefebvre 的空間生產實際上是一個生產與再生產過程的觀點。

第七章
發現與貢獻：文化意義的符號空間生產

一、空間符號意義與市場因素促進旅遊空間的生產

（一）文化植入使下壩坊符號化成文化空間

　　下壩坊舊區因原居民遷出而廢棄多年，房屋破落而喪失其原本使用價值。但原生的地形地貌、自然環境與人文景觀構成一個富有傳統文化意義的村落空間。下壩坊這種迥別於城市的「村落」氛圍，與文化工作者逃離喧囂的創作與生活動機不謀而合，陸續有一些文化藝術創作的文人聚集在下壩坊設立工作室，他們對原有的建築內外環境空間進行改造，將文化符號植入傳統村落空間，為下壩坊的景觀空間賦予了文化意義。

　　文人及其文化圈子在下壩坊生活、創作和聚會實踐，使之生產出一個半私密半開放的空間，自帶的附屬功能與自媒體網路傳播推動，下壩坊演化為一個開放性的文化空間。文化空間是街區遺存的自然及人文資源符號，與植入的文化藝術及文化活動符號結合起來，構建了街區的空間符號，這個空間符號具有新的、混合的空間意義。

（二）旅遊動機與及消費文化推動旅遊需求市場的形成

對下壩坊遊客的旅遊特性研究發現，對於旅遊目的方面，以參觀及休閒娛樂為目的遊客最多，以聚會及其他目的的遊客最少；旅遊動機方面，出於放鬆身心的遊客最多，增長見識聯絡感情的次之，懷舊及接觸社會的較少。統計結果可知佔最大比例的變項中，遊客的旅遊目的與動機之內涵相呼應，例如休閒娛樂與放鬆身心、參觀與增長見識；餐飲、陪親友與聯絡感情分別約佔 15.0%。而上述目的與動機的關聯同樣反映在旅遊同伴方面，與家人親戚為伴的最多，其次與朋友來的。下壩坊遊客選擇的同伴關係多是現實世界中的家庭、生活與工作的私人社會關係為主。

下壩坊遊客以休閒娛樂與參觀為目的，以放鬆身心與增長見識為動機，其中聯絡感情和增進人際關係是其中一個主要作用，研究結果證實了學者 Macionis（2016）、Hall 與 Page（2014）關於現代社會疏離感補償之觀點，但本研究發現懷舊不是旅遊的主要目的或動機，正如 Mowforth 與 Munt（2015）所言，只是一種對歷史文化符號意義解讀的手段。

（三）文化符號附加值是旅遊供給生產的驅動力

本來作為文人自娛自樂之用的咖啡室及清吧，開始向參觀的遊人供應文化空間，便增加了可以供給人們遊覽及休閒消費的功能，使下壩坊演化成為文藝青年、白領階層聚集的熱門場所。隨著遊覽及消費的人流增多，旅遊需求市場的出現，吸引金融資本迅速進入，居民的物業租金跟隨升值。上級政府開始介入，歷史街區供給場域開始形成。

商家、居民及政府基於各自的動機、掌握的資源，對下壩坊的空間文化符號附加值賦予不同的意義，文化符號價值成為一種可量度、可出售的價值。

二、空間權力博弈影響旅遊空間表徵的意圖意義

（一）旅遊空間表徵承載著生產者的意圖

在歷史街區供給場域中，不同的生產者由於所佔有或賴以的資源及其生產的動機不同，各自具有不同的生產意圖，但都有一個普遍的特徵—趨利性。

對下壩坊旅遊供給者的研究表明，生產意圖以空間表徵的方式來呈現。空間表徵作為符號系統，其意義包含各個生產者不同的意圖意義。居民的意圖意義是持有被賦予「文化價值」的舊房屋物業權，並盡可能有更加大的出租面積；商家的意圖意義是經營規模化及其對經營環境、活動進行符號化，以實現符號價值；而政府則注重如何利用歷史街區的文化價值，通過規劃手段將下壩坊開發成為一個文創基地，以便帶動附近區域的經濟發展。

（二）空間權力博弈決定旅遊空間表徵的話語權

旅遊空間生產場域的資本來源於生產者所佔有的資源及社會網路位置，資源與資本產生權力，由於各個生產主體的動機不同而存在著利益衝突，於是歷史街區空間表徵首先成為了空間權力博弈的場域。被文化意義符號化的資源形成符號權力，被評為「文化名村」後，居

民的房屋成為具有文化意義的物業符號，政府在「文物保護及文化創意產業發展」口號下，以政治符號權力介入歷史街區的開發。

物業產權決定私有空間的使用權，居民運用物業權力與社會權力對抗政府的統租行為。權力博弈的最終結果，物業權力取得對房屋等私有空間的話語權，而政府的表徵話語權被限於公共空間，造成歷史街區旅遊空間表徵話語權的分離。因此未能對下壩坊進行科學合理的總體規劃，無法進行產業配置導致經營業種單一化，無法設置旅遊必需的公共設施而空間活動單調乏味。

三、空間實踐形塑空間表徵與建構文本意義

（一）生產實踐是對旅遊空間表徵的形塑

空間表徵通過對旅遊資源與經營活動進行符號化，生產實踐是將空間表徵的意圖意義物質化的過程。旅遊活動是一項社會、經濟與文化實踐活動，具有功能性、物質性，需將空間載體實用性與符號性形塑在一起。旅遊景區開發需要經過規劃，然後以實施工程的手段將符號載體呈現出來。感知性的符號載體在旅遊空間裏以兩種形式進行呈現：景觀空間與互動空間，生產實踐主要目的是將空間表徵的意圖意義轉變成文本符號的文本意義。

居民在歷史街區搶建擴建房屋；商家進行商業改造和加建，建構商業空間；政府只能在公共空間進行環境工程，以期改善景區的旅遊環境及配套設施。由於各生產者的空間表徵不同，影響下壩坊的景觀符號生產，造成景觀空間形態較為混亂。

（二）生產實踐延續空間表徵的權力博弈

　　生產實踐互動中，居民及商家有時在違反法規的情形下進行改造改建、違規經營等行為，必然受到政府的政治權力，或者以文化保護之名義所產生的政治符號權力的管制及規約。在權力的衝突與博弈中，存在著規劃權限與實施權責分化的政治權力，受到居民私有物業權、村落宗族文化形成的傳統社會權力及公共輿論的新型社會權力的抵抗。下壩坊爭奪空間表徵的各種權力博弈與衝突延續到生產實踐互動中，政治權力的妥協使政府對歷史街區的房屋建設、街景控制與經營活動等生產實踐管控失效，影響生產實踐的結果，下壩坊這個符號空間未能表達出完美的旅遊景區文本意義。

（三）生產實踐建構了旅遊符號空間的文本意義

　　生產實踐的結果與目的是生產出遊客能夠感知與體驗的物理空間，實質上是按照空間表徵的規劃將各個符號進行整合，構成有內在聯繫的、有系統的文本符號，即符號空間，以實現文化符號的附加值。於是，文本意義實現了空間表徵的意圖意義並能為遊客所解釋，從而達到生產者的生產意圖。

　　景觀是旅遊目的地的重要吸引物之一，有滿足遊客觀賞及營造消費空間氛圍的功能。居民僅僅從事房屋擴建加建實踐，而景觀符號空間的文本意義主要由政府與商家構建，政府對公共空間進行整治、修築停車場及道路，目的是構建出環境舒適、功能配套的旅遊景區符號空間文本意義；商家在營業空間範圍內構建景觀與經營，以及在主客旅遊互動中建構符號空間的文本意義。

1.商家以舞台化方式構建景觀及經營的文本意義

研究發現商家的消費市場定位是具有文化素養及經濟基礎的中產階層，為了留住或培養目標客戶群，商家營造符合他們消費文化的景觀空間及經營活動空間氛圍，建構出滿足遊客心理補償需要及其後現代審美觀的傳統文化和消費文化組成的混雜空間符號意義。

商家採取舞台化的手法將店鋪的景觀空間符號化，店鋪裏配以不同的佈景，經過刻意裝飾的消費空間成為不斷轉換的戲劇演出場景，一些體現特定客戶群的消費品味和文化取向的擺設成為店鋪必備的點綴，以烘托旅遊或消費活動的氛圍，將消費角色符號化。承載消費文化意義的景觀符號產生的符號權力，引導與影響遊客的活動，遊客不知不覺地扮演各種空間角色，而最終完成消費。

在投資活動方面，商家對業種的投資也反映了其目標細分市場。在對空間實踐訪談資料的ROSTCM6分析中，頻數最多的行業關鍵詞是「咖啡」、「酒吧」，咖啡是白領與小資階層的身分象徵及生活符號。遊客對餐飲質量的忽視說明下壩坊的消費產品淡化了其實用功能與價值，被消費的是文化符號價值。

2.主客在擬劇化互動中構建空間實踐的文本意義

訪談資料的ROSTCM6分析中行為的高頻詞是「拍照」、「聊天」，這體現了遊客的遊覽、娛樂與消費活動中人與物、人與人的互動。基於SPSS的統計結果發現遊客到下壩坊旅遊目的中參觀頻數最高，約佔30.0%，拍照是常見的參觀行為，也是人與景觀的互動。

表 7-1　遊客拍照對象統計分析

遊客	旅遊特性	人次	百分比（%）
拍照對象	房屋外觀	224	19.0
	自然環境	294	24.8
	室內裝飾	230	19.5
	食物	143	12.1
	工藝品	108	9.1
	人物	97	8.2
	其他	87	7.3

資料來源：作者根據研究結果整理。

　　表 7-1 可知遊客的拍照目標排名第二位的是室內裝飾佔 19.5%，房屋外觀佔 19.0%。下壩坊開發前舊房屋如同無數的東莞農村民居一樣，既無文物價值又缺乏鮮明的特色，故產生旅遊吸引力的是經過商家改造後的店鋪外觀，50%以上的拍攝對象是商家舞台化構建的景觀空間。

　　遊客之間、遊客與商家之間的符號互動，是一種行為、動作與姿勢符號呈現，其中聊天是內涵豐富的符號互動。遊客之間的聊天通常發生在遊覽、餐飲活動過程中，成為實現社交及促進人際交流的過程。在擬劇化的店鋪空間中，大多數商家或服務員充當演員角色的扮演，呈現出一種熱情的姿態，以免費的產品或設施吸引遊客駐留。商家經常與客人聊天，聊天內容不限於消費，甚至觸及工作、生活與人生這樣的話題，為商業行為增加了社會人際意義，加深遊客對歷史街區傳統文化的人情氛圍感知印象。被主客雙方符號化的旅遊互動，增加了景觀空間的內涵，形成可感知體驗空間的完整文本符號。

四、老街遊客表徵空間的解釋意義影響空間再生產

（一）遊客特徵與生產者空間表徵存在著矛盾

對遊客社會屬性的描述性分析結果顯示，形成下壩坊旅遊需求市場中符合商家的目標客戶群的比例較少，遊客社會屬性與供應方目標客戶市場設想有差異，市場實際需求與生產者的空間表徵市場定位存在矛盾。

以參觀及休閒娛樂為目的、出於放鬆身心為旅遊動機的遊客最多，遊客選擇的同伴關係多是現實中的家庭、生活與工作的社會關係為主，旅遊團方式的遊客很少，說明下壩坊不是一個熱門的旅遊景點。遊客在下壩坊以喝飲料咖啡、吃飯、酒吧喝酒、品嘗小吃等餐飲消費活動為多。在過去一年到下壩坊休閒旅遊 1 次的佔 48.8%，說明下壩坊的重遊率偏低，作為地區性以餐飲消費功能為主的休閒景點，商家的經營生意狀況不理想。遊客旅遊特性與供應方生產意圖有矛盾，因而未能實現生產者空間表徵的意圖意義。

（二）遊客對空間實踐文本符號的感知影響其空間體驗

研究結果顯示，遊客對生產實踐的結果中景觀空間感知比較認同，對空間功能配套評價極差。遊客的行動體驗及關聯體驗排名相對比例較高，反映遊客注重旅遊活動的參與性，體現了歷史街區旅遊的空間互動的特性。與空間功能相關的感官體驗、空間活動相關的關聯體驗評價較差，說明下壩坊遊客對空間功能的感知與體驗不滿意。

通過差異性分析發現，遊客屬性與旅遊特性對空間感知與空間體驗均有影響，尤其是職業與收入、遊伴與停留時間對空間感知有較多影響。遊客的社會屬性中職業與教育對空間體驗有較多影響，尤其關聯體驗影響最大；遊客旅遊特性中旅遊資訊、旅遊目的與旅遊花費對空間體驗的差異性較少，旅遊次數與停留時間對空間體驗影響最大。所以遊客對空間實踐之感知與體驗的假設成立。另外，村落景觀與旅遊互動對所有空間體驗都產生影響，文化景觀在四項體驗中有影響。遊客在旅遊實踐的空間感知確實影響旅遊體驗。

（三）遊客空間體驗影響空間意象，並通過其影響行為意向

　　研究發現，空間體驗中各項變量不同程度地影響空間意象，其中感官體驗和關聯體驗是影響空間意象的關鍵因素，體現了感官引發的聯想影響符號意義解讀的過程。

　　通過對空間體驗、空間意象與行為意向的影響路徑分析，發現空間體驗對遊客行為意向的影響是通過空間意象為中介，空間意象的空間特性、空間類別與空間品質都影響行為意向。空間意象是一個攜帶解釋意義的符號系統，從而證實符號解釋意義對遊客的影響，也印證符號互動論關於人們的行為是基於符號意義而進行之觀點。

（四）遊客表徵空間對空間生產的影響

1.遊客空間意象否定政府與商家的空間表徵

　　研究顯示遊客對下壩坊的空間品質的印象比較差。遊客空間意象認為下壩坊過於商業化及業種單一化，尤其是「下壩坊是東莞的一個

酒吧街」這個空間意象是對政府的空間表徵「文化創意產業園」的意圖意義基本否定，也反映下壩坊旅遊空間的文化意義的退化與消減。

遊客行為意向認同度中等水平。遊客表現出即便願意再來下壩坊「遊覽」、「消費」的慾望也會較低。這對歷史街區旅遊空間的生產者商家是致命的，下壩坊的經營狀況每況愈下就證明這點。下壩坊商家生意難以為繼，有些商家結業倒閉，店鋪轉手率甚高。例如那間下壩坊第一個落戶的店鋪「薔薇之光」搬離後，原大隊部辦公樓顯得敗落不堪，而首訪對象「Wtwo 咖啡」經歷過兩次擴張之後，也最終落荒而逃（圖 7-1）。更可怕的是遊客不願意在社交網站對下壩坊進行分享及點讚，這些行為意向影響到歷史街區旅遊空間再生產的良性發展。

↑圖 7-1　下壩坊店鋪倒閉轉手頻繁。
資料來源：作者拍攝於（左）2024 年與（右）2021 年。

2. 遊客表徵空間對空間實踐的影響

據訪談資料的內容分析與數據統計分析結果可知，遊客的行為意向對商家的空間生產造成負面影響，商家對遊客的行為意向有積極的反饋，檢討現行的經營方式、經營內容與經營環境，並對此進行改良或調整。居民也調整自己的空間表徵，不再盲目追求高的租金回報，

理性地看待租金對商戶經營帶來的衝擊，陸續在新的租賃合約中調整租金數額。政府也在檢討空間的功能配置，致力美化下壩坊的公共景觀、增加公共休憩設施、改善道路和增加停車場等。

五、旅遊空間生產符號學研究模型與貢獻

（一）研究結論與模型

1.文化意義使下壩坊符號化成文化空間，是旅遊空間生產的關鍵因素。其中文化符號意義推動需求市場的形成，符號附加值是旅遊供給生產與互動的驅動力。

2.源於街區場域資本與慣習的權力博弈，影響空間表徵意圖意義與生產實踐文本意義的建構。空間權力博弈決定旅遊空間表徵的話語權，繼而影響空間表徵的意圖意義，意圖意義在生產實踐中形塑為文本意義。

3.旅遊主客雙方在旅遊實踐中，透過互動建構與感知了空間文本符號文本意義。遊客對生產實踐的結果進行感知，與生產者通過擬劇化的符號互動中建構與感知了旅遊實踐文本意義。

4.遊客在旅遊空間體驗中建構了空間意象及其解釋意義，形成其表徵空間。其中表徵空間隱含的行為意向影響了生產者的空間表徵及生產實踐，起到促進旅遊空間的生產與再生產的作用。

綜上所述，本文的研究結論是：**歷史街區旅遊空間生產，是歷史文化與消費文化意義對空間符號化的生產過程與結果。**

歷史街區旅遊空間空間表徵、空間實踐及表徵空間生產的符號學研究模型如圖 7-2：

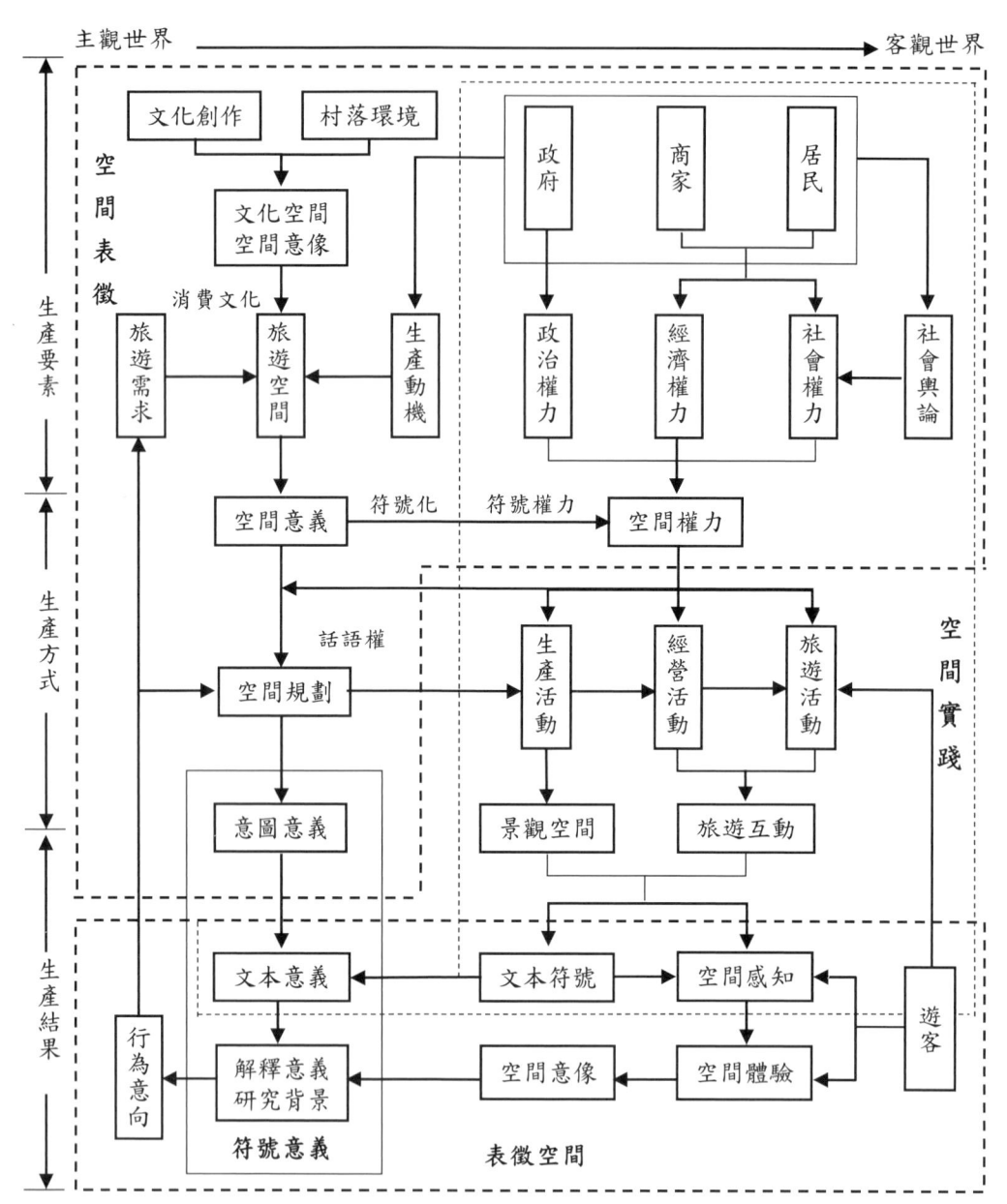

↑ 圖 7-2　歷史街區旅遊空間生產的符號學研究模型。
資料來源：作者根據研究結果整理。

（二）研究的理論貢獻與實際貢獻

　　本研究採用定性和定量研究相結合的方法，對東莞下壩坊旅遊空間生產案例進行了原創的實證研究。儘管研究存在著一定的局限：例如所選擇的下壩坊案例有其個案性，該歷史街區沒有原居民居住等，與其他歷史街區旅遊空間生產條件存在差異性；再如儘管深度訪談的內容接近飽和，但畢竟未能完全覆蓋所有生產者；對遊客的問卷調查採用的是方便抽樣，無法做到完全的概率抽樣，且部分遊客是在遊後作答，與現場作答的體驗內容和感知維度略有差異，對問項的判斷及分析結果可能有一定影響。但是，本研究的結果還是具有以下從幾個方面的貢獻。

1.理論貢獻

（1）基於符號學視角對旅遊空間生產進行研究，取得了符號學理論與空間生產理論的跨學科應用研究的成果

　　　　本研究在旅遊空間情境中，探討 Lefebvre 的空間生產三元組的概念及其相互之間的關係，探索了空間生產的符號學分析維度，構建了兩個理論的互文關係。本著以符號學視角研究歷史街區旅遊空間生產為何、如何進行的思路，在文獻綜述的基礎上，提出旅遊空間生產的兩大概念—空間意義與空間權力，並以此來建構空間表徵、空間實踐及表徵空間的符號學研究框架。

　　　　首先，研究發現歷史街區旅遊空間生產的本質是文化意義對空間的符號化過程。提出空間意義的概念，明確旅遊空間符號意義的定義，是各利益相關者基於自身生產意圖，對歷史街區符號

進行建構而產生的作用和價值、道理與原由、情感與旨趣等等。繼而基於符號及意義的原理，從符號意義的生產個體、發送傳播、接收解釋的符號過程，釐清歷史街區空間生產者的意圖意義、文本意義及解釋意義的空間符號意義三個維度。

其次，除了論述傳統概念的政治權力、物業權力、金融權力以及社會權力博弈對旅遊空間生產，尤其是空間權力對旅遊空間意義生產的影響；還探討了符號權力對空間表徵與空間實踐的作用及其對空間生產結果的影響。

最後，從微觀的角度揭示了遊客表徵空間的概念、維度，通過質化研究提出遊客空間感知、空間體驗及空間意象的分析維度，透過量化研究探究各項因子的測量及其相互之間的關係，建構了表徵空間的生產機理。提出遊客對空間表徵的抵抗力量來自於其行為意向，並由此論證表徵空間與空間表徵、空間實踐的關係，從而揭示遊客參與歷史街區旅遊空間生產的方式及影響。

總之，以空間意義與空間權力的概念體系對旅遊空間生產進行研究，揭示了歷史街區旅遊空間文化符號消費表面下隱藏的權力博弈的底層邏輯，以及歷史街區旅遊空間生產的符號過程特徵，進行了將衝突理論與符號學理論相結合的跨學科應用研究的嘗試。

（2）填補與完善遊客與商家在空間生產中作用的研究

過往旅遊學界對空間生產研究聚焦於社會衝突的宏觀層面，側重於對社會空間生產的宏大敘事。但在眾多的旅遊活動中，遊客需求始終是資本投資活動的起因。旅遊空間生產的過程、結果與商家及遊客的共同作用息息相關，但關於遊客對空間

生產作用和影響卻往往被忽視。

　　基於實地勘察及深度訪談，發現歷史街區的店鋪是最熱門的旅遊吸引物之一。這正是商家結合歷史街區的文化符號意義，通過舞台化方式建構景觀空間及經營活動，遊客與商家在擬劇化的空間場景進行旅遊互動，從而構建了歷史街區旅遊符號空間，故本研究著重探討了商家作為生產者在旅遊空間生產的作用與影響。

　　本著 Lefebvre 關於表徵空間的定義及其作用，結合歷史街區旅遊的實際情況，提出表徵空間是遊客通過體驗生產出的空間意象，對表徵空間、生產實踐表現出合作或抗拒的行為意向，從而影響旅遊空間的生產與再生產，遊客在空間生產的具體作用得以闡明。

（3）構建「自下而上」開發模式的歷史街區旅遊空間生產研究模型

　　先分別就空間表徵、空間實踐及表徵空間的研究結論，建構三元組的研究模型，將之整合成為空間生產符號學研究模型。模型結構體現了空間生產的本質與過程，體現了主觀性與客觀性理論的結合性應用。模型內容體現了旅遊空間各利益相關者、空間權力與空間意義在歷史街區旅遊空間生產中的關係與作用，體現了空間表徵、空間實踐與表徵空間及其與空間意義之間的關係。

2.實際貢獻

（1）為完善歷史街區的旅遊開發模式提供理論依據

　　業界對於歷史街區旅遊開發的「自上而下」與「自下而上」模式優劣之爭論由來已久，對由政府主導的開發模式指責頗多。

下壩坊最值得稱道的是其市場自主的發展模式，即便近年爭議頗多，輿論和專家都擔憂政府介入會損害其市場模式的優勢。本研究發現下壩坊的自發性開發至少帶來了以下幾方面的問題。

空間表徵的作用有利於按照合理科學的旅遊空間形態、空間功能及空間活動進行規劃，將歷史街區打造成富有吸引力的旅遊空間，實現社會、經濟與文化效益的綜合目標。但下壩坊各種權力的博弈使空間表徵的話語權分離，房屋使用權限制了空間規劃的完整性，使空間表徵變成「一區各表」，以致出現旅遊設施缺乏、旅遊功能缺位、旅遊業種雷同化的結果，嚴重削弱了景區的吸引力。在歷史街區空間實踐中，由於政府管理的權責分離、執行乏力，尤其是政治權力在生產實踐中受到社會權力的衝擊而不斷妥協，令管控失效，最終導致歷史街區出現景觀風貌雜亂無章的問題。

研究結論表明，市場自主模式固然有其優點，但放任式的自由發展不利於旅遊街區的功能配置、公共配套設施建設及歷史文化傳承。空間表徵的話語權的合理分配、空間實踐的有效管控才是旅遊空間可持續良性生產的保證。政府的介入是有必要的，協調各利益相關者關係與公共空間的必要投資都離不開政府角色。本研究對歷史街區空間生產機制的探討，釐清各個利益相關者在旅遊空間生產的關係及影響，對歷史街區的合理適度開發、提高旅遊體驗質量，達致空間效率和街區可持續發展等方面提供理論依據。

（2）為歷史街區景觀規劃與旅遊互動實踐提供參考

研究發現歷史街區符號意義是文化意義，旅遊空間生產是空

間符號化與文化符號在空間實踐中形塑化的過程。這個過程以擬劇化的方式來建構，店鋪不僅成為遊客遊覽觀賞的主要旅遊吸引物，也是實現文化符號附加值的重要資源。在歷史街區傳統文化的情境氛圍下，商家對遊客或消費者以熱情開放的服務態度進行的各種符號互動，成為旅遊空間生產的重要組成部分。

　　旅遊空間人文景觀是由物質性的景觀、精神性的文化意義與社會性的旅遊互動構成。在歷史街區旅遊開發中，規劃、設計、建造與營運應該注重景觀符號與符號互動的空間意義建構、傳播方法與技巧，才能使旅遊空間成為一個真正有意義的空間，改善遊客的感知與旅遊體驗，形成良好的空間意象。因此，旅遊空間生產研究結論可以為歷史街區旅遊開發提供實際方法上的參考。

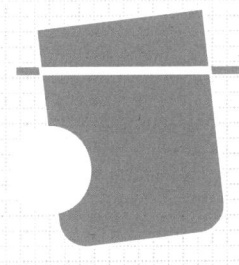

第八章
終章：對澳門氹仔舊城區的芻議

　　本書對歷史街區旅遊空間生產的研究，源於對氹仔舊城區旅遊發展中產生的一系列問題的思考。氹仔舊城區的旅遊開發方興未艾，旅遊消費文化符號與商業化景觀符號正在快速淡化原生空間的底色，僅存的漁村歷史文化物質空間正在人們的視野中逐步消失。儘管氹仔舊城區與下壩坊兩者演化的時間與途徑略有不同，然而又有殊途同歸之趨勢。下壩坊的空間生產結果作為前車之鑒，對氹仔舊城區的旅遊開發及歷史文化保護起到一定的啟示作用，並據此提供一些建議以供相關部門作參考之用。從下壩坊的研究結論我們得到以下推論：

　　首先，氹仔的歷史文化與消費文化是氹仔舊城區旅遊空間生產的關鍵因素，我們需要注重其空間文化的建構，維護漁村空間的文化記憶，控制消費文化的肆意氾濫，才能「問渠哪得清如許？為有源頭活水來」，才能保持氹仔歷史街區文化旅遊的核心競爭力。

　　其次，氹仔舊城區自下而上的開發模式背景下，政府雖然無法對歷史街區進行全方位的空間規劃，但可以在空間實踐中利用政治權力對景觀空間風貌適當管控，可以藉助政府的金融資本以租賃方式換取物業權力從而實施其空間表徵，尤其是在調整空間產業、優化空間功能與豐富空間活動著力，控制歷史街區過度商業化的勢頭，促進區內社會、經濟與文化可持續發展。

一、老和新的槓桿：氹仔歷史街區空間文化的建構

（一）維護漁村空間的文化記憶

　　文化記憶並非借助基因繼承，只能透過文化的手段傳承下去，即透過各種物質性與非物質性的媒介進行存儲、啟動和傳達意義（郭雲嬌、王嫣然與羅秋菊，2021）。例如氹仔嘉模教堂前地、市政廳大樓、勝記咖啡室、更舘，無不充滿著放學、玩耍、踢足球、零食以及人情味鄰里關係的文化記憶（黎鴻健，2016）。

1. 重塑歷史地理文化符號的痕跡

　　下壩坊原來是廣東珠三角地區的一個傳統村落，在東莞急速發展的城市化進程中成為了城中村，仍然保留著比較完整的典型的農村自然生態與人文景觀。澳門氹仔舊城區以前也是一個漁村，直到在20世紀60年代島上還有大量與魚獲產品有關的行業，氹仔的核心區域以一個非常小規模的墟鎮形式存在。氹仔舊城區西、南與北面被大海環繞，東面是廣闊的農田。如果說下壩坊當年是河湧縱橫、農田環繞的水鄉景致，而氹仔島卻是山海共構的一幅圖畫：

　　遠處大小潭山山巒起伏，猶如一條巨龍盤踞在這片嶺南漁村。碧綠的峰巒像巨幅的繪畫，勾勒出自然之美。漁村靜臥在山間，回蕩著嫋嫋的山風，一派寧靜和諧。和煦陽光下藍色的海面，漁船如梭編織著波光粼粼的生活。排角的碼頭，見證了無數個日出日落，春夏秋冬。那幾棵至今尚存的大榕樹成了島民們聚會的地方，兒童在那裏追逐玩耍。氹仔家家戶戶親密無間，相濡以沫，生活的真諦得以體現，眾生

圖 8-1　氹仔漁村小墟鎮風貌（1930 年）。
資料來源：黎鴻健（2016）。

百態得以展露。

　　從下壩坊的旅遊空間生產歷程可知，文化意義是旅遊空間生產的關鍵因素，下壩坊從村落空間到旅遊空間的變化，正是基於傳統村落文化景觀基礎上，文化創作活動的植入使之變成文化空間。下壩坊舊村東有引運河將城市高樓進行天然阻隔在前，西有大池塘與新村居民區分離在後，歷史街區的村落建築群與城市邊界分明。但氹仔舊城區的周邊地貌與環境卻發生了翻天覆地的變化，隨著澳氹大橋開通促進整個氹仔島的建設發展，填海造地與路氹旅遊綜合體的建設使氹仔舊城區一改往日臨海的地理風貌，舊城區與氹仔新城住宅區、商業區無痕連接。氹仔失去周圍的海灘，排角海邊成為了現在的地堡街，只有西邊倖存的一些小村莊保留著與城市的緩衝空間。氹仔的海洋元素消失殆盡，漁村二字也只能在歷史文獻和舊照片中找到。幸運的是至少還保留了那塊海邊的天後廟「稅地巨石」，當年有多少氹仔原居民在那裏遠眺澳門半島的繁華。

地理景觀是旅遊開發的重要旅遊資源之一。即使有些地形地貌已經難覓其蹤，但歷史記憶也屬於城市文化的組成部分，在城市文化旅遊中對構建遊客的旅遊意象至關重要。那些與大海與漁村相關的人文景觀符號，是氹仔漁村空間文化的象徵。因此，氹仔舊城區應該通過各種符號化的手段，包括歷史地理遺存、與氹仔地理變遷的相關的記載，以實物或現代的多媒體技術展示，將氹仔的歷史地理文化符號呈現在旅遊空間實踐中。

2.呈現歷史產業文化符號的場景

　　產業對社會結構和社會文化、城市空間形態有著深遠的影響。氹仔近代產業主要是手工業，行業涉及漁業及其產品加工、造船及其配件生產與炮竹業等。氹仔最初的主要產業以漁農業為主，漁民捕撈的魚獲主要銷往香港與澳門半島，剩下的交由作坊加工成各種魚製品，當年氹仔排角碼頭附近的店鋪，大都是從事加工或販賣這些產品的商店和作坊。與漁業相關的行業還有小型的造船與修理船隻作坊、製作船纜的工場等。澳門炮竹業自20世紀20年代開始迅速發展，多間炮竹廠在氹仔設立，成為當時澳門工業發展舉足輕重的龍頭產業。20世紀50至70年代全盛時期，許多氹仔居民從事炮竹生產相關的工作，炮竹業與氹仔民生和社區息息相關，很多家庭的老人在家裏、小孩在課餘時間都參與了炮竹的作業。炮竹業在1970年代走向式微，各家炮竹廠相繼結業，使這個行業成為澳門的歷史，同樣地與漁業相關的一些手工業也絕跡於世（圖8-2）。

手工業與城市文化的交融是一個相互促進、共同發展的過程。生產活動與工匠精神是人們克服困難與創造社會財富的反映，手工藝品是最直接的成果展示，它們以其獨特的價值成為城市文化的重要組成部分。儘管氹仔手工業已經消失，但有些體現手工業歷史的建築物質文化遺址尚存。例如具有近百年歷史的益隆炮竹廠舊址，是澳門僅存的且保存較為完整的炮竹工業遺址，為澳門近代工業發展的見證，澳門政府已將該地購入並改為休憩公園，實在是明智之舉。另外，即使現在澳門已經禁止民間平日燃放炮竹，炮竹已經失去了作為一種日用商品存在的條件，但可以符號化的方式設計製造，以創意產品的形式勾起人們對這種傳統產業文化的想象。通過歷史文化資源的再利用與再生產，遊客可以深入了解氹仔產業與社會的發展歷程、技術進步及產業文化，從而獲得獨特豐富的文化旅遊體驗。

家家戶戶都受炮竹業的影響

漁業帶動其他手工藝的發展

▲圖 8-2　氹仔的傳統手工藝。
資料來源：黎鴻健（2016）、（2000）。

3.保護嶺南民居文化的建築遺產

　　氹仔舊城區是澳門漫長發展史的一個縮影，保存著一些葡澳統治時期的政治、宗教與文化歷史建築遺產，例如嘉模教堂與龍環葡韻一帶的城市空間與建築景觀，這些景觀符號表徵著葡國政府對這個小島的管治歷史，當然是很重要的文化旅遊資源。但大量的嶺南民居建築

群才是氹仔舊城區歷史上真正的風貌，反映了那個時代的城市建設發展史。即使在今天作為一種旅遊資源，它們在周邊現代化城市高樓大廈的對比下更顯稀缺性，仍然散發出獨特的魅力。

氹仔舊城區的民居大多具有珠三角與閩南農村民居的建築特徵，首先體現在對炎熱、潮濕、多雨的亞熱帶氣候的適應上，民居設計注重通風與陰涼，以滿足居住者的舒適度。內部空間佈局緊湊，空間間隔靈活，具有合理的空間組合和功能分區特點。此外，這些民居總體規劃具有獨特的地域性特色，常常採用梳式佈局，使得民居、祠堂等鄉土建築面向河湧或大海，形成了獨特的聚落形式。建築材料有三合土、卵石、蠔殼、磚等，屋頂多用灰瓦、紅瓦坡屋頂。有些民居正立面之門為「三件頭」（腳門、趟攏和大門）、水磨青磚牆面、花崗石牆腳、鑊耳風火山牆等勾畫造型，這些元素共同構成了典型的嶺南鄉土聚落文化景觀，構成了氹仔舊城區建築景觀的獨特魅力（圖8-3）。

以今天的後現代消費審美觀來看，或者會覺得它們平淡無奇，然而正是這種質樸平和的氣質，才會在紛華靡麗的現代化城市中更顯珍貴。舊建築不僅是曾經居住過的物質空間，也是存儲個人、群體以及社區文化記憶的情感空間，是懷舊話語實踐中對文化記憶表徵的重要媒介與符號，實質上體現了居民對氹仔舊城區以往具有傳統民居的空間文化的認同。

從圖8-3可見自1930到2010年八十

1930年街

2010年街

↑圖8-3　1930-2010年氹仔民居建築形式
資料來源：黎鴻健（2016）、（2020）。

年間，氹仔民居建築形式變化不大，因此，保護這些存在於現實的活化石，我們足可以真實地解讀上百年的歷史文化，而不需要去再造一些「假古董」。假如徹底拆卸、全盤改變或嚴重破壞這些傳統民居建築，無疑是淡化了漁村的空間文化記憶，削弱歷史街區傳統文化的背景成色，喪失了旅遊活動的差異性與景區的核心競爭力，也不利於氹仔歷史街區旅遊的可持續發展。

（二）控制消費文化的肆意氾濫

下壩坊案例的研究結論告訴我們，歷史街區的旅遊發展與商業化其中一個主要原因是消費文化符號的植入與廣泛使用。下壩坊由於金融資本的進入與大量的消費文化符號生產，快速而徹底地完成從文化空間到旅遊空間、到酒吧街的空間生產，幾乎將原有空間文化消耗殆盡，形成了今時今日「酒吧街」的空間意象。相對下壩坊稍有不同的是，氹仔島的空間演變時間更長一點，儘管早期已有香港或澳門本地居民來氹仔舊城區遊覽休閒，但尚未形成真正意義上的大眾旅遊目的地，總體上還是一個富有特色的居住區，從寧靜的生活空間到旅遊空間的真正蛻變源於澳門旅遊業的迅猛發展。氹仔舊城區是在路氹旅遊綜合體興旺後成為熱門的旅遊目的地，從而吸引大量的金融資本進入，推動了氹仔舊城區的商業化與消費文化結伴前行。

1.異質文化符號的拼貼

消費文化意味著符號的過量生產，而且這種符號生產充滿了個人感受的即時滿足，而非長遠規劃。最明顯的是建築景觀符號的拼貼，氹仔舊城區的舊建築今天已經面目全非，建築景觀是氹仔舊城區數量

最多、份量最重、最為完整的歷史人文景觀，但已經有不少嶺南特色的鄉村建築被拆掉重建，被很多現代建築風格和歐式建築風格的房屋所代替。一部分舊房屋雖然因各種原因得以倖存，但相當多的建築外牆已經被塗成鮮艷的紅色、黃色與綠色，即使保留了原有的灰瓦坡屋頂，在澳門這個前殖民地的語域下，也極容易讓遊客感知為南歐的建築符號。整個舊城區構成了一個符號空間，就是遊客意象的「葡萄牙小鎮」，如圖 8-4。

◄▲ 圖 8-4　氹仔舊城區建築風格變遷。
資料來源：作者拍攝整理。

據作者於 2024 年 6-7 月的實地調查中發現，現在氹仔舊城區的建築風格數量過半屬於現代風格和葡萄牙風格，兩者總佔比達 87%。按數量統計排名前三名的是現代風格、葡萄牙風格和中式風格，分別有 165 間、78 間與 29 間，各佔總體的 59%、28% 與 10%。所以說，具有嶺南漁村民居風格的建築只佔氹仔舊城區建築類別的十分之一，氹仔原生空間的重要景觀要素正在消失。

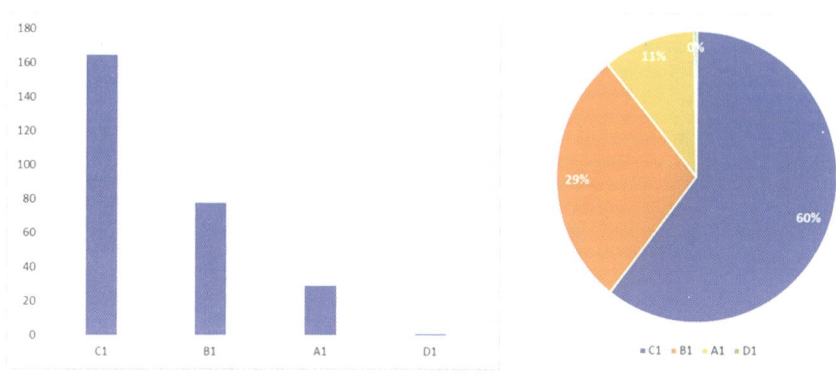

代號示意：A1 中式風格　B1 葡式風格　C1 現代風格　D1 東南亞風格

↑圖 8-5　氹仔舊城區建築風格數據分析。
資料來源：作者根據調查數據整理。

　　氹仔日趨商業化，各種行業的店鋪越來越多，商業文化符號對原建築造型與形式的破壞日益嚴重。無論傳統民居還是現代樓宇，有些建築的首層立面被商鋪的商品廣告畫大面積覆蓋，令人眼花繚亂；有些兩層民居的整個建築立面被商業品牌的裝飾造型全面覆蓋，原有的建築立面已經無影無蹤。這些行為削弱了建築及街區歷史文化的可解讀性，破壞了街景的真實性與風格的協調性（圖 8-6）。

商業廣告內容覆蓋原建築部分立面

商業主體內容修改原建築整體立面

大量性的葡國建築構造及色彩符號

現代風格售賣亭式造型顯得很突兀

↑圖 8-6　氹仔的異化街景形態。
資料來源：作者拍攝整理。

　　在消費文化背景下，下壩坊旅遊空間形成之初，便經歷過異域文化拼貼的過程，很快被傳媒或輿論冠以「東莞鼓浪嶼」、「東莞麗江」的空間意象符號，儘管對於景區旅遊的快速推銷略有幫助，但這樣的結局使得下壩坊失去了自我，沒有地域性文化就沒有持續發展的潛力。同樣，氹仔舊城區大量的葡國元素扮演了「溝通者」的角色，通過旅遊廣告、大眾傳媒推銷，動搖了氹仔原有歷史文化意義象徵，賦予其新的影像和符號，全面激發遊客獵奇的消費欲望，這種趨勢使得氹仔文化旅遊的價值更多地體現在異化的象徵意義和社會認同上。

　　另一方面，新一代人對街區的記憶很大程度與建構出來的旅遊景

觀相關（郭雲嬌、王嫣然與羅秋菊，2021），這種葡國化的建築空間符號令文化記憶出現了斷裂和缺失。就像下壩坊一樣，消費文化盛行的旅遊開發不止令日常生活空間轉變為開放的社會空間，還可能轉換成單純的旅遊消費空間。年輕一代已經無法對昔日的氹仔日常生活空間與景象產生熟悉與認同，這不僅關乎旅遊地歷史文化的原真性體驗，同時也關乎居民對社區記憶和地方感的心理需求，關乎城市文化的傳承與城市的可持續發展。東莞下壩坊之鑒，不可不令人深思！

2. 塗鴉文化符號的氾濫

消費文化強調一種功利的、充分解放自我的處事方式和生活態度。它鼓勵人們追逐眼前的快感，發展自我表現的生活方式，培養自戀的人格類型。近年來，塗鴉不僅出現在澳門市中心的舊街區、路環舊市區，在氹仔舊城區也如雨後春筍，一發不可收拾。塗鴉產生於美國的嘻哈文化，主要是通過具有反叛色彩與圖案以及狂野的風格，在街頭的牆壁上繪畫。這些有意圖的符號具有時尚、個性以及前衛文化的特徵，從而成為街頭文化的一部分。

塗鴉藝術對城市的環境會產生一定的影響。首先，氹仔舊城區本身具有居住區傳統樸素的色彩，這些塗鴉色彩極少考慮與社區空間功能取得聯繫，不利於促進城市環境整體色彩的和諧統一。其次，與某些建築的形態及風格不符。塗鴉如果出現在一些非常風格化的傳統建築上，與建築本身缺乏內在的關聯，顯得非常違和而缺失美感，甚至會破壞原有建築的形態完整性，影響了人們對建築景觀歷史文化的觀賞與理解。例如，歷史上澳門包括氹仔的建設大多在山坡或山腳，建築材料一般就地取材，多用花崗石砌築牆壁與台階，這反映了建築的地域特徵。在氹仔施督憲正街階梯上的塗鴉，儘管成為遊客打卡拍照

的網紅地，但斑斕鮮艷的色彩掩蓋了原來樸素的花崗石材質，破壞了氹仔山地建築的在地性特徵，損害了景觀環境的歷史與地域建築文化原真性，會對氹仔的城市文化旅遊造成衝擊。

⬆➡圖 8-7　氹仔舊城區的塗鴉文化。
資料來源：作者拍攝整理。

當然，塗鴉藝術的優劣也不能一概而論，主要取決於內容與地點，在一些現代藝術景區、文化創意區，例如北京的798藝術區等地的塗鴉藝術為景區增添豐富的色彩和圖案，可以成為空間文化的一部分，增添藝術氣息和文化多樣性。但對於氹仔舊城區這種帶有明顯的歷史文化底色的空間，則過猶不及，隨意的塗鴉藝術明顯是一種傷害而不是所謂的創作，成為城市空間的「牛皮癬」。

二、商業和文化的角力：歷史街區空間生產的調控

下壝坊旅遊空間生產的案例研究結果還說明，空間權力博弈影響旅遊空間生產的過程與結果，空間表徵話語權的分化會導致旅遊景區的旅遊功能佈局、公共設施配置與旅遊服務管理的失衡。氹仔舊城區與下壝坊相似，同屬於「自下而上」的市場自主開發模式，我們可以從中得到一些教訓與經驗。

（一）商業規模控制：空間功能的生產

氹仔舊城區絕大多數的房屋的產權屬於私有化，由業主自行出租給商家進行經營。業主通常只關注租金收入，除非特殊狀況，業主對商家經營的業種業態不太感興趣。在空間表徵與生產實踐這方面，氹仔舊區與下壝坊的情況基本類似，正是物業權力的制約令到政府對區內的空間產業、空間功能與空間活動不能進行合理化的總體規劃，商家的經營很大程度上根據市場的作用而變化。因此，氹仔舊城區的商業化程度非常嚴重，並且出現以下幾種情況：

首先，商業化有快速向氹仔舊城區的民生區腹地拓展的趨勢。十

年前，城區商業主要集中在官也街與告利雅施利華街、施督憲正街一帶的沿街店鋪，但現在已經縱深拓展到木鐸街、買賣街一帶的大街小巷內。體現了金融權力與物業權力結合在一起的經濟權力作用主導了社會空間生產，大有將原來僅存的居住區空間生產成商業及旅遊空間之勢。空間生產的結果可能導致氹仔僅存的原生空間文化意義消失殆盡，若干年後氹仔舊城區就變成一個純粹的商業區（圖8-8）。

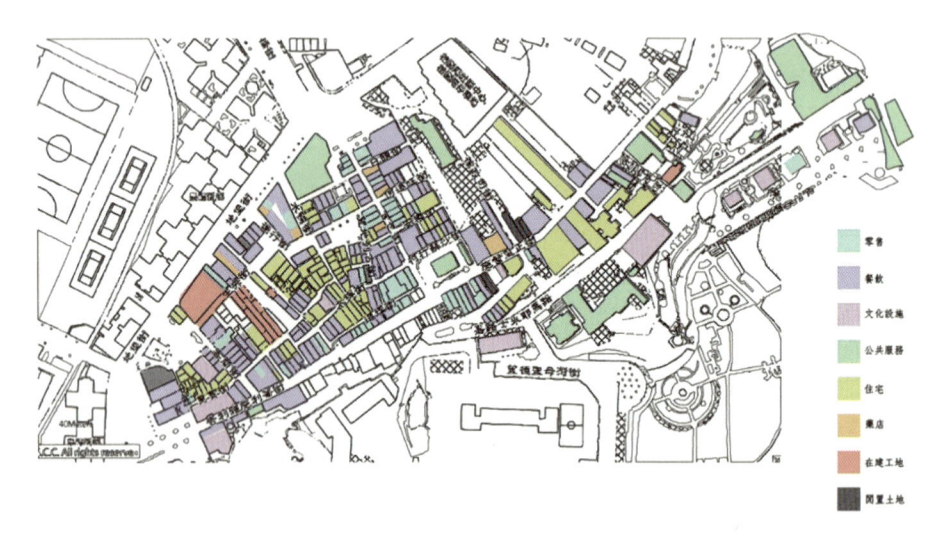

↑圖8-8　2024年7月實地觀察的氹仔舊城區空間功能示意圖。
資料來源：作者根據實地調查結果繪製。

　　據作者於2024年的實地調查中，按照商鋪業種與物業功能分為：A餐廳、B商店、C文化、D住宅、E政府機構、F藥店、Z在建、O空置等類別來統計氹仔現在的建築物用途。發現數量排名前三的是餐廳為114間、住宅71間與商店為46間，分別占總體41%、25%與16%，將藥店計算在內，用於商業用途的建築物是住宅2.5倍，剔除那些空

置與在建的建築物有可能作商業用途的情況，可見商業化程度還是比較高的（圖 8-9）。

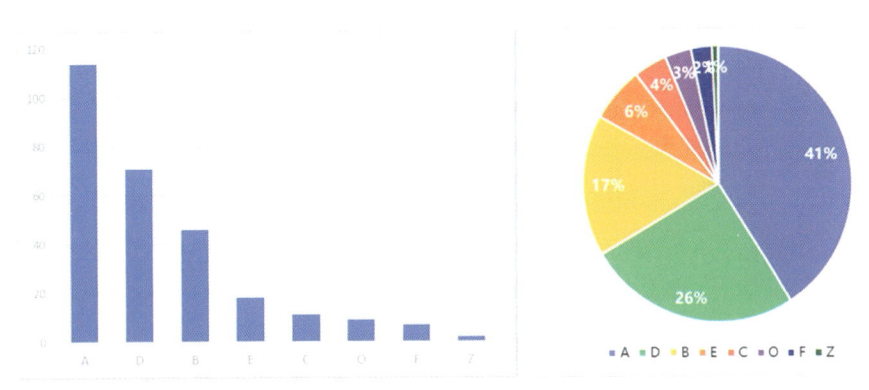

A 餐廳、B 商店、C 文化、D 住宅、 E 政府機構、F 藥店、Z 在建、O 空置

↑圖 8-9　氹仔舊城區建築功能數據分析。
資料來源：作者根據調查數據整理。

其次，氹仔舊城區商業業種配置失衡，餐飲類與小吃類店鋪佔比大。氹仔的商業受到澳門旅遊發展，特別是中國內地的自由行影響很大。舊城區內主要是經營各種餐廳、咖啡與小吃等餐飲行業，以及官也街的旅遊產品與禮品一條街。據作者於 2024 年的實地調查中，按照餐飲的種類分為：a 中餐、b 西餐、c1 小食、c2 牛雜、c3 澳特小吃、e 咖啡、t 泰餐、m 墨西哥、j 日料、w 西餐（不含葡國菜）、s 純海鮮餐廳、h 酒吧。在 12 個餐飲業種類中，排名前三的是小食 33 間占總體數量的 28%、中餐和西餐分別為 18 間，各佔 15%（圖 8-10）。

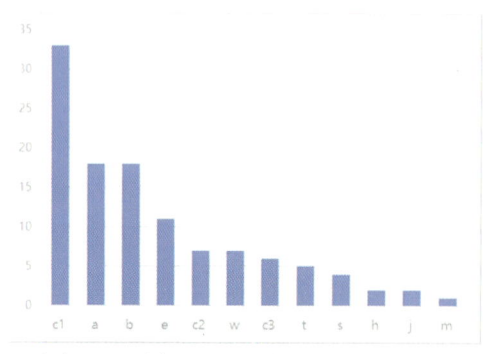

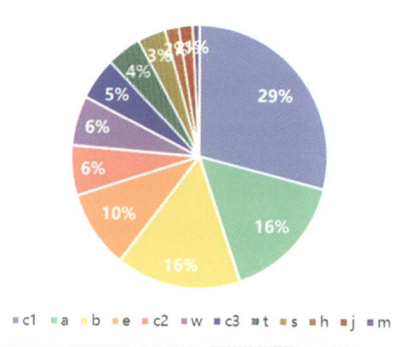

a 中餐、b 葡餐、c1 小食、c2 牛雜、c3 澳特小吃、e 咖啡、t 泰餐、m 墨西哥、j 日料、w 西餐（不含葡國菜）、s 純海鮮餐廳、h 酒吧

↑圖 8-10　氹仔舊城區餐飲類數據分析。
資料來源：作者根據調查數據整理。

　　近年由於受到宏觀經濟下行的影響，遊客消費力下降，於是出現了店鋪與業種更替頻繁，最明顯的變化就是增加了很多牛雜、奶茶之類的小吃店。小食店如果加上同類的牛雜、澳特小吃則達到 46 間，佔總數的 40%，可見氹仔舊城區越來越多小食店，而光是牛雜就有 7 間（圖 8-10）。牛雜這類食品廣泛流行於廣東地區，缺乏澳門本土美食的地域代表性，大量的模仿性或山寨版商家的入侵，也對澳門原有真正的牛雜品牌形成衝擊（圖 8-11）。就像下壩坊業種最終被酒吧行業獨佔鰲頭一樣，會改變商業

↑圖 8-11　氹仔舊城區小吃店。不到 100 米的街道上有多間牛雜店，品種雷同化程度加劇。
資料來源：作者拍攝整理。

空間形態。即使是對於美食旅遊而言，食物品種過於單一，遊客體驗頓覺單調乏味，也不利於氹仔舊城區旅遊的長遠發展。

吸取下壩坊空間生產的教訓，儘管政府無法對氹仔舊城區旅遊功能進行整體的規劃，但還是可以有所作為的。例如，動用公共金融資本，不以商業利益為目的，租用民房而取得房屋的使用權，設置歷史、文化等活動及展示功能，沖淡區內的商業化氛圍，增加區內歷史文化空間意義的比重。前些年政府收購益隆炮竹廠原址，將其改造為工業遺產旅遊空間，這個活化計劃的實施正是政府為完善旅遊景區活動與公共設施而進行的富有成效的空間實踐。除此之外，澳門政府也在氹仔舊城區的環境美化及推廣宣傳發揮了政治權力的效用。

（二）歷史文化保育：空間意象的生產

下壩坊案例的研究結果顯示歷史文化是歷史文化街區賴以生存的根本。因而，氹仔舊城區的旅遊開發必須避免漠視歷史文化的保育，避免消費文化對歷史街區的過度侵蝕。至於以何種策略、模式與技術手段應用於氹仔舊城區空間文化的生產，需要各方面專家的持續調查研究與深入探討。

就像學者對文化景觀感知「真實性」（authenticity）問題的爭議性討論一樣，難以有統一的答案。目前，「真實性」研究分別有客觀真實性、建構真實性、後現代真實性、存在主義真實性四個理論視角，有不少學者反對存在嚴格意義上的客觀真實性，建構真實性將「真實」視作為經過人們重新解讀和重建的結果，與解釋主體相關，這與符號解碼產生符號意義的道理一致，後現代觀點否定旅遊客體「真實性」問題，認為真與假已經不再重要，存在主義真實性也認為旅遊客體

「原本」是否真實已不再重要，但更強調的是旅遊主體在旅遊活動中的一種「真實存在」的感受。雖然真實性理論的近期發展中，基本以否定絕對真實的存在為基礎，但不可否認的是，人們追求「絕對真實」的願景一直存在（趙寰熹，2019）。

　　作者的觀點是應該用發展的立場與視角看問題。社會空間是一個具有歷時性與共時性的空間，城市空間形態必然隨著空間生產與再生產的進程而改變，人文景觀是隨著社會政治、經濟與文化發展而發生變化。歷史街區中摻雜著現代建築，如實地反映城市發展歷程與時代變遷的真實性，例如氹仔舊城區在現代旅遊業的發展背景下，城市空間「娛樂化」也是社會經濟發展的選擇。為了旅遊開發的需要而全盤復古當然是不正確的做法，例如國內某些穿衣戴帽式的復古街。作者不主張建築景觀一定要恢復到某個歷史時期的風貌，但是，對於歷史街區旅遊開發而言，為數不多的的歷史景觀遺存具有真實地反映當時的歷史背景、經濟技術及社會文化內涵，應該妥善保護與活化利用，能夠極大地滿足文化旅遊者求真唯實的需要。即便在遺址上重建歷史景觀也是合理的社會空間生產，是一種能喚起人們的歷史文化記憶與想象的空間符號，能滿足遊客在文化旅遊中探奧索隱動機、撫今追昔的情懷。因此，應該大力保護氹仔舊城區現有的歷史文化資源，同時也應該用技術手段來重現歷史文化的記憶。根據前文東莞下壩坊的空間生產研究結論，作者提出以下幾點關於歷史人文景觀建設的建議。

1.物質景觀空間生產

　　澳門特別行政區城市總體規劃（2020-2040）規定：為延續氹仔舊城區的城市肌理特色及街道風貌，規劃提出保持現有建築風格及高度。但這樣籠統的法規顯然不夠，應具有更加細緻的建築設計與建設

工程指引規定。

　　首先，保護氹仔舊城區的空間肌理。澳門半島儘管經歷幾百年的大規模建設發展，但仍能保持中世紀城市的風貌，這與其城市空間肌理未受破壞有關。因此，氹仔舊城區要保護城區的空間結構與空間肌理原真性，維持氹仔漁村民居的原有規劃佈局形態與空間尺度，對於已經拆建的、或者在荒廢空地上新建的房屋，不應改變原有的街巷邊界線。拆卸重建的新建築不應隨意合併地塊，盡量保持與現有民居的體量及尺度處於協調的關係中。

　　其次，新建築的造型、外觀形式原則上應延續拆除的舊建築風格，以保證原有空間風貌的構成份量，避免一窩蜂地「葡國風格」化，真實反映氹仔舊城區的整體空間文化原真性與多樣性風貌。可以在建築造型、外觀形式、建築飾面材料、建築色彩等幾個方面有所指引，同時也鼓勵探索新舊建築材料的的搭配與創新。

　　最後，在受保護的核心區域，新建築的造型與立面設計應該由一個技術委員會的專家審核及提供意見，以保證其適合舊城區的整體建築景觀風格。

2.歷史文化空間生產

　　政府基於對氹仔舊城區的總體旅遊規劃角度出發，利用公共產權的土地或物業，甚至利用資金租用民居來完善旅遊功能配置。例如增加一定數量的博物館、展覽館，以實物場景或多媒體的虛擬場景展示氹仔的歷史文化內容。例如政府將益隆炮竹廠原址收購後改為休閒公園，較好地保護產業歷史原貌，裏面沒有商業化的元素。又如政府將路環荔枝碗船廠舊址改造工程，作者參與了其中的建築設計，除了設置市民休憩空間外，主要空間佈置了歷史產業展覽功能，讓人們重溫

澳門的造船產業歷史（圖 8-12）。

政府可以利用氹仔舊城區的不同特性的公共空間，舉辦相應的旅遊活動。例如在嘉模教堂前地等儀式空間，舉辦一些與宗教文化、歷史文化和西方民俗文化活動。利用原有的住宅區前地，安排休憩功能或其他豐富多彩的文化活動，公共空間不只是裝置藝術與裝飾符號的堆砌，而是主客互動及遊客之間互動等旅遊實踐的平台，建構「舞台化場景與擬劇化表演」，必然能讓遊客多層次、立體式與沉浸式地對氹仔歷史文化有著深刻的體驗。

氹仔：益隆炮竹廠原址被收購後改為休閒公園，較好地保護產業歷史原貌。

路環：作者參與設計的荔枝碗舊船廠活化工程，改成市民休憩空間有歷史產業展覽功能。

▲圖 8-12　氹仔工業遺跡活化。
資料來源：作者拍攝整理。

3.多元文化空間生產

　　旅遊空間本質上是消費空間，氹仔舊城區歷史上也有產業及商業活動，因此，消費文化並不可怕也是必須的，畢竟市場需求是旅遊景區開發的動力。符號消費必然是商家不遺餘力去做的事，政府在日常的城市管理法規上對商業廣告已有明確的規約與管理，不必要矯枉過正地刻意而為，反而應在平衡消費文化對歷史文化的衝擊方面避免添枝加葉，起碼在公共空間的規劃及實踐中，調控文化符號的製造與使用。例如政府可以租用民居空間來舉辦其他類別的文化活動、文化展覽，增加氹仔的多元文化氛圍。如圖 8-13 是氹仔舊城區一個文化展覽空間。

↑圖 8-13　氹仔文化展覽空間。
資料來源：作者拍攝整理。

三、讓老街歷久彌新：對氹仔歷史街區研究遠望

本書基於符號學視角下，對市場自主模式的歷史街區旅遊空間生產進行的探索性研究，這是一個基礎性的實證研究。研究由對氹仔舊城區旅遊發展出現的問題的思考而起，研究案例下壩坊與氹仔舊城區的地理環境、歷史淵源、社會制度不盡相同，例如下壩坊景區的衛生問題在氹仔舊城區是不存在的，其原因與目的地居民、商戶的公民意識以及公共衛生意識，與兩地的法律及其執行力度，與政府的管理力度有關。儘管如此，通過一個幾乎走過完整開發周期的案例進行研究，能為氹仔舊城區的空間生產提供一定的借鑒與啟發作用。在研究過程中發現，後續可以從以下幾個方面對這一研究進行深化：

（一）氹仔舊城區旅遊空間生產研究

在文獻收集過程中，發現有極少學者對澳門歷史街區空間生產進行系統性的研究，尤其是針對氹仔舊城區這樣一個完整區域的空間演變，此類課題的研究對作為深受旅遊發展影響的澳門意義重大。澳門與內地其他城市的政治、經濟與文化制度不同，通過研究可以真正了解澳門歷史街區旅遊空間生產的內在影響因素及生產機製，可以在旅遊開發的背景下，從空間生產的視角揭示旅遊對澳門社會空間變遷的影響。特別是對政府提出將旅遊引入民生區的政策提供科學的參考依據，對澳門在發展旅遊經濟的同時，保持澳門居民的幸福感具有現實意義。

（二）氹仔歷史街區空間生產模型研究

　　本書僅針對東莞下壩坊進行實證研究，但此模型是基於中國內地的政治經濟制度條件制約，不能絕對全盤套用於澳門的歷史街區旅遊開發。為了進一步測量歷史街區旅遊空間生產模型的合理性，有必要針對氹仔舊城區的旅遊空間生產進行深度研究，補充及完善市場化模式下澳門歷史街區的旅遊空間生產模型。同時也可以探索澳門「自上而下」的空間生產模式，對政府或開發商主導模式的歷史街區開發案例進行研究，從中探索出有利於澳門歷史街區良性發展的綜合模式。

（三）氹仔歷史街區空間權力博弈的微觀研究

　　作者在探索歷史街區旅遊空間生產的權力影響時，盡量對各種權力的運作進行較為詳細的分析，但對權力博弈的微觀層面研究尚有待深入。權力的作用與效力依靠權力主體的操演來實施，假如對權力主體在空間生產實踐中的互動行為進行微觀研究，將更能了解權力在旅遊空間生產過程中的運作模式及其所受到的因素影響，對政府部門在旅遊空間生產採取針對性的開發策略與實施措施有一定的啟發作用。

（四）氹仔居民地方依戀與文化記憶研究

　　首先，氹仔居民地方依戀與文化記憶研究，對在旅遊空間表徵層面如何挖掘與利用歷史文化符號，對氹仔文化保育與傳承意義深遠。其次，在對下壩坊的居民訪談中，發現居民對待舊區物業存在著一種傾向，他們只在意租金的收入，不在乎商家肆意的改造而令舊區面目

全非；他們只在意物業的資產價值，當發展商付出足夠的補償金時，也很樂意接受拆遷或出售物業。這與以往學界關於地方依戀、傳統文化記憶對居民重要性，以及居民如何基於維護傳統文化而與政府及開發商進行抗爭的研究結論，相去甚遠，這是「自下而上」開發模式中值得關注的問題。既然市場模式對城市歷史文化保護具有不可確定性，那麼，政府除了政治權力的制約力外，是否應該與金融權力聯合起來共構歷史街區的旅遊空間生產呢？這些問題都具有進一步研究的價值。

參考文獻

中文（依姓氏筆畫排列）

Jansen-Verbeke 與孫業紅（2012）。城市旅遊再造－一種文化可持續發展的新思維。**旅遊學刊**，27(6)，10-19。

Schmid、楊舢（2021）。邁向三維辯證法：列斐伏爾的空間生產理論。**國際城市規劃**，36(1)，5-13。

于海燕、胡章鴻、孫婷（2020）。大運河文化帶騎行旅遊者行為特徵研究。**揚州職業大學學報**，24(01)，18-22。

方遠平、易穎、畢鬥鬥（2018）。傳承與嬗變：廣州市小洲村的空間轉換。**地理研究**，37(11)，2318-2330。

方學兵（2023）。空間生產理論下徽州民居空間的文化表徵。**安徽理工大學學報（社會科學版）**，25(3)，90-95。

牛玉、汪德根（2015）。基於遊客視角的歷史街區旅遊發展模式影響機理及創新－以蘇州平江路為例。**地理研究**，34(1)，181-196。

王志弘（2009）。多重的辯證列斐伏爾空間生產概念三元組演繹與引申。**地理學報**，55(4)，1-24。

王志弘（2015）。城市作為翻譯政治的場域－理論性的探索。**城市學學刊**，6(1)，1-28。

王念祖、王育民（2021）。我國臺灣地區歷史文化街區更新再造模式與

策略研究—以臺北大稻埕為例。**中國海洋大學學報社會科學版**，(3)，110-119。

王泓硯、王俊亮、謝彥君（2023）。內蒙古室韋俄羅斯族文化旅遊中的逐奇與認同體驗研究。**旅遊科學**，37(6)，40-52。

王建國（2001）。**現代城市設計理論和方法（第二版）**。南京：東南大學出版社。

王恒（2022）。文化旅遊偏好影響要素與優化導向－基於離散選擇模型。**社會科學家**，297(1)，42-50。

王峰、明慶忠、熊劍峰（2013）。旅遊符號學研究框架體系的建構。**旅遊論壇**，6(3)，11-15。

王婧、吳承照（2014）。遺產旅遊真實性感知測量方法研究進展。**現代城市研究**，(2)，110-120。

王堞凡（2023）。文化地理視角下傳統村落景觀旅遊空間營造－以貴州省赤水市丙安村為例。**社會學家**，311(3)，23-34。

王欽安、吳俏、吳寧（2023）。近鄰型古村落旅遊地意象對比與優化研究－以西遞、宏村為例。**資源開發與市場**，39(8)，1073-1080。

王寧、劉丹萍、馬凌（2008）。**旅遊社會學**。天津：南開大學出版社。

王學基、孫九霞（2015）。民族旅遊地的文化展示與「旅遊域」建構－以三亞檳榔穀為例。**旅遊論壇**，8(3)，23-30。

白冰、張茵（2021）。基於虛擬社群的旅遊凝視分析－故宮意象感知研究。**林業與生態科學**，36(2)，223-228。

任炳勳、楊瑩、林琳（2016）。肇慶市黎槎村的演變過程及符號空間。**熱帶地理**，36(04)，572-579。

朱江勇（2015）。角色互動：旅遊表演場域中的角色及角色關係。**旅遊論壇**，8(1)，87-94。

朱江勇（2016）。旅遊攝影的多重文化意義解讀。**旅遊論壇**，9(3)，88-91。

牟倫超、程勵（2023）。空間生產視域下「古」鎮旅遊的地方營造—以恩施土家女兒城為例。**旅遊學刊**，38(3)，107-124。

何健薇、徐虹、笪玲（2024）。以文化為導向的民族村寨旅遊空間生產與價值生成－基於岜沙苗寨的實踐。**旅遊科學**，38(5)，23-40。

余志遠、王楠、韻江（2022）。旅遊目的地意象的遊客感知及形成過程－基於符號學理論視角。**地域研究與開發**，41(3)，129-134。

余潤哲、黃震方、何昭麗、鮑佳琪、郭敘淇、莫雨亭（2022）。動機視角下鄉村旅遊者主觀幸福感的驅動機制研究－以皖南傳統古村落為例。**旅遊科學**，36(6)，90-105。

吳克昌（2004）。國家權力、社會權力及其關係分析。**中南大學學報（社會科學版）**，10(2)，161-165。

吳志才、張淩媛、鄭鐘強（2019）。旅遊場域中古城旅遊社區的空間生產研究－基於列斐伏爾的空間生產理論視角。**旅遊學刊**，34(12)，86-97。

吳俊、唐代劍（2018）。旅遊體驗研究的新視角：具身理論。**旅遊學刊**，33(1)，118-125。

吳清揚（2018）。**澳門文化遺產保護法制研究**。https://www.mpu.edu.mo/cntfiles/upload/

吳驍驍、蘇勤、江遼（2015）。旅遊商業化影響下的古鎮居住空間變遷研究－以周莊為例。**旅遊學刊**，30(7)，26-36。

呂文博、謝宗恒、歐聖榮（2015）。探索鄉村旅遊權益關係人之價值意涵。**戶外遊憩研究**，28(4)，1-33。

宋田倩、劉宏芳、明慶忠（2024）。旅遊古鎮空間非正義表徵及生成邏

輯研究－以大理市雙廊古鎮為例。**樂山師範學院學報**，39(5)，56-64。

宋立傑（2012）。論旅遊目的地形象的系統建構－以聊城市為例。**國土與自然資源研究**，(1)，67-68。

宋秋、楊振之（2015）。場域：旅遊研究新視角。**旅遊學刊**，30(9)，111-118。

宋書楠、常改欣（2021）。符號學視角下的洪崖洞旅遊吸引物研究。**首都師範大學學報（自然科學版）**，42(5)，66-71。

李山（2015）。文化權力：文化政治的內在機理。**雲南行政學院學報**，(6)，10-19。

李亞娟、王靚、許陽豔、郭之天（2024）。權力視角下民族節慶空間重構過程研究：以侗族喊天節為例。**旅遊科學**，38(2)，17-34。

李佩君（2014）。歷史風貌地段舊城改造更新策略研究－以奉化市老城片區為例。**中國城市規劃年會論文集**。

李和平、吳鶱、肖洪未（2016）。歷史街區規劃的行政組織衝突解析－以重慶湖廣會館歷史街區為例。**規劃師**，32(12)，37-44。

李拉揚（2015）。旅遊凝視：反思與重構。**旅遊學刊**，30(2)，118-126。

李晨（2011）。歷史文化街區相關概念的生成、解讀與辨析。**規劃師**，(4)，100-103。

李竭政（2016）。資產・文化・觀光的凝視與美學建構。**環境與藝術學刊**，17(7)，127-142。

李蕾蕾（2005）。當代西方！新文化地理學"知識譜系引論。**人文地理**，20(2)，77-83。

李璽、葉升、王東（2011）。旅遊目的地感知形象非結構化測量應用研究－以訪澳商務遊客形象感知特徵為例。**旅遊學刊**，26(12)，57-

63。

汪明峰、周媛（2022）。權力－空間視角下城市文創旅遊空間的生產與演化－以上海田子坊為例。**地理研究**，41(2)，373-389。

沈雪瑞、李天元、臧德霞（2016）。旅遊目的地品牌象徵性意義對到訪意向的影響研究。**旅遊學刊**，31(8)，102-113。

沈衛榮（2010）。**尋找香格里拉**。北京：中國人民大學出版社。

沈麗珍、甄峰、席廣亮（2012）。解析資訊社會流動空間的概念、屬性與特徵。**人文地理**，(4)，14-18。

阮儀三、林林（2006）。蘇州古城平江歷史街區保護規劃與實踐。**城市規劃學刊**，(3)，45-5。

阮儀三、孫萌（2001）。我國歷史街區保護與規劃的若干問題研究。**上海城市規劃**，(04)，2-9。

周永博、程德年、胡昕、魏向東（2016）。生活方式型旅遊目的地品牌建構－基於蘇州古城案例混合方法研究。**旅遊學刊**，31(7)，85-95。

周永廣、張金金、周婷婷（2011）。符號學視角下的旅遊體驗研究－西溪濕地的個案分析。**人文地理**，26(04)，115-120。

周尚意、戴俊騁（2014）。文化地理學概念、理論的邏輯關係之分析－以「學科樹」分析近年中國大陸文化地理學進展。**地理學報**，69(10)，1521-1532。

周瑋、黃震方、唐文躍、沈蘇彥（2014）。基於城市記憶的文化旅遊地遊後感知維度分異－以南京夫子廟秦淮風光帶為例。**旅遊學刊**，29(03)，73-83。

宗曉蓮（2005）。旅遊地空間商品化的形式與影響研究－以雲南省麗江古城為例。**旅遊學刊**，(4)，30-36。

林佳楠、姜建、張建國、倪程凱（2022）。基於數字足跡的京杭大運河杭州段夜間旅遊形象感知研究。**旅遊研究**，14(04)，71-84。

林敏慧、黃玉蘭、洪旎、廖佳雨（2023）。基於旅行生涯模式理論的城郊旅遊動機研究。**旅遊論壇**，16(6)，66-78。

林貴芬（2009）。權力與影響力。**教育領導專題研究**，(6)，56-64。

武欣蕊、戴湘毅（2023）。旅遊利用下歷史街區文化景觀符號意義與建構：以北京前門大街為例。**中國生態旅遊**，13(1)，111-127。

邱燦華、顧玉婷、江珊珊（2013）。基於利益相關者的平江路歷史街區治理模式研究。**經濟研究導刊**，18(5)，266-270。

姜文錦、陳可石、馬學廣（2011）。我國舊城改造的空間生產研究－以上海新天地為例。**城市發展研究**，18(10)，84-96。

施潤周、楊曉玭（2022）。旅遊基本動機研究－基於旅遊動機結構與馬斯洛需求層次模型的同構性。**黃山學院學報**，24(4)，57-61。

段義孚（2005）。**逃避主義**。石家莊：河北教育出版社。

洪鎌德（2000）。**社會學說與政治理論－當代尖端思想之介紹**。臺北：揚智文化事業有限公司。

胡小武（2016）。中國式城愁形成及其紓解。**河北學刊**，36(4)，178-183。

胡航軍、張京祥（2022）。歷史街區更新改造的階段邏輯與可持續動力創新－以南京市老城南為例。**城市發展研究**，29(01)，87-94。

倉理新（2008）。社會學視角下的旅遊文化現象。**旅遊學刊**，23(12)，70-76。

孫九霞、王心蕊（2012）。麗江大研古城文化變遷中的「虛無」與「實在」：以酒吧發展為例。**旅遊學刊**，27(9)，73-83。

孫九霞、王學基、黃秀波（2014）。旅遊研究的新視角、新方法、新趨

勢。**旅遊學刊**，29(12)，118-120。

孫九霞、張謁恒（2015）。族群邊界理論視角下旅遊目的地東道主內部群體研究－以陽朔為例。**旅遊學刊**，30(6)，102-110。

孫九霞、許泳霞、王學基（2020）。旅遊背景下傳統儀式空間生產的三元互動實踐。**地理學報**，75(8)，1742-1756。

孫世界、熊恩銳（2021）。空間生產視角下舊城文化空間更新過程與機制－以南京大行宮地區為例。**城市規劃**，45(08)，87-95。

孫關宏、胡雨春、任軍鋒（2010）。**政治學概論（第二版）**。上海：復旦大學出版社。

徐小霞（2012）。理論、空間與符號－當代空間批判理論中的符號學維度。**上海大學學報（社會科學版）**，29(4)，89-100。

徐克帥（2016）。紅色旅遊和社會記憶。**旅遊學刊**，31(3)，35-42。

徐國良、萬春燕（2012）。甘萌雨福州市歷史街區遊客意象空間感知差異研究。**重慶師範大學學報（自然科學版）**，29(2)，94-98。

徐望（2021）。論文化產業之於國家文化權力的作用。**理論觀察**，(4)，106-112。

徐琦（2010）。**消費社會中的旅遊凝視行為研究**。大連：東北財經大學博士論文。

桂榕、呂宛青（2013）。民族文化旅遊空間生產芻論。**人文地理**，(3)，154-160。

馬天、謝彥君（2015）。旅遊體驗的社會建構：一個系統論的分析。**旅遊學刊**，30(8)，96-106。

馬凌（2009）。社會學視角下的旅遊吸引物及其建構。**旅遊學刊**，24(3)，69-74。

高沂琛、李王鳴（2017）。日本內生型社區更新體制及其形成機理－以

東京穀中地區社區更新過程為例。**現代城市研究**，(5)，32-37。

張帆、葛岩（2019）。治理視角下城市更新相關主體的角色轉變探討－以上海為例。**上海城市規劃**，(05)，57-61。

張冠群（2020）。旅遊地符號感知水準與旅遊體驗的耦合關係研究。**旅遊研究**，12(4)，1-10。

張琳、單雅雯、祁瀟瀟、史達（2022）。基於遊客間互動視角的小眾景區旅遊體驗研究－以遼寧省大連市外籍遊客為例。**旅遊研究**，14(2)，1-15。

張源泉、曾大千、楊振昇（2015）。象牙塔裡的謊言？**教育科學期刊**，15 (1)，31-55。

張機、徐紅罡（2016）。民族餐館裡的主客互動過程研究－以麗江白沙村為例。**旅遊學刊**，31(2)，97-108。

曹子健、張凡（2021）。歷史街區城市更新範型探析。**住宅科技**，41(07)，42-46。

畢天雲（2004）。布迪厄的「場域－慣習」論。**學術探索**，(1)，32-35。

章興鳴（2008）。符號生產與社會秩序再生產－布迪厄符號權力理論的政治傳播意蘊。**湖北社會科學**，(9)，50-52。

郭文（2016）。空間的生產與分析：旅遊空間實踐和研究的新視角。**旅遊學刊**，31(8)，29-39。

郭文、王麗、黃震方（2012）。旅遊空間生產及社區居民體驗研究—江南水鄉周莊古鎮案例。**旅遊學刊**，27(4)，28-38。

郭道暉（2009）。社會權力：法治新模式與新動力。**學習與探索**，(05)，137-143。

陳崗（2013）。旅遊吸引物符號的三種形態及其研究展望。**旅遊科學**，27(6)，26-36。

陳晨（2022）。基於不同行為主體的城市更新模式初探。**城市建設理論研究（電子版）**，(23)，77-78。

陳瑩盈、林德榮（2015）。旅遊活動中的主客互動研究－自我與他者關係類型及其行為方式。**旅遊科學**，29(2)，38-45。

陸邵明（2013）。場所敘事及其對於城市文化特色與認同性建構探索－以上海濱水歷史地段更新為例。**人文地理**，(3)，51-57。

麥詠欣、楊春華、遊可欣、徐嘉琪、郝小斐（2021）。「文創＋」歷史街區空間生產的系統動力學機制－以珠海北山社區為例。**地理研究**，40(2)，446-461。

富權（2023）。舊區活化打響頭炮，堅持良策擇善固執。**觀察者網**，https://user.guancha.cn。

彭丹、王一竹、蔣海娟（2022）。實體書店作為旅遊吸引物的符號學解讀。**樂山師範學院學報**，37(5)，52-58。

彭丹、黃燕婷（2019）。麗江古城旅遊地意象研究：基於網路文本的內容分析。**旅遊學刊**，34(9)，80-89。

彭健航、胡曉鳴（2014）。基於產權視角對自下而上城市更新模式的反思－以上海田子坊為例。**建築與文化**，3(2)，117-119。

曾詩晴、謝彥君、史豔榮（2021）。時光軸裡的旅遊體驗－歷史文化街區日常生活的集體記憶表徵及景觀化凝視。**旅遊學刊**，36(2)，70-79。

曾麗、高權、陳曉亮（2021）。遊客具身體驗視角下傳統鄉村旅遊地的地方重構－婺源案例。**旅遊學刊**，36(11)，69-79。

程慧、賴亞妮（2021）。深圳市存量發展背景下的城市更新決策機制研究：基於空間治理的視角。**城市規劃學刊**，266(6)，61-69。

華南理工大學（2015）。**東莞下壩村歷史文化名村保護規劃**。

黃向、陳雪宜（2022）。基於網路文本的旅遊民宿主客互動研究。**旅遊研究**，14(5)，72-85。

黃江、徐志剛、胡曉鳴（2011）。基於制度層面的自下而上舊城更新模式研究－以上海田子坊為例。**建築與文化**，(6)，60-61。

黃怡、吳長福、謝振宇（2015）。城市更新中地方文化資本的啟動－以山東省滕州市接官巷歷史街區更新改造規劃為例。**城市規劃學刊**，(2)，110-118。

黃淩煉然、王磊、李昕（2024）。「虛無」與「實在」視角下離島民宿的遊客體驗研究－以浙江省舟山市枸杞島為例。**旅遊論壇**，17(01)，31-41。

黃劍鋒、陸林（2015）。空間生產視角下的旅遊地空間研究範式轉型－基於空間湧現性的空間研究新範式。**地理科學**，35(1)，47-55。

黃曄、戚廣平（2015）。田子坊歷史街區保護與再利用實踐中商居混合矛盾的財產權問題。**西部人居環境學刊**，30(1)，66-72。

塗紅偉、熊琳英、黃逸敏、郭功星（2017）。目的地形象對遊客行為意願的影響－基於情緒評價理論。**旅遊學刊**，32(2)，32-41。

楊秀菊（2013）。STS 視角下的旅遊社會學－旅遊行為的多維分析。**旅遊學刊**，28(6)，120-125。

楊東籬（2022）。精英文化、日常生活與符號的能力－英國文化主義中文化權力論的嬗變。**外國文學評論**，(3)，132-154。

楊阿莉、高亞芳（2015）。後現代語境下符號化旅遊消費解讀與審視。**內蒙古社會科學**，36(1)，106-110。

楊虹、劉傳江（2000）。中國自上而下城市化與自下而上城市化制度安排比較。**華中理工大學學報（社會科學版）**，(02)，77-79。

葛緒鋒、張曉萍（2013）。基於符號學理論的旅遊文化景觀的符號行銷

－以昆明市五華區為例。**旅遊研究**，5(3)，39-42。

董培海、李偉（2016）。西方旅遊研究中的符號學線索解析。**旅遊學刊**，31(11)，128-137。

董寶玲、白凱、陳永紅（2022）。多元權力主體實踐下民族村寨的旅遊空間再生產－以貴州肇興侗寨為例。**熱帶地理**，42(1)，87-99。

廖春花、楊坤武（2014）。全球化與地方認同：城市歷史街區研究的新視角。**雲南師範大學學報（哲學社會科學版）**，46(1)，49-56。

甄苗、劉穎潔（2022）。民宿業主客互動對消費者重購意向的影響研究。**四川旅遊學院學報**，(1)，22-27.

趙巧豔、曹哲（2021）。旅遊表演何以可能－黃河乾坤灣轉九曲的主客互動與地方感知。**中南民族大學學報（人文社會科學版）**，41(1)，80-89。

趙劉、程琦、周武忠（2013）。現象學視角下旅遊體驗的本體描述與意向構造。**旅遊學刊**，28(10)，97-106。

趙毅衡（2015）。意義的意義之意義：論符號學與現象學的結合部。**學習與探索**，(1)，121-129。

趙毅衡（2016）。**符號學原理與推演（修訂本）**。南京：南京大學出版社。

趙寰熹（2019）。「真實性」理論語境下的歷史街區研究－以北京什剎海和南鑼鼓巷地區為例。**人文地理**，166(2)，47-54。

鄢方衛、舒伯陽、趙昕（2022）。世俗體驗還是精神追求－消費主義背景下網紅打卡旅遊的歸因研究。**旅遊學刊**，37(6)，94-105。

劉宏盈、吳啟、萌張娟（2019）。社交媒體對旅遊消費者行為決策影響研究－基於符號互動理論視角。**旅遊論壇**，12（4），50-55。

劉彬、陳忠暖（2018）。權力、資本與空間：歷史街區改造背景下的城

市消費空間生產－以成都遠洋太古里為例。**國際城市規劃**，33(1)，75-118。

劉晨、朱竑、安寧（2014）。文學旅遊地的社會文化建構：以鳳凰古城為例。**旅遊學刊**，29(7)，68-76。

劉慧娟、曹超軼（2022）。國內歷史街區旅遊研究演進及趨勢分析。**黃山學院學報**，24(04)，43-49。

劉靜艷、靖金靜（2015）。宗教旅遊體驗對遊客行為意向的影響研究－遊客心境的仲介作用。**旅遊科學**，29(3)，36-48。

劉瓊如、吳宗瓊、陳善珮（2012）。休閒農場遊客旅遊動機類型的影響－檢視目的地意象、品牌個性、自我形象一致性與忠誠度之關係。**餐旅暨觀光**，99(1)，1-18。

樊友猛、謝彥君（2015）。記憶、展示與凝視：鄉村文化遺產保護與旅遊發展協同研究。**旅遊科學**，29(1)，11-24。

樊友猛、謝彥君（2017）。「體驗」的內涵與旅遊體驗屬性新探。**旅遊學刊**，(11)，16-25。

樊友猛、謝彥君（2019）。旅遊體驗研究的具身範式。**旅遊學刊**，34(11)，17-28。

樊友猛、謝彥君、王志文（2016）。地方旅遊發展決策中的權力呈現－對上九山村新聞報道的批評話語分析。**旅遊學刊**，31(1)，22-36。

潘海穎（2015）。休閒與日常生活的反正－列斐伏爾日常生活批判的獨特維度。**旅遊學刊**，30(6)，119-126。

潘澤泉（2009）。當代社會學理論的社會空間轉向。**江蘇社會科學**，(1)，27-33.

蔡秀枝、彭佳（2012）。符號學與空間理論的遇合：蔡秀枝教授訪談。**符號學論壇**，http: //www. Semiotics. net.cn/fhxts show. asp?

蔡鳳兒（2006）。遊客體驗、旅遊意象、滿意度與忠誠度相關性之研究－以日月潭國家風景區為例。**生活科學學報**，(10)，211-242。

蔡禮彬、張子或（2023）。如何看見鄉愁？－鄉村旅遊中鄉愁景觀的識別與表達。**旅遊導刊**，7(1)，19-40。

蔣文、李和平（2013）。文化訴求推動下的歷史街區紳士化更新。**城市發展研究**，20(9)，1-7。

蔣婷（2012）。顧客間互動的質性探索和理論模型構建－以高星級飯店為例。**旅遊論壇**，5(2)，6-11。

鄧鵬飛（2022）。數位化旅遊演藝遊客感知、體驗與行為意向關係研究－以方特《聊齋》項目為例。**旅遊論壇**，15(5)，60-71。

鄭久良（2023）。空間生產視角下非遺旅遊街區空間結構演化與動力機制－基於屯溪老街的案例分析。**人文地理**，193(5)，62-70。

鄭杭生、楊敏（2003）。權益自主與權力規範－對現代社會中個人與社會關係的多視角分析。**華中師範大學學報**，42(3)，35-43。

鄭春暉、溫雲波、王禕（2024）。虛實融合旅遊空間的人地互動與想像建構－以故宮深圳數字體驗展為例。**旅遊科學**，38(1)，57-74。

鄭昭彥（2011）。構建旅遊社區 PPC 利益均衡機制的研究－以歷史街區旅遊開發為例。**焦作大學學報**，(10)，63-66。

鄭榮娟、白凱、馬耀峰（2014）。基於紮根理論的美國遊客中國意象研究。**旅遊科學**，28(4)，52-64。

黎鴻健（2016）。**氹仔情懷**。澳門特別行政區文化局。

黎鴻健（2020）。**氹仔情懷續編**。澳門特別行政區文化局。

錢俊希、張瀚（2016）。想像、展演與權力：西藏旅遊過程中的「他者性」建構。**旅遊學刊**，31(6)，82-93。

鮑捷、陸林、凌善金、張毓（2023）。新安江流域旅遊空間生產及其演

化邏輯。**地理學報**，78(10)，2609-2629。

謝彥君（2010）。**旅遊體驗研究－走向實證科學**。北京：中國旅遊出版社。

謝彥君、于佳、王丹平、陳楓（2021）。作為景觀的鄉愁：旅遊體驗中的鄉愁意象及其表徵。**旅遊科學**，35(2)，1-22。

謝彥君、謝中田（2006）。現象世界的旅遊體驗：旅遊世界與生活世界。**旅遊學刊**，2(4)，13-18。

謝滌湘、朱雪梅（2014）。社會衝突、利益博弈與歷史街區更新改造－以廣州市恩寧路為例。**城市發展研究**，2l(3)，86-92。

謝輝基、楊振之（2016）。感知與意向性－解釋體驗內涵的一種現象學嘗試。**旅遊學刊**，31(12)，96-105。

鄺子然、林耿（2024）。視覺化時代「網紅打卡」的消費實踐與空間生產－以電影《少年的你》及其取景地重慶為例。**旅遊學刊**，39(2)，74-88。

羅新星（2013）。**第三空間的文化意義生產研究－以跨文化旅遊傳播背景下的湘西鳳凰為個案**。長沙：嶽麓書社出版社。

譚光輝（2016）。身體權力、物質權力與符號權力之間的關係。**廣西師範學院學報（哲學社會科學版）**，37(5)，156-162。

蘇勇軍、徐君傑、畢小雙（2021）。基於 CiteSpace 的國內旅遊符號學研究視覺化分析。**寧波大學學報（人文科學版）**，34(1)，113-120。

蘇海威、胡章、李榮（2018）。拆除重建類城市更新的改造模式和困境對比。**規劃師**，34(06)，123-128。

蘇曉波（2013）。商業化、地方性和城市遺產旅遊。**旅遊學刊**，28(4)，8-9。

鐘士恩、章錦河（2014）。從古鎮旅遊消費看傳統性與現代性、後現代

性的關係。**旅遊學刊**，29(7)，5-7。

龔偉、馬木蘭（2014）。鄉村旅遊社區空間共同演化研究。**旅遊科學**，28(6)，49-62。

英文

Adu-Ampong, E. A. (2016). A metaphor analysis research agenda for tourism studies. *Annals of Tourism Research*, 57, 234-278.

Baloglu, S. & McCleary, K. W. (1999). A model of destination image formation. *Annals of Tourism Research*, 26(4), 868-897.

Baym, K. N. (2010). *Personal connections in the digital age*. Cambridge: Polity.

Bhabha, K. H. (2004). *The location of culture*. NewYork: Routledge.

Blumer, H. (1986). *Symbolic interactionism: Perspective and method (1st Ed)*. University of California Press.

Bollnett, A. & Alexander, C. (2013). Mobile nostalgias: connecting visions of the urban past, present and future amongst exresidents. *Transactions of the I British Geographers*, 38(3), 391-402.

Bourdieu, P. (1984). *Distinction. London*: Routledge and Kegan Paul.

Bourdieu, P. (1991). *Language and symbolic power*. Cambridge: Polity.

Bourdieu, P. & Wacquant, L. J. D. (1992). *An invitation to reflexive sociology*. Chicago: University of Chicago Press.

Bourdieu, P. (1997). The forms of capital. In A. H. Halsey, H. Lauder, P. Brown & A. S. Wells (eds.). *Education: Culture, Economy, and Society*. Oxford: Oxford University Press

Bourdieu, P. (2001). *Education: Culture, economy, and society*. New York:

Oxford University Press. 46-58.

Canavan, B. (2016). Tourism culture: Nexus, characteristics, context and sustainability. *Tourism Management*, 53, 229-243.

Cohen, E. & Cohen, A. S. (2012). Current sociological theories and issues in tourism. *Annals of Tourism Research*, 39(4), 2177-2202.

Coupland, B. & Coupland, N. (2014). The authenticating discourses of mining heritage tourism in Cornwall and Wales. *Journal of Sociolinguistics.* 18(4), 495-517.

Douglas, A., Hoogendoorn, G. & Richards, G. (2023). Activities as the critical link between motivation and destination choice in cultural tourism. *Journal of Hospitality and Tourism Insights*. Advance online publication.

Donaire, J. A., Camprubí, R. & Galí, N. (2014). Tourist clusters from travel photography. *Tourism Management Perspectives*, 11, 26-33.

Es, N. & Reijnders, S. (2016). Analyzing the tourist experience of Sherlock Holmes' London, Philip Marlowe's Los Angeles and Lisbeth Salander's Stockholm .*Annals of Tourism Research*, 57, 113-125.

Foucault, M. (1980). *Power/Knowledge: Selected interviews and other writings 1972-1977*. New York: Pantheon Books.

Giddens, A. (1991). *The consequences of modernity*. Stanford: Stanford University Press.

Giddens, A. & Sutton, W. P. (2021). *Sociology 9th edition.* Cambridge: Polity Press.

Golledge, R. & Stimson, R. (1997). *Spatialbehavior: A geographic perspective*. London: The Guilford Press.

Gregory, D. (1994). *Geographical imaginations*. Cambridge: Blackwell.

Hall, M. C. & Page, J. S. (2014). *The geography of tourism and recreation: Environment, place and space (4th ed)*. New York: Routledge.

Heath, T., Oc, T. & Tiesdell, S. (2013). *Revitalising Historic Urban Quarters*. Hoboken: Taylor and Francis.

Hsu, H. C.& Huang, S. (2016). Reconfiguring Chinese cultural values and tourism implications .*Tourism Management*, 54, 230-242.

Hunter, W. C. (2016).The social construction of tourism online destination Image: A comparative semiotic analysis of the visual representation of Seoul. *Tourism Management*, 54, 221-229.

Jenkins, R. (2014). *Social Identity*. London: Routledge.

Kensbock, S., Jennings, G., Bailey, H. & Patiar, J. A. (2016). Performing: hotel room attendants employment experiences. *Annals of Tourism Research*, 56,112-127.

Kim, H. & Stepchenkova, S. (2015). Effect of tourist photographs on attitudes towards destination: Manifest and latent content. *Tourism Management*, 49, 29-31.

Kim, Y. G. & Eves, A. (2012), Construction and validation of a scale to measure tourist motivation to consume local food, *Tourism Management*, 33, 1458-1467.

Lamas, R. & Belk, R. (2011). Shangri-La: Messing with a myth. *Journal of Macromarketing*, 31(3), 257-275.

Lefebvre, Henri (2004 [1992]). *Rhythmanalysis: space, time and everyday life*. Trans. Elden, S. London and New York: Continuum International Publishing Group.

Li, T. E. & McKercher, B. (2016). Developing a typology of diaspora tourists: Return travel by Chinese immigrants in North America. *Tourism Management*, 56, 106-113.

Lowe, S., Purchase, S. & Ellis, N. (2012).The drama of interaction within business networks. *Marketing Management*, 41(3), 421-428.

Lu, L., Chi, C. G. & Liu, Y. (2015). Authenticity, involvement, and image: evaluating tourist experiences at historic districts. *Tourism Management*, 50, 85-96.

MacCannell, D. (1999). *The tourist: A flew theory of the leisure class*. New York: Sehocken Books.

Macionis, J. J. (2016). *Sociology (16th ed)*. N.J.: Pearson Education.

Mansilla, J. A. & Milano, C. (2022). Becoming centre: Tourism place making and space production in two neighborhoods in Barcelona. *Tourism Geographies,* 24(4-5), 599-620.

Mann, M. (2012). *The sources of social power (2nd ed)*. Cambridge: Cambridge University Press.

Mead, G. H., Morris, W. C., Joas, H. & Huebner, R. D. (2015). *Mind, self, and society: definitive edition.* Chicago: University of Chicago Press.

Mowforth, M. & Munt, I. (2015). *Tourism and sustainability: Development, globalisation and new tourism in the Third World (4th ed)*. London: Routledge.

Picard, D. & Zuev, D. (2014). The tourist plot: Antarctica and the modernity of nature. *Annals of Tourism Research*, 45, 102-115.

Poria, Y., Reichel, A. & Cohen, R. (2013). Tourists perceptions of World Heritage Site and designation, *Tourism Management*, 35, 272-274.

Rabbiosi, C. (2016). Place branding performances in tourist local food shops. *Annals of Tourism Research*, 60, 154-168.

Russell, J. A. (1980). A circumflex model of affect. *Psychol*, 39(6), 1161-1178.

Saussure, F. (1983). *Course in general linguistics*. London, Duckworth.

Schiffman, L. G. & Karuk, L. L. (2001). *Consumer Behavior*. New Jersey Prentice Hall.

Schmitt, B. H. (1999). *Experiential marketing*. New York: The free Press.

Shim, C. & Santos, C. A. (2014). Tourism, place and placelessness in the phenomenological experience of shopping malls in Seoul. *Tourism Management*, 45, 106-114.

Soja, W. E. (1996). *Thirdspace: journeys to Los Angeles and other real-and-imagined places*. Wiley-Blackwell.

String fellow, L., MacLaren, A., Maclean, M. & Gorman, K. (2013). Conceptualizing taste: Food, culture and celebrities. *Tourism Management*, 37, 77-85.

Swartz, D. (1997). *Culture and Power*. Chicago: University of Chicago Press.

Thurlow, C. & Jaworski, A. (2012). Elite mobilities: The semiotic landscapes of luxury and privilege. *Social Semiotics*, 22(4), 487-516.

Urry, J. (2002). *The tourist gaze: Leisure and travel in contemporary societies*. London: Sage.

Wang, N. (2000). *Tourism and Modernity: A Sociological Analysis*. Oxford: Pergamon.

Xiong, J., Hashim, N. H. & Murphy, J. (2015). Multisensory image as a component of destination image. *Tourism Management Perspectives*, 4, 34-41.